U0942970

中央高校基本科研业务费专项资金资助

supported by “the Fundamental Research Funds for the Central Universities”

区域规划法律问题研究

QUYU GUIHUA FALü WENTI YANJIU

王青斌 著

中国政法大学出版社

2018 · 北京

图书在版编目（CIP）数据

区域规划法律问题研究/王青斌著.—北京:中国政法大学出版社,2018.10
ISBN 978-7-5620-8677-2

Ⅰ.①区… Ⅱ.①王… Ⅲ.①区域规划—行政法—研究—中国 Ⅳ.①D922.104

中国版本图书馆CIP数据核字(2018)第238758号

出 版 者　中国政法大学出版社
地　　址　北京市海淀区西土城路 25 号
邮寄地址　北京 100088 信箱 8034 分箱　邮编 100088
网　　址　http://www.cuplpress.com (网络实名：中国政法大学出版社)
电　　话　010-58908586(编辑部) 58908334(邮购部)
编辑邮箱　zhengfadch@126.com
承　　印　北京中科印刷有限公司
开　　本　880mm×1230mm　1/32
印　　张　11.5
字　　数　280 千字
版　　次　2018 年 10 月第 1 版
印　　次　2018 年 10 月第 1 次印刷
定　　价　56.00 元

目　录

CONTENTS

第一章

区域规划与行政法治

规划作为一种现象早已有之，但作为一种类型化的行政方式而兴起并得到普遍运用，则是在近代之后。行政规划兴起是随着经济、社会的发展，政府职能和行政权力不断扩张的结果。〔1〕作为现代社会中国家行使行政权的一种方式，规划手段被政府频繁用于国家和社会公共事务管理中，甚至有人认为现代行政正在变为“依计划行政”。

第一节　区域规划的兴起

规划，“亦作‘规画’，谋划；筹划。《宋史亚·张泊传》：‘泊捷给善持论，多为准（寇准）规画，准心伏，乃兄事之，极口淡泊于上’，后亦指较全面或长远的计划，如科研规划、十年发展规划”。〔2〕区域规划作为规划的一种形态，顾名思义，是指涉及一定区域范围的总体部署。从区域经济学的角度而言，区域规划是在综合评价区域自然条件和社会经济条件、对区域范围内的社会经济系统进行历史和现状分析诊断的基础上，对该区

---

〔1〕 王青斌：《行政规划法治化研究》，人民出版社 2010 年版，第 10 页。

〔2〕《辞海》编辑委员会编：《辞海》，上海辞书出版社 1989 年版，第 4089 页。

域的经济建设和社会发展所进行的总体部署。[1]这一界定，在一定程度上也获得了政府的认可："区域规划是以特定经济区域为对象而编制的规划，是国民经济和社会发展总体规划在特定经济区域的细化和落实，是战略性、空间性和有约束力的规划，是指导和协调区域内各行业规划、专项规划、地方发展规划的依据。"[2]

一、风起云涌的区域规划

近年来，国家出台了一系列的区域规划，如 2008 年底国务院批复了广东省政府编制的《珠江三角洲地区改革发展规划纲要》(2008~2020 年)。除该规划外，国务院近年来批准的规划主要有：

编号	规划名称	编制主体	批准时间
1	《珠江三角洲地区改革发展规划纲要（2008~2020 年）》	广东省人民政府	2008. 12. 31
2	《国务院关于支持福建省加快建设海峡西岸经济区的若干意见》	国家发改委	2009. 5. 6
3	《江苏沿海地区发展规划》	国家发改委	2009. 6. 10
4	《关中-天水经济区发展规划》	陕西、甘肃省发改委	2009. 6. 30
5	《辽宁沿海经济带发展规划》	辽宁省人民政府	2009. 7. 1

〔1〕 韩晶编著：《区域规划理论与实践》，知识产权出版社 2011 年版，第 4 页。

〔2〕 参见《浙江省人民政府办公厅转发省发改委关于加强我国区域规划工作若干意见的通知》(浙政办发［2004］49 号)。

续表

编号	规划名称	编制主体	批准时间
6	《促进中部地区崛起规划》	国家发改委	2016. 12. 7
7	《皖江城市带承接产业转移示范区规划》	安徽省人民政府	2010. 10. 12
8	《成渝经济区区域规划（2011～2020年）》	国家发改委	2011. 4. 24
9	《国务院关于支持河南省加快建设中原经济区的指导意见》	国家发改委	2011. 9. 28
10	《西部大开发“十二五”规划》	国家发改委	2012. 2. 13
11	《东北振兴“十二五”规划》	国家发改委	2012. 3. 4
12	《国务院关于支持赣南等原中央苏区振兴发展的若干意见》	国家发改委	2012. 6. 28
13	《全国高标准农田建设总体规划》	国家发改委	2013. 10. 17
14	《赣闽粤原中央苏区振兴发展规划》	国家发改委	2014. 3. 11
15	《晋陕豫黄河金三角区域合作规划》	国家发改委	2014. 3. 31
16	《洞庭湖生态经济区规划》	国家发改委	2014. 4. 14
17	《珠江-西江经济带发展规划》	国家发改委	2014. 7. 8
18	《全国对口支援三峡库区合作规划（2014～2020年）》	国务院三峡工程建设委员会办公室	2014. 7. 30
19	《左右江革命老区振兴规划（2015～2025年）》	国家发改委	2015. 2. 9
20	《长江中游城市群发展规划》	国家发改委	2015. 3. 26

续表

编号	规划名称	编制主体	批准时间
21	《京津冀协同发展规划纲要》〔1〕	国家发改委	2015. 4. 30
22	《大别山革命老区振兴发展规划》	国家发改委	2015. 6. 1
23	《环渤海地区合作发展纲要》	国家发改委	2015. 9. 15
24	《哈长城市群发展规划》	国家发改委	2016. 2. 23
25	《成渝城市群发展规划》	国家发改委	2016. 3. 30

事实上，上述规划并非是近年获得批准的区域规划的全部。那么，区域规划热为什么会兴起呢？区域规划在政府管理中又扮演着什么角色呢？

二、区域规划兴起的原因

当前，区域规划权被频繁使用，甚至被作为国家促进区域经济发展最主要的手段。行政计划制定机能（一种基于行政厅的广泛的计划裁量权的强力形成权能）常常被称作“第二立法权”或“第四权力”。〔2〕区域规划的兴起，有其内在的原因，主要包括：

（一）积极行政的需要

自资本主义建立以来，政府的职能以及行政权的作用范围一直呈现出不断扩大之势。古典行政主要是秩序行政，其是最典型、最传统的行政类型。这种行政在于维护社会之秩序、国家之安全及排除对公民及社会之危害。行政主体大都是采取限制公民自由权利行使的手段，也都使用公权力的方式来限制、

---

〔1〕《京津冀协同发展规划纲要》，由中共中央政治局于2015年4月30日审议通过。

〔2〕杨建顺：《日本行政法通论》，中国法制出版社1998年版，第567页。

干涉公民的基本权利。[1]在这个阶段，政府的主要职能在于维护社会秩序，主要是担任“守夜人”的角色；行政的范围也十分有限，主要限于警察行政、税务行政等少数领域。然而，随着市场经济的兴起与发展，许多社会问题日益凸显，如社会的无序、贫富的分化等。这些问题的出现及日益严重使国家行政机关仅仅消极担任“守夜人”角色的状况难以为继，社会的发展需要国家担负起更多的责任。因而，以“服务行政”“给付行政”方式出现的积极行政便应运而生，这使国家行政的范围急剧扩大，国家的职能也随之转变。“服务行政的特色是在提供公民的‘生存照顾’”，[2]国家为公民提供各种不同的服务措施，如提供就业服务、进行行政救助、发展文教事业、保险制度等，试图为公民提供“从摇篮到坟墓”的全面服务，来照顾公民的生存所需；与之相对应，行政范围不断扩大、行政机构急剧增加，从而出现了“行政国”。在国家行政由消极行政向积极行政转变的同时，国家行政的方式也出现了新的变化。在消极行政时代，国家主要运用行政处罚、行政征收等“干涉行政”的方式来实现对公民的规制；而在积极行政时代，仅仅运用“干涉行政”的方式是无法实现国家的全部职能的。因而，一些新的行政方式也就应运而生了。行政规划正是在此背景下诞生的，“19世纪之自由主义国家，其主要任务在于保境安民，仅对妨碍安宁及秩序者采取反应措施，并不积极从事活动，计划之作成遂亦不具有重要性。今日注重民生福利之社会法治国家，除一如往昔之消极排除危害外，尚须积极从事给付行为以及社会形

---

〔1〕 陈新民：《中国行政法学原理》（上册），中国政法大学出版社2003年版，第27页。

〔2〕 陈新民：《中国行政法学原理》（上册），中国政法大学出版社2003年版，第30页。

成作用，计划即成为国家之重要行政手段”。[1]

（二）提供基础设施的需要

经济、社会的发展离不开基础设施，而基础设施属于典型的公共物品。公共物品的特性使得公共物品的供给缺乏有效的利益激励，从而导致公共物品供给的困境。[2]因为在市场的参与者中存在着普遍的“搭便车”心态，所以在公共物品的供给上，单纯的市场机制很难发挥作用，不可避免地存在市场失灵。因此，对于基础设施，只能由政府提供。而区域间的基础设施，不可能由一个地方政府单独完成，需要有区域内的协调与总体布局，如区域性的铁路、公路、供水、教育设施的提供等，都需要通过区域规划来解决。

（三）避免区域恶性竞争的需要

区域规划在现代的兴起，在很大程度上也是出于解决区域恶性竞争的需要。市场经济在配置资源方面有着极为强大的功能，能够带来资源配置的高效率，让资源流向最能够创造价值的流域。但是，市场经济也会带来市场失灵的问题，例如可能引发区域之间以及区域内部的恶性竞争。区域城市之间为了争取有限的投资资源会互相竞争，一些城市为了争夺投资资源，甚至不惜违背法律，在税收、土地等方面给予违法优惠。此外，区域之间、区域内部产业结构严重趋同现象的存在也会导致市场的恶性竞争和资源的浪费。

区域之间的恶性竞争除了体现在对资本的恶性争夺外，还体现为对自然资源的恶性争夺，如对水资源、空气资源的争夺等。我国当前空气质量的恶化，在很大程度上也与这种恶性竞

---

〔1〕 Vgl. Maurer, Allg. VwR11, § 16Rdnr. 9，转引自陈敏：《行政法总论》，新学林出版公司 1999 年版，第 586 页。

〔2〕 韩晶编著：《区域规划理论与实践》，知识产权出版社 2011 年版，第 7 页。

争有关。限制污染企业会影响行政区域内的经济发展，而污染企业造成的污染成本则由更大范围的区域共同承担。

通过区域规划协调政府间的行为，才能有效地避免不同行政区域的恶性竞争，实现可持续发展。

（四）协调区域发展的需要

区域规划兴起的另一重要原因在于协调区域发展的需要。在市场机制下，市场要素会朝着更有吸引力的区域流动，而这样的流动会在一定程度上造成区域经济的发展不平衡。正如缪尔达尔的“循环累积因果论”所言：“市场经济的力量正常趋势与其说是缩小区域间差异，不如说是扩大区域间的差异。”[1]因为在市场因素下，不仅是劳动力，甚至连资本也都会由欠发达地区流向发达地区，从而形成发达地区的“吸附效应”，造成发达地区周边的“边缘化”或“空洞化”。以京津冀地区为例，环绕着北京和天津，存在着数千个贫困村。原因即在于北京、天津有着更高的收入，周边地区的大量青壮年都被吸引过来，从而加剧了北京、天津与周边地区的差距。

区域经济发展的不协调，会造成两方面的困扰：一方面，造成大城市越来越臃肿，从而患上“大城市综合征”，造成交通的拥挤，水资源、土地资源的匮乏，甚至空气污染等；另一方面，离区域核心城市较远地区难以获得发展，资源得不到有效的开发和利用，从而造成经济、社会发展缓慢。通过区域规划，政府可以综合利用产业政策、财政政策等手段引导资源在区域内进行合理配置，进而实现区域之间发展的相对均衡。

---

〔1〕［瑞典］缪尔达尔：《瑞典经济理论与不发达地区》，苏保忠译，华夏出版社2009年版，第8页。

第二节　区域规划存在的问题分析

区域规划在对我国的经济社会发展发挥重要作用的同时，也带来了一些问题，而这些问题的存在，在一定程度上限制着区域规划更好地发挥功能。当前，区域规划存在的问题主要包括以下几个方面：

一、区域规划的性质与效力不明

对于区域规划的性质和效力，历来存在着比较大的分歧和争论，国内外学者可谓众说纷纭。区域规划的性质不明，必然影响其在法律上的定位，例如，首先必须直面的问题就是，国务院批准的区域规划对于地方政府是否具有强制的约束力？如果地方政府违反了区域规划，是否可以追究其责任？此外，区域规划对于行政相对人是否具有约束力？而要回答区域规划的效力问题，首先需要回答区域规划的法律性质问题，在明确了区域规划的性质之后，其效力问题自然便可迎刃而解。

二、不同的规划之间存在着冲突

当前，在我国存在着不同类型、层次的涉及多个行政区划的规划。我国区域层面的规划管理权分属从中央到地方的不同部门，形成了从上到下的“条状分割”和地区与地区之间的“块状分割”局面。各类规划既自成体系，又互相交织，矛盾不少。〔1〕造成这种局面的主要原因在于区域规划的权属不够明确。以经过国务院批准的区域规划为例，编制的主体中既有国家发

---

〔1〕 孙浩康：“新形势下我国区域规划存在的问题及对策”，载《国家行政学院学报》2010年第6期。

改委，又有其他的一些主体。如目前国务院批准的大多数区域规划的编制主体都是国家发改委。除此之外，还有由省人民政府编制的，如《珠江三角洲地区改革发展规划纲要（2008～2020年）》是由广东省人民政府编制的、《辽宁沿海经济带发展规划》是由辽宁省人民政府编制的、《皖江城市带承接产业转移示范区规划》是由安徽省人民政府编制的。另外，还有些规划是由地方发改委编制的，如《关中-天水经济区发展规划》是由陕西、甘肃省发改委联合编制的，而《全国对口支援三峡库区合作规划（2014～2020年）》则是由国务院三峡工程建设委员会办公室编制的。在批准主体上，同样也存在着权属不够明确的问题，如《珠江三角洲地区改革发展规划纲要（2008～2020年）》《辽宁沿海经济带发展规划》《皖江城市带承接产业转移示范区规划》均只涉及一个省份，那么，批准主体为何是国务院而不是当地的省人民政府？权属不明必然造成规划之间的冲突和矛盾。

除上述编制主体众多的问题之外，在我国还存在着不同领域的规划之间缺乏协调的问题，例如，涉及跨区域的规划在我国还有城镇体系规划和国土规划。我国目前的城镇体系规划、国土规划和区域规划分别隶属于住房城乡建设部、国土资源部和发展改革委员会三个不同的主管部门，规划之间衔接较差，存在着相互分割、各自为政的情况，没有统一、整体和系统的区域规划体系，从而严重削弱了规划体系的整体功能。〔1〕在当前，除了城镇体系规划具有明确的法律依据外，〔2〕其他的规划

---

〔1〕 孙浩康："新形势下我国区域规划存在的问题及对策"，载《国家行政学院学报》2010年第6期。

〔2〕《城乡规划法》第12条第1款："国务院城乡规划主管部门会同国务院有关部门组织编制全国城镇体系规划，用于指导省域城镇体系规划、城市总体规划的编制。"

目前尚处于一种“非法定规划”的状态。

综上所述，为了避免不同规划之间的冲突，应当尽量明确不同规划之间的关系，以及编制主体等。

三、区域规划的功能较为单一

在我国当前的区域规划中，促进经济发展是主要的功能。如众多的区域规划文本都在“目标”与“任务”中表明，区域规划的制定与实施是为了“增强国内外市场竞争力，率先实现跨越式发展”，〔1〕“明确发展目标，创新发展模式，提升发展质量，实现经济社会又好又快发展”〔2〕等。从前文所列举的国务院批准的区域规划来看，这些规划几乎无一例外地均将促进经济发展放在第一位。“区域规划内容仍偏重于物质规划，忽视综合协调和区域管治。”〔3〕当然，在我国尚处于发展中国家行列的当下，将经济发展放在第一位是无可厚非的，也是必要的。但是，促进经济发展，特别是通过直接的资源配置来促进区域的经济发展不应当是区域规划的唯一目的。从市场与政府的关系来看，“解决生产力空间布局的应该是市场而不是行政”。〔4〕“借鉴发达国家经验，我国区域规划应由以往的产业布局和基础设施建设向改善发展环境、增强软实力方向转变。”〔5〕

根据国外的区域行政规划立法与区域行政规划实践，区域

---

〔1〕 参见《西安-咸阳实施经济一体化战略规划纲要》。

〔2〕 参见《关中-天水经济区发展规划》。

〔3〕 张京祥、吴缚龙：“从行政区兼并到区域管治——长江三角洲的实证与思考”，载《规划研究》2004年第5期。

〔4〕 蔡国兆等：“‘长三角尴尬’犹存‘制度悖论’亟待解决”，载《经济参考报》2007年2月26日。

〔5〕 孙浩康：“新形势下我国区域规划存在的问题及对策”，载《国家行政学院学报》2010年第6期。

行政规划调整的对象才是区域经济与社会发展中需要区域政府协同的问题而不是经济发展本身。区域行政规划包括经济目标、社会目标和生态目标，且尤以后两者为主。[1]在当前，区域规划更应偏重于以下两个方面的内容：一是关注基础设施和公共服务的平衡和协调。以京津冀地区为例，在过去的发展中，基础设施之间的一体化程度明显不够，“断头路”大量存在、基础设施的互联互通明显不够，如地铁等城市交通工具很少能够延伸到城市以外的临近地区等。区域内部基础设施的不协调，必然影响区域的经济发展以及公众的便利程度。以纽约为例，普通民众眼中的“纽约”是远远大于区划意义上的“纽约市”的，因为城市交通工具已经将“纽约市”与包括“新泽西”在内的周边地区连为一体，形成了“大纽约”，而交通的一体化也自然带动了“纽约市”周边地区的发展。《京津冀协同发展规划纲要》专门阐述了要构建“以轨道交通为骨干的多节点、网格状、全覆盖的交通网络”，其中重点是建设高效密集轨道交通网，完善便捷通畅公路交通网，打通国家高速公路“断头路”，全面消除跨区域国省干线“瓶颈路段”，加快构建现代化的津冀港口群，打造国际一流的航空枢纽，加快北京新机场建设，大力发展公交优先的城市交通，提升交通智能化管理水平，提升区域一体化运输服务水平，发展安全绿色可持续交通。二是关注经济发展与环境的关系。经济发展必然是建立在环境的承载力基础之上的。从这一角度考虑，任何的“区域规划”都应当有国土部门、环境部门的参与，脱离环境的承载力空谈发展是毫无意义的。例如，我国过去的一些促进西部发展的战略对环境承载力的重视是不够的，而盲目发展的结果必然是付出沉重

---

〔1〕 王晓东：“对区域规划工作的几点思考——由美国新泽西州域规划工作引发的几点感悟”，载《城市规划》2004 年第 4 期。

的环境代价以及发展的不可持续性。

四、区域内政府之间协力不够

在区域规划中，区域内地方政府之间的协力不够是一种经常性的现象。区域内地方政府之间相互“钩心斗角”、争夺利益的现象不在少数。“在区域一体化进程中，最突出的矛盾是区域地方政府行为的盲动性和自利性所带来的政府行为的异化。区域政府行为的盲动性和自利性源于政府之间对区域公共事务缺乏有效的沟通与协商，区域政府各自为政，政府间的行为往往是一种非协调式的博弈过程。”[1]地方政府间难以齐心协力、共谋发展的现象之所以会出现，主要是基于以下原因：一是地方政府具有自己的利益，地方政府之间存在着竞争。毫无疑问，区域经济的发展会使整个区域内的所有主体获益。但也不可否认，不同区域的获益程度必然会存在差异。这就会造成区域内不同地区之间的竞争，而这种竞争也往往体现为地方政府之间的竞争。在我国，发展经济依然是地方政府的首要任务，如何在区域内获得更好的发展基本上是地方政府首先需要考虑的问题。在此情况下，不同地方政府间产生竞争甚至冲突难以避免，从而造成了区域内地方政府之间协力不够的情况。二是因为“搭便车”效应。在区域内，特别是在提供基础设施方面，存在着“搭便车”效应。即部分地方政府不愿意在共同的基础设施方面投入更多，而是存在着“搭便车”的思想，坐享其他地方政府的发展成果。三是利益补偿机制的缺乏。在区域内部，为了区域的共同利益，很多时候需要部分地区作出一定的牺牲和让步。如处于河流上游的地区，为了区域的发展，应当尽量避

---

〔1〕 李煜兴：《区域行政规划研究》，法律出版社 2009 年版，第 50 页。

免发展化工行业等。在此情况下，缺乏利益补偿机制必然会造成被限制发展地区的不配合。因此，构建利益补偿机制，由获益地区对被限制地区给予一定的经济补偿，实属必要。

五、区域规划的科学性不足

当前，区域规划的科学性不足是我国区域规划中普遍存在的问题，其所带来的危害后果是明显的。因为区域规划决定了政府的政策导向以及资源配置，如果区域规划不科学，那么不仅会造成资源的浪费，甚至还会阻碍经济、社会的发展。

区域规划的科学性需要由相应的保障机制来确保其实现，没有有效的科学性保障机制，区域规划的科学性也就无从实现。在当前，要提高区域规划的科学性，至少需要构建以下几个方面的机制：一是不同部门间的协调机制。如何协调不同部门之间的规划是当前面临的一个重要问题。如有学者指出："部门之间相互争夺区域行政规划空间，尽管名目不一，各有侧重，但是其内容大同小异，导致大量工作重复，资源浪费，各搞各的，互不协调，甚至互不认账，严重影响规划的科学性、实用性和权威性。"〔1〕只有构建有效的部门间的协调机制，才能避免部门间各说各话、出台各种相互矛盾的区域规划现象的发生。二是地方政府间的沟通与协调机制。没有有效的地方政府间的沟通和协调机制，就很难充分了解地方政府的想法和需求。"区域规划是一次利益的协调……最大的工作量是协调，最大的难点还是协调。"〔2〕在未经过充分协调的情况下出台的规划必然难以满

---

〔1〕 胡序威："中国区域规划的演变与展望"，载《城市规划》2006 年第 11 期。

〔2〕 吴焰、汪卫东："这一年，貌似平静中我们紧锣密鼓——五位'关键人'透露长三角区域规划编制内幕"，载《人民日报》2005 年 10 月 21 日。

足不同地方政府间的需求，从而难以调动地方政府的积极性，甚至可能遭到地方政府或明或暗的抵制。三是有效的利益表达机制。区域规划是政府主导的行政活动，但区域规划的实施离不开社会中各种力量的参与和配合，而只有符合公众利益的规划才能吸引众多利益主体的参与。因此，在规划的编制过程中，应当充分吸收公众的意见，包括个人、企业、行业、社团组织等主体的意见。但由于一般公众参与的组织化程度较低，参与力量分散，导致其往往难以形成足以影响规划决策的力量。四是运用外部研究力量。我国以往的区域规划基本都是由政府自身编制完成的。但政府的力量、智慧毕竟也是有限的，因此，应当在区域规划的编制中更多地运用外部的力量。例如，可以在规划编制中更多地汲取专家的意见，或者引入第三方力量编制规划等。只有充分利用外部研究力量，才能群策群力，进而保证规划的科学性。

第三节　区域规划的性质和效力

我国的很多区域规划往往是投入了众多力量进行编制，但却难以落实，进而造成了“纸上画画、墙上挂挂”的结局。造成区域规划难以落实的原因是多方面的，其中，区域规划的性质和效力不明是影响规划难以落实的一个重要因素。

一、区域规划的性质争论

对于区域规划的性质，大体而言，主要有以下几种观点：

1. 行政行为说

对于行政规划的性质，有学者认为其属于“依职权行政行为”。〔1〕持该观点者并不少见。如有学者认为：“由行政规划产生的权利限制等效果却不是抽象的，远比法令的效果具体而强烈，从这个意义上说，行政规划更类似于具体行政行为。行政规划是具有相当广泛的政策性、专业技术性的裁量，但这不能成为否定行政规划的行政处分性质的依据。人们痛感到，行政计划应该依照行政行为，置于司法的统治之下。”〔2〕持此说者认为行政规划属于行政行为的理由是行政规划能够产生权利限制的效果，而且是具体的，因而主张应将其视为行政行为并纳入司法的审查范围。

2. 立法行为说

有学者认为应该把“计划”作为公共行政的一种活动形式予以理解，而在性质的认定上则认为“计划”属于立法行为。“只要立法者（也包括制定行政法规、规章者）进行计划或决定一计划，其‘计划裁量权’即属于在国家权力范畴的普通立法裁量权。立法裁量中不存在诸如在使用不确定法律概念中所具有的行为裁量与判断活动范围的区别，毋宁说在此两者都属于不可分割的创设自由，在立法裁量中融为一体。”〔3〕将行政规划视为立法行为的学者不多，持该说者认为行政规划的主体所享

〔1〕 参见姜明安主编：《行政法与行政诉讼法》，北京大学出版社、高等教育出版社2005年版，第297页。在该书中，对于行政规划的性质，编写“行政规划”这一部分的执笔者并没有明确的陈述，只是认为“行政规划具有与行政立法及准立法共通的一面，即作为统一行政上的各项政策并付诸实施的基本标准而发挥其作用”。但在该书的编排体系中，“行政规划”部分属于“行政处理——依职权行政行为”的一种，因而可以推断出该书的编者认为行政规划属于“依职权行政行为”。

〔2〕［日］南博方：《日本行政法》，杨建顺、周作彩译，中国人民大学出版社1988年版，第62页。

〔3〕［德］平特纳：《德国普通行政法》，朱林译，中国政法大学出版社1999年版，第159页。

有的广泛的“计划裁量权”在性质上属于“普通立法裁量权”的范畴，进而认为行政规划在性质上应属于立法行为。

3. 具体区分说

除上述两种观点外，绝大多数学者在行政规划乃是一个包容性概念的前提下，认为行政规划的性质不能一概而论，而应具体区分不同形态的行政规划并分别考量其性质。但持具体区分说的学者们的观点也存在着较大的差异。有学者认为行政规划既可能属于行政立法行为，又可能属于具体行政行为。“行政计划类似于行政立法行为，是针对不特定多数人适用，关系到一般公共秩序；但一些拘束性行政计划产生的权利限制效果却又类似于具体行政行为，指向非常明确具体。因而可以说，凡是具有直接限制国民权益的效果之拘束性行政计划，应视为一种权力行政方式；凡是不直接影响国民权益的非拘束性行政计划，则属于一种非权力行政方式。”〔1〕我国台湾地区学者陈敏则列举了行政规划的性质可能属于法律、法规命令、自治规章、行政处分、行政规则、事实行为。〔2〕在我国大陆地区，有学者认为：“非确定性是行政计划法律制度的特别之处，即不同形式、不同效力的行政计划具有不同的法律性质。”〔3〕进而提出应在对行政规划进行类型化的基础上，对行政规划的性质进行具体分析，认为“约束性计划”在法律性质上可分为行政规范性文件、无法归类的约束性计划以及具体行政行为（确定计划裁决行为）三种；“影响性规划”（或调控性规划）的性质可分为没有约束力的目标宣示（事实行为）、中间类型、有自我约束意

---

〔1〕 杨建顺：《日本行政法通论》，中国法制出版社 1998 年版，第 563 页。

〔2〕 参见陈敏：《行政法总论》，新学林出版公司 1999 年版，第 590~591 页。

〔3〕 马怀德主编：《行政程序立法研究：〈行政程序法〉草案建议稿及理由说明书》，法律出版社 2005 年版，第 356~358 页。

愿的宣示（公法上的规划）三种；“咨询性计划”的性质为事实行为。其他为数众多的学者也主张应根据不同类型的规划而对其性质予以区分认定。

4. 内部行为说

持此观点者认为，区域规划本身是对跨行政区域的公共事务的预先筹划与安排，旨在避免将来一定时期内行政活动的盲目性，提高行政活动的可预见性。无论从区域规划的制定还是从区域规划的实施来看，区域行政规划所体现的都是政府行政机关之间的职权关系，具体包括区域上下级政府之间的关系和区域地方政府之间的关系。换言之，区域规划并不直接体现行政主体和外部相对人之间的关系，不直接影响外部相对人的权利义务，是政府内部的行政活动，是“准内部行政行为”。[1]

二、区域规划的性质与效力分析

对于区域规划的性质和效力，我们可以从以下几个角度进行分析：

首先，区域规划不是立法行为。经过分析区域规划的文本，我们不难看出，区域规划无论是从目的来看还是从内容来看，都没有创设行为规则。因而，区域规划显然不属于行政法规、规章以及规范性文件的范畴。《政府信息公开条例》第10条规定：“县级以上各级人民政府及其部门应当依照本条例第九条的规定，在各自职责范围内确定主动公开的政府信息的具体内容，并重点公开下列政府信息：(一) 行政法规、规章和规范性文件；(二) 国民经济和社会发展规划、专项规划、区域规划及相关政策；……”在该条中，立法者是将区域规划与行政法规、规章

---

〔1〕 参见李煜兴：《区域行政规划研究》，法律出版社2009年版，第32~33页。

和规范性文件区分开来的，实际上乃是认为区域规划是不同于行政立法或制定规范性文件的一种独立的、新型的行政活动。而从区域规划的功能来看，其也确实不具有法的功能。因此，区域规划不是立法行为。

其次，区域规划不具有外部约束力，但对行政相对人具有一定的指导意义。就区域规划的效力和作用而言，区域规划并不具有外部约束力，即对公民、法人和其他组织不具有约束力，并非是外部行政相对人必须遵守的、具有强制力的行政行为。但这并不代表区域规划不会对外部相对人产生影响。就区域规划的基本功能而言，其对外部相对人具有一定的指导意义，“作为一种特殊的区域空间公共政策，区域规划具有导向、调节和分配三大基本功能”。〔1〕通过区域规划，外部相对人可以了解政府的政策导向以及未来的部署与安排，对于调节外部相对人的行为具有积极的指导意义。

最后，区域规划在政府内部也不具有强制力。从区域规划的目的上讲，其是对政府未来行为的部署与安排，因而理应具有内部约束力。“从性质上讲，区域行政规划是政府的自我约束自身行为的规范形式。区域行政规划一旦制定实施，对区域政府主体的行为具有约束力。”〔2〕但事实却并非如此，我国目前并没有任何法律、法规对区域规划的效力作出规定，也没有下级政府必须遵守上级政府作出的规划的相关规定，这也是区域规划与城乡规划的区别。作为法定规划，《城乡规划法》赋予了城乡规划强制力，无论是外部行政相对人还是行政机关，都得遵守城乡规划。但作为非法定规划，区域规划即使在政府内部也

---

〔1〕 李雪飞、张京祥、赵伟：“基于公共政策导向的区域规划研究——兼论中国区域规划的改革方向”，载《城市发展研究》2005 年第 5 期。

〔2〕 李煜兴：《区域行政规划研究》，法律出版社 2009 年版，第 51 页。

是缺乏强制力的。虽然在政府内部也不具有约束力，但上级政府可以通过其他一些措施，如财政手段等来推进区域规划的落实。

通过上述对区域规划的分析，我们可以得出以下结论：作为非法定规划，区域规划目前在我国并不具有法律上的约束力，其作用主要体现为具有一定的指导意义。因此，从性质上讲，区域规划应属于行政事实行为。

第四节　行政法治背景下的区域规划

一、行政法治的重要意义

行政法治是法治国家基本制度中的重要组成部分。行政法治思想是法治思想的组成部分，它是根据法治的“普遍服从良法”的精神而形成的原则和原理，也就是政府行为受到正义之法的约束。在国家制度中根据行政法治的原则和原理而形成的制度就是行政法治的制度。行政法治无论是作为一种政治思想还是一种制度实践，都是法治的组成部分，也是法治的主要部分。〔1〕行政法治在我国体现为“依法行政”，是“依法治国”在行政领域的具体表现形式。在现代西方法治原则下，行政法治是通过对行政权力的法律约束和监督来实现的。〔2〕行政法治的核心是行政权力受到法律的控制。

当前，我国各级行政机关的依法行政状况还没有完全适应依法治国的根本要求，法治政府建设现状距离建成法治国家的

---

〔1〕 孙笑侠：《法律对行政的控制——现代行政法的法理解释》，山东人民出版社 1999 年版，第 22 页。

〔2〕 杨寅：《中国行政程序法治化——法理学与法文化的分析》，中国政法大学出版社 2001 年版，第 77 页。

目标也还有一定距离。没有依法行政，就不能真正落实依法治国基本方略；没有法治政府的建成，也就没有社会主义法治国家的真正建成。深入推进依法行政、加快建设法治政府，是全面推进依法治国基本方略、加快建设社会主义法治国家的重要内容。区域规划虽然不具有法律上的约束力，但其作为一种新的行政方式，在经济、社会的发展中具有重要作用。一切行政方式都必须在法律的控制范围内活动是行政法治的基本要求。因而，对区域规划这一新的行政方式予以规制就成了必然。

二、规范区域规划的必要性

区域规划作为一种在现实中发挥着重要作用的非法定规划，其拟定主体具有广泛的裁量权是不争的事实。行政裁量权的存在与行政法治并非是冲突的，行政裁量权的存在是现代行政所不可或缺的。“法治所要求的并不是消除广泛的自由裁量权，而是法律应当能够控制它的行使。现代统治要求尽可能多且尽可能广泛的自由裁量权。”[1]法治与人治相对立，它排除权力行使者的专横、武断和凭个人意志办事的方式，但是法治并不排除执法人员的主动精神，法治应允许执法人员发挥创造性、主动性和积极性，根据选择判断以最佳的方式达到法律目的的实现。因此，行政裁量权的确定，不仅不与法治相冲突，相反还是法治的要求和补充。[2]裁量权在现代行政中不可或缺，但是，过于广泛的裁量权的存在无疑是与行政法治相悖的。因为，“所有

---

〔1〕［英］威廉·韦德：《行政法》，徐炳等译，中国大百科全书出版社 1997 年版，第 55 页。

〔2〕周佑勇：《行政法基本原则研究》，武汉大学出版社 2005 年版，第 203～204 页。

的自由裁量权都可能被滥用，这仍是个至理名言”。[1]“一切有权力的人都容易滥用权力，这是一条万古不易的经验。有权力的人们使用权力一直遇到有界限的地方才休止。”[2]过于广泛的裁量权不受控制将容易导致权力的滥用，这是对行政法治的破坏。因而，行政法治要求将行政主体的裁量权控制在一定的范围内，“为使法治在社会中得到维护，行政自由裁量权就必须得到合理的限制”。[3]

对区域规划权力予以规范是维护公共利益的需要。行政的过程就是行政活动，是一种对公共利益予以集合和分配的过程。[4]行政主体在集合、维护和分配公共利益的过程中必然要与行政相对人之间发生各种复杂的利益关系。在行政法律关系中，行政主体是公共利益的代表者，但公共利益是一个不确定的法律概念。“公益是一个不确定多数人的利益。这个不确定的多数受益人也就符合公共（公众、社会大众 Publikum）的意义。”[5]因而，行政主体的行为是否代表公共利益，在实践中经常会受到拷问。因此，必须构建有效的权力约束机制，对区域规划权力予以约束，从而避免公共利益遭受侵害。

三、规范区域规划的路径选择

“行政计划的盛行，具有破坏‘依法行政原理’，将现代行政

〔1〕［英］威廉·韦德：《行政法》，徐炳等译，中国大百科全书出版社 1997 年版，第 70 页。

〔2〕［法］孟德斯鸠：《论法的精神》（上册），张雁深译，商务印书馆 1987 年版，第 154 页。

〔3〕［美］E. 博登海默：《法理学——法律哲学与法律方法》，邓正来译，中国政法大学出版社 1999 年版，第 369 页。

〔4〕叶必丰：《行政法学》（修订版），武汉大学出版社 2003 年版，第 1 页。

〔5〕陈新民：《德国公法学基础理论》（上册），山东人民出版社 2001 年版，第 186 页。

的性质变为‘依计划行政’，促成行政权强化的危险倾向。”〔1〕对于区域规划权力的规范，我们可以从以下几个方面进行：

1. 明确区域规划的制定理念

理念是行为的先导，理念在宏观上会指导行为的实施。区域规划作为政府重要的行为之一，必须有科学的理念作为指导。行政理念与行政法的基本原则相比，具有更为宏观的特点，对行政运行的影响也更为深远。在正确的理念指导下出台的区域规划，必然会更加科学、合理，更能够发挥其促进区域发展的功能。

2. 对区域规划权进行合理配置

职权法定是现代行政法的基本原则之一。在现代法治体系下，行政权力只能来源于法律，法律授予的权力才具有正当性。区域规划权作为重要的行政权力之一，同样也只能来源于法律的授予。对行政规划权力的控制，即为实体法控制。“所谓实体法控制，即对行政机关制定行政规划权力的来源和制定行政规划的空间进行控制。”〔2〕区域规划的运行通常涉及不同的行政主体，其对于彼此之间权力界限的划分并不清晰，因而如何协调彼此之间的关系，是行政规划运行中经常遇到的一个难题。合理配置区域规划权，乃是规范区域规划权的必然选择。

3. 构建区域规划科学性的程序保障机制

合理配置区域规划权是一种实体规制，虽然实体规制是规范区域规划权所不可或缺的，但是行政程序在规制区域规划权力方面却起到了更为重要的作用。因为，“现代行政法治的核心

---

〔1〕 杨建顺：《日本行政法通论》，中国法制出版社 1998 年版，第 567 页。

〔2〕 胡锦光：“论对行政规划的法律控制”，载《郑州大学学报（哲学社会科学版）》2006 年第 1 期。

机制是行政程序法律制度”。[1] 此外，行政权力的扩张也使得程序在规制行政权力方面的作用日益重要，“程序的规则所以重要，是因为在实体法上不得不给予行政机关巨大权力的缘故”。[2]“尽管现代社会有关行政管理的法规、规章覆盖了社会生活的每一个角落，但是法治却越来越受到威胁。这主要表现在法律本身标准的日益模糊化，这种变化恰恰导致了行政自由裁量的目的性或实质化倾向，导致法律对行政权力的失控。”[3]通过行政程序对权力的行使进行事前和事中的监督和平衡，防止行政权的滥用，促进行政权行使的效率，平衡行政权和相对方权利之间的关系，保障相对方的合法权益，已成为现代行政法的一个重要特征。[4]

区域规划科学性的重要性是不言而喻的，而要实现区域规划的科学性，我们更多地只能依赖于程序规则。区域规划专业性、技术性的特点决定了对其予以实体规制存在着相当大的难度，实体规制并不能保证行政主体的区域规划裁量权不被滥用。因此，构建合理的程序规则就显得尤为重要。相对人参与、行政公开、听证等程序制度成了规制行政主体的区域规划裁量权的必然选择。

4. 完善区域规划的实施机制

追求区域规划的科学性需要通过程序制度来实现，而仅有区域规划的科学性是不够的。相对于区域规划的制定而言，区域规划的实施同样具有十分重要的作用。没有区域规划的实施，

---

〔1〕 应松年主编：《行政程序法立法研究》，中国法制出版社 2001 年版，第 32 页。

〔2〕 王名扬：《英国行政法》，中国政法大学出版社 1987 年版，第 152 页。

〔3〕 孙笑侠：《程序的法理》，商务印书馆 2005 年版，第 241 页。

〔4〕 应松年主编：《行政程序法立法研究》，中国法制出版社 2001 年版，第 28 页。

区域规划将成为一纸空文，难以发挥其应有的作用，即使制定得再科学，也将毫无意义。因此，完善区域规划的实施机制也是规范区域规划权的重要选择。

第二章

区域规划制度比较研究

区域经济发展不平衡是当前我国经济发展中普遍面临的问题。区域经济不平衡是经济发展所伴生的现象，经济的增长过程与不平衡的区域增长紧密相连。同时，区域经济发展的水平还受到经济、政治、文化、民族、地域等多重因素的影响，具有很强的复杂性，其中，区域规划制度是影响区域经济发展的重要因素。在全球化和经济一体化的新格局中，区域治理已经成为一种普遍的趋势。随着我国经济的日益开放以及我国与世界经济的日益融合，经济区域不断走向一体化。长三角经济圈、珠三角经济圈、环渤海经济圈等区域经济体开始形成，传统的行政区划间的竞争已经转向区域间的竞争，跨行政区划的规划与管理手段的重要性逐渐增加。在城市化进程中，我国的都市圈、城市群或城市带在高密度生态条件下，如何克服无序发展、避免雷同建设和拔苗助长，使各城市具有鲜明的生态文化特色和强烈的时代特征，真正实现生态经济的良性循环，是各城市各地区的共同问题。区域规划与管理是实现经济一体化的关键，区域整体规划是实行管理的前提；而行政分割、局部利益驱动、各自为政的规划，则是进行区域规划和区域管理的障碍。[1]随着

---

〔1〕 黄书孟："在2002年长江三角洲区域发展国际研讨会上的发言"，载《中国海洋报》2002年8月16日。

我国区域经济的不断发展和经济全球化的不断深入，从都市圈、城市密集区的发展层面审视城市的整体发展，以整体观念解决跨区域问题，已越来越成为人们的共识。国外一些发达国家为了平衡地区经济发展，在制定区域规划的过程中出台了很多政策措施，其区域结构政策的最高目标是在充分利用地域条件和资源禀赋的前提下，在不同地区创造同等生活条件，这些政策措施取得了显著成效。针对当前我国的区域规划所引发的问题、我国经济发展所遭遇的瓶颈，我们应当把眼光放向国外，适当借鉴发达国家的经济发展治理经验，博采众长，这样才能有利于完善我国区域规划的理论与制度。本书将于后文中详细介绍德国、美国、日本等一些发达国家成功的区域规划的实践经验，并结合我国的国情，从中汲取能够促进我国区域规划制度发展的成功之处，以供我国在制定区域规划政策时加以参考。

第一节　德国区域规划的实践经验及借鉴

德国的区域规划是一种跨地方行政区划的规划。其既保留了地方生态文化特色，又在很大程度上克服了地方行政分割和各自为政的顽疾，建立起了一种行之有效的区域行政规划体制。以下，本书将重点阐述德国的区域规划的历史演变、区域行政规划的协调机制以及德国区域规划经验对我国的启示。

一、德国区域规划的历史演变

（一）区域规划的概念

“区域规划”在联邦德国的区域规划理论与实践中具有特定的涵义，可以分为两大类：一类是非正式的、无约束力的，如大区域（跨州）发展方案、小区域（跨农村城镇）专题解决方案等；另一类是正式的、有约束力的，如鲁尔地区的无烟煤和烟煤区域发展规划以及区域规划。区域规划是指在德国国家规划体制中介于州规划和城镇规划之间的一种中级规划层面的规划，是按一定地域的自然条件、社会和经济发展状况以及经济的联系紧密程度或功能来划分（例如慕尼黑大都市区域规划）的区域规划。德国将全国按照社会经济状况的不同质性划分成了一百来个区域（或称为规划区域）。虽然各州规划区域的规模有很大不同，但大部分州的区域一般覆盖3个~5个县和2个~3个城市。[1]德国的法定规划体系由四个层面组成，即国家、州、区域和地方（县、城市和镇），其中国家、州和地方规划均有与之相对应的行政区划，只有区域规划没有与之相对应的行政区域，即区域规划在规划体制中只是一个具有一定社会经济关联地理空间单位的规划层面。[2]因而，德国的行政区域规划是跨部门的和跨地方行政区域，在区域层面上协调的整体规划。

区域规划的法定任务是德国制定正式的区域整体发展规划的依据，要求区域规划在内容上要将上位整体规划即联邦国土整治规划和州整体发展规划（以下简称“州规划”）的目标具体化，并结合本地方发展的意愿对本区域的发展规划作出具体的安排，以保证区域规划与州规划相互衔接。另一方面，区域规划又要履行本区域跨地方的空间结构塑造任务并维护区域的利益。区域规划尤其是在州规划中涉及的跨县域部分与城镇土地利用规划的结合部分要求将国家和州规划的目标具体化和明确化。此外，区域总体布局（关于中心地、发展轴、城镇发展、开放空间结构和交通基础设施的安排等）与开敞空间（农业、

---

〔1〕 李远：“联邦德国区域规划的协调机制”，载《城市问题》2008年第3期。

〔2〕 高薇：“德国的区域治理：组织及其法制保障”，载《环球法律评论》2014年第2期。

林业、自然和景观、水资源、休闲和疗养、气候等保护区）的保护也属于区域规划的任务。[1]明确的区域规划任务为德国的区域规划指明了方向，保障了区域规划整体上的衔接性和连贯性。接下来，本书将就德国的区域规划的历史演进展开叙述。

（二）德国行政区域规划的历史演进

德国是最早进行区域规划的国家。德国的区域规划已有约60年的历史，是从城市规划发展而来的，是工业化促成的结果。德国属联邦制国家，政体由联邦、联邦州以及地方自治团体三个层级组成。州拥有独立的立法、司法及行政权力。16个州中有普通州13个，城市州3个（柏林、汉堡及不莱梅）。联邦州下设地方自治团体，兼具州政府基层行政体制和地方自治团体的性质。地方自治团体由两级组成。上一级是县一级地方行政（323个），包括县及独立市，县下设县辖市和乡镇及乡镇联合区；下一级是乡镇及乡镇联合区。各州在具体行政组织结构上还有差异。[2]除联邦、州以及地方三种行政层级外还有“区域”层级，德国的“区域”不是一个被严格界定的概念，与之相关的术语也有很多种。在德国的法定规划体系中，区域是建立在社会经济相关及地理空间单位上的一种跨地方行政的规划单位，但其并非是独立的行政区划。一般而言，区域划分的主要依据是相似性原则或交织性原则。前者主要针对空间单位地理特征的相似性，后者强调地理空间功能上的相互交织，例如，基于经济或交通结成的网络。[3]德国城市化区域的比重要高于欧洲的平均水平，80%以上的人口生活在城市地区。截至2013

---

〔1〕李远：“联邦德国区域规划的协调机制”，载《城市问题》2008年第3期。

〔2〕陈承新：“德国行政区划与层级的现状与启示”，载《政治学研究》2011年第1期。

〔3〕高薇：“德国的区域治理：组织及其法制保障”，载《环球法律评论》2014年第2期。

年 11 月 1 日，德国境内共有 2064 个城市，[1]其中，人口超过 10 万的大城市有 76 个。[2]德国区域发展的格局及突出特点是以大城市带动周边发展，从而形成都市区域群，根据不同标准，德国可以被分为数量不等的都市区域。例如，根据人口密度、地区大小及城市架构所占份额，德国在 1993 年拥有 45 个都会密集区域（原西德 35 个，原东德 10 个）。1995 年，德国空间规划部长级会议提出了德国空间规划政治发展框架，强调大都会区域作为社会经济发展的引擎应当为保持德国在欧盟中的竞争优势以及促进欧洲一体化的进程发挥重要作用，并最终确定了 11 个欧洲大都会区域，即柏林－勃兰登堡、汉堡、莱茵－鲁尔、莱茵－美茵、斯图加特、慕尼黑、哈勒－莱比锡－萨克森三角、汉诺威－布伦瑞克－哥廷根、纽伦堡、莱茵－内卡及不莱梅－奥尔登堡。[3]这些以城市带动发展形成的区域多数位于州所辖范围内，跨越不同的地方行政单位，有的还跨越相邻州。因此，德国的区域发展既涉及州与州之间的合作也涉及地方政府间的合作。德国地方行政单位之间进行合作，并形成在区域层面进行治理的模式，是地方政府为应对不同时期社会经济发展变化所引发的一系列现实问题而采取的一种对策，是德国区域规划管理逐渐演化的结果。

德国城市之间的联合协作，最早可以追溯到 14 世纪的“汉萨同盟”。笔者认为，这种城市之间的联合协作可以分为以下四个阶段：①19 世纪初期是起步发展阶段。德国城市群工业化的

---

〔1〕 参见 http://de.wikipedia.org/wiki/Liste_ der_ St%C3%A4dte_ in_ Deutschland，访问日期：2017 年 9 月 5 日。

〔2〕 参见 http://de.wikipedia.org/wiki/Liste_ der_ Gro%C3%9Fst%C3%A4dte_ in_ Deutschland，访问日期：2017 年 9 月 5 日。

〔3〕 高薇：“德国的区域治理：组织及其法制保障”，载《环球法律评论》2014 年第 2 期。

发展使得经验交换及合作势在必行，使城市在尚无法律依据的情况下自发结成了合作关系。鲁尔地区的乡和县在 1920 年建立了“鲁尔煤区居住协会”，这是德国境内第一个具有广泛规划功能的跨地方组织。②20 世纪 50 年代至 70 年代是发展阶段。德国南部大城市区域的核心城市首先自愿结成了调整城市区域基础设施规划的地区性联合体。汉堡和下萨克森州也在 1957 年建立了规划组织，以解决自由城市州汉堡的城市及近郊发展问题。由于实施具体规划需要在城市及县镇覆盖的区域展开，1963 年，汉诺威大区域协会建立，协会建立初期仅具有规划职权，至 1968 年增加了管理地区公共交通的职能，并通过在 20 世纪 70 年代建立由直接选举产生的协会大会大大增强了独立性。随后，德国各处建立了较多地城市周边协调组织，但这类组织的职权仍限于对一些相邻区域协会进行空间规划。③20 世纪 70 年代末及 80 年代初是停滞期，在这一时期，政治保守因素影响了区域控制的理念，组织形式和功能也发生了一定变化。职能被缩减，一些协会大会也被取消，许多区域规划协会在 20 世纪 80 年代专注于环保事务。④20 世纪 90 年代后至今是复兴阶段。地区层面的治理和整合重新引起重视，联邦建筑部在 1995 年颁布了区域规划政治策略框架，其他一些城市联合区也努力改革大都市区域的治理模式，并出现了不同的治理理念。同时，德国区域的发展与欧盟的发展密不可分。2000 年后，已经包含在 1995 年区域框架内的“欧盟大都市区域”概念得到了加强，一些经济发达区域以此作为未来的发展方向。[1]随着世界经济一体化的形成以及欧盟各成员国之间的经济合作的逐步加深，经济的竞争形势也发生了很大改变。首先是国家间的经济竞争逐渐转为区

---

〔1〕 高薇：“德国的区域治理：组织及其法制保障”，载《环球法律评论》2014 年第 2 期。

域经济的竞争，由于区域经济是国家经济的组成单位，根据哲学上的普遍联系学说，在现实生活中要学会用联系的观点看问题，坚持整体与部分的统一。这就要求我们树立全局观念、立足整体、统筹全局，同时，必须重视部分的作用，搞好局部，用局部的发展来推动整体的发展。区域竞争的优劣直接影响着国家整体的经济状况，针对严峻的竞争形势，德国各级政府迫切需要建立一种新的协调机制，以求有效降低协调成本，克服现行规划、行政管理无法适应区域发展的迟滞性，避免单一行政单位管理上的不足。于是，以提高所有参与者的相互合作和自我协调能力为目的的新的区域规划机制应运而生。

德国首先建立了以首都柏林为代表的大城市及其周围地区的规划，以及鲁尔工业区的区域总体规划，这类地区的区域规划是城市规划的延伸、继续和发展。首先有城市局部地区的规划，而后出现城市建设的总体规划，最后发展到包括郊区的区域总体规划。德国都会区域的发展表明，各地都会区域的出现，不是受到空间发展策略的引导，而是由经济发展的集中化程度以及社会发展中区位偏好导致的结果。由于各地经济、政治发展条件不同，加之地方具有较大的自治权力，各地根据当地情况采取了不同的治理理念，并最终在德国境内出现了多种多样的都会区治理形态以及具有不同功能的各种组织类型。政治、经济、地理、民族以及当地传统等因素的交织影响往往可以在组织的制度变迁中看到痕迹。值得注意的是，德国区域治理的模式深受其联邦体制和法治传统的影响，这在相当程度上决定了治理所采取的方式和目标的可实现性。1933~1945 年期间建立的“帝国区域整治规划处”是全国的区域规划主管机构。接着发布了进行“帝国规划和区域规划”的第一道命令，命令中将全国划分为若干个规划区，委任首席行政长官负责规划的编制。各州也相继成立了"区域规划管理局"，编制州范围内的区域总体规划。在这个时期，过去的区域总体规划发展成了区域整治规划，这是一个重大变化。因为从内容和意义上看，区域整治规划比区域总体规划前进了一步。由于区域经济和各项设施的发展，各地区间产生了严重的不平衡，为了使区域间得到健康的发展，区域整治规划可以从规划和措施的角度，着重对区域的结构进行调整和重新安排。区域整治规划还应深刻地剖析当前区域的现状和主要问题，对未来的发展必须提出一个总体性的设想。第二次世界大战以后，联邦议会于1965年4月通过联邦区域整治规划后，针对战后西德经济发展迅速、社会福利水平大大提高但地区发展不平衡状况仍很严重的特点，提出缩小地区间生产和生活条件的差别，发展结构薄弱地区的经济。1974年，联邦政府制订了《联邦区域整治纲要》，各州也公布了大量的区域整治规划和各项专业规划。现在，联邦德国的区域规划已形成了完整体系和制度。[1]

二、德国区域规划的组织形式

德国是一个高度城市化、工业化的发达国家，各城市都将自己置身于开放竞争的体系之中，联邦、州和地方乡镇三级共同承担城镇建设发展的任务，德国区域规划的主要特点是统一筹划，协调发展。德国各城市区域发展遵循一条规则，就是始终把城市发展置于开放竞争的环境中，这样可以及时地感知市场的风向，获得第一手的市场信息。唯有将自己置于公开的竞争环境之中才能更好地顾及社会公共利益的需要，同时，开放的竞争环境也更有利于考验和不断地完善区域规划制度。

---

〔1〕 国家计委国土整治考察团："联邦德国的区域规划体系及其特点"，载《自然资源学报》1988年第1期。

德国的区域规划有着较为坚实的科学基础，主要表现为：有承担和参与区城规划任务的研究机构；数据库和电子计算机在区城规划中得到广泛应用；在规划编制方法上，先作土地合理利用图，再作建设规划图。坚实的科学基础是区域行政规划有效制定和实施的保障。同时，联邦德国还具有较完整的区域规划体系和相应机构。联邦德国的行政区划分为11个州、59个州辖管理区、38个市县。联邦、州、市县三级设议会权力机构，州辖管理区为州政府派出的行政机构，不设议会。但四级行政区都分别进行区域规划，各有分工和侧重点。没有大量的相互之间的联系，一个高度工业化的国家就不可能运行自如，因此在许多领域出现了要求协调处理的交叉关系。在不妨碍联邦和州的独立性的前提下，为了更好地谋求发展，联邦和州都利用各种形式的协调。虽然没有专门的宪法规定，但我们可以从《基本法》第30条中得出这些协调的可行性和必要性。〔1〕

联邦、州、州辖管理区三级的区域规划多具指导性，市县区域规划具有很强的指令性。德国区域规划制度中最突出的特点是协作性，建立了跨联邦、州、州辖管理区行政区域的多层次合作协调机制。德国空间规划是一种涉及多区域、多部门的具有公益性的政策工具，它分为空间总体规划和专业部门规划两部分，各类规划通过法律和制度、机制进行有效衔接。德国每个城镇的规划，基本都是根据当地的地理形态和发展条件，实事求是、顺势而为。无论是城市总体布局还是建筑格局都追求人与自然的和谐，尽可能减少人工痕迹。同时，德国区域规划在制定时非常注重整体城市规划理念，立足长远，超前规划。德国的区域规划的层级分工明确，十年规划五年编制。在地区

---

〔1〕［德］罗尔夫·斯特博：《德国经济行政法》，苏颖霞、陈少康译，中国政法大学出版社1999年版，第86页。

（市）一级，因为涉及的情况比较复杂和繁多，制定规划修编时考虑的因素很多，规划方案也做得非常精细。德国城市规划完全以人的发展和需要为出发点，着眼于当前的利益也兼顾未来利益，很好地做到了以人为本的发展经济。

根据组织设立的法律依据，有学者把德国区域治理中的组织形态分为非正式合作机制、私法组织、公法组织三种。非正式合作机制主要包括，区域网络及论坛、区域大会和地方工作团队。依据私法设立的组织主要承担地方行政机关职权之内的事务，特别服务于技术性基础工程、经济发展与旅游等领域。私法组织的优势在于具有明确的行动范围，能够达成快速的决策。不足在于，有可能造成公私部门间利益冲突，由于部分私有化导致地方自治权受损，以及缺乏民主监督。私法组织主要包括：公司、协会、民事合作组织。在地方协作中，依据公法规范设立的组织类型最为多样。公法组织均依据法律的明文规定设立，可以分为功能性或地域性的组织，为单一目的或为多重目的的服务的组织等。公法组织主要有：目的事业公法人、相邻区域协会、区域规划协会、多职能组织、新设区域地方行政。同时，也有学者依各州的规划法把组建的德国区域规划的组织形式概括为以下几种类型：完全属于州政府的内部职能部门，如萨兰州；区域规划协会，成员是区域范围内的镇、县和城市的全部或部分以及州政府规划主管部门，由国家和地方自治政府共同组建，如巴伐利亚州等；地方规划协会联合会，成员是区域范围内的镇、县和城市以及地方的规划协会，为纯公共事业形式，如巴登-符腾堡州；区域规划联合会，成员是县、城市、大区域规划协会和大都市区域规划协会，是一种国家、地方自治政府和公共事业单位共同组建的混合形式，如下萨克森州。[1]以上组织形式表明，德国区域规划的组织形式，除了少数的组织是属于州政府的机构外，其他大多数区域规划组织均是注册的、非政府的公共机构，这样的私法组织形式很好地调动了公众的参与度，深入人民主体内部，可以很好地捕获人民群众的现实需求，有利于根据实际问题调整区域规划的方案和执行。德国区域规划的协调性在很大程度上来源于区域规划的组织程序。

为了方便进一步讨论区域规划组织结构，以下，本书将区域规划组织统称为“规划协会”。规划协会的组织结构是由各州的规划法规定的，一般是由规划协会代表大会、规划委员会和规划协会主席组成。规划协会代表大会的成员来自于规划区所涉及的市、镇以及县的代表，代表委员由各地方政务会议产生（一般是地方行政负责人），其他法人或自然人不得成为规划协会代表大会的成员，其主要功能是选举产生协会主席（4 年~5 年）、通过区域规划或修正案以及决定任聘规划委员会委员（10 人~30 人）。由于区域规划组织具有广泛的代表性，因此其具备以下优点：

（1）既最大限度地兼顾了地方利益，又保证了规划承兑者不缺位。区域规划的对象是地方，根据各州的规划法，所有规划区域范围内涉及的行政区域都有代表参加区域规划团体，既维护了地方的利益，又便于使地方在未来规划实施过程中接受自己参与制定的规划条款。

（2）中立单位参与规划制定，保证了规划的客观性。由于国家代表可能会更多地考虑宏观层面的内容，地方代表也许会

---

〔1〕 李远：“联邦德国区域规划的协调机制”，载《城市问题》2008 年第 3 期。

更多地从本位角度看问题，因此，由中立的纯技术单位（规划委员会）草拟、编制区域规划可以更客观地体现公共的利益。

（3）承上启下，将多方利益融合一体。首先，法律规定了区域规划的任务是具体化上位规划的指导方针和目标，这就使区域规划的内容必须在上位规划的框架内并与之相衔接；其次，州规划主管部门和地区政府对区域规划进行自上而下的监督并资助区域规划的运作；再次，区域规划组织是以地方政权为基础组织起来的，可以说，其最大限度地保证了地方的利益；最后，规划委员会是纯技术机构，可以按照法律要求，更客观地编制规划和起中立的说服和协调作用。[1]由此可以看出，德国高效运转的经济体制和完善的区域规划制度是分不开的，二者紧密联系，相互促进。德国作为世界重要的经济体及大陆法系的代表国，积累了区域治理的丰富经验。针对我国目前经济的发展中遇到的难题，德国成功的实践经验值得我们借鉴，当然，这里所说的借鉴是结合我国国情适当地汲取精华，而不是照抄照搬。接下来本书将详细阐述我国应如何结合内部国情借鉴德国区域规划的成功之处。

三、德国区域规划经验对我国的启示

德国在区域治理方面经过多年的实践摸索，已经建成了较为完善的制度体系，其重要的治理手段主要是充分发挥地方行政单位的积极性，由地方政府自发建立区域性协调组织协调关系、促进地方合作、实现管理职能。作为区域经济一体化的法治协调机制之一，区域性组织的模式也在我国实践中出现。只是我国的区域规划进程与德国相比仅处于起步阶段，在未来区

---

〔1〕 李远："联邦德国区域规划的协调机制"，载《城市问题》2008 年第 3 期。

域经济发展过程中，我国可以多加借鉴德国经验，增强地方政府的自主性和积极性，逐步完善法制保障，进一步发挥区域性组织的优势。以下，本书将主要从我国区域治理组织类型多样化、区域规划的设立和运行程序、区域治理立法完善、区域治理地方政府自主权四个方面来借鉴德国的成功实践经验。

（一）区域规划组织形态的多样化

德国都会区域的发展表明，各地都会区域的出现，不是缘于空间发展策略的引导，而是经济发展的集中化程度以及社会发展中区位偏好所导致的结果。由于各地经济、政治发展条件不同，加之地方具有较大的自治权力，各地根据当地情况采取了不同的治理理念，最终在德国境内出现了多种多样的都会区治理形态以及具有不同功能的各种组织类型。德国的区域治理是一种由多元主体组成的网络化管理，注重以多元、弹性的“协调”方式解决区域间问题。它是建立在深厚的公民社会基础、根深蒂固的法治传统、发达的组织体系以及公私合作与协商治理文化之上的治理模式。这种模式可以充分利用现有管理系统的资源，由专门机构将所有会员和单位连接成一个网络，涉及政府、非政府组织、私人部门、公民及各种利益相关者，有助于实现区域利益的最大化。〔1〕同时，政治、经济、地理、民族以及当地传统等因素的交织影响往往可以在德国区域规划的组织制度变迁中看到痕迹。并且，德国区域治理的模式深受其联邦体制和法治传统的影响，这在相当程度上决定了治理方式和目标的可实现性。实际上，在我国区域经济一体化的早期实践阶段中，也出现了区域性组织的实践，主要表现为区域合作组织和区域合作领导机构。但是，作为我国区域法律治理机

〔1〕 陈承新：“德国行政区划与层级的现状与启示”，载《政治学研究》2011年第1期。

制之一的区域性组织在实践中却遇到了一定的制度障碍，其中最主要的就是组织缺乏权威和执行力。德国区域组织能够具有较强的执行力，重要原因之一是参与建立组织的地方行政机关具有较强的自治权，并且这种自治权始终能得到宪法和法律的保障。与之相比，我国区域协调组织从设立上缺乏直接的法律依据。在组织形态上，组织往往不是由相关的地方政府合作建立。开发区管委会属于地方政府的派出机关，区域合作领导机构是上级行政单位的职能部门，这与德国意义上的区域性协调组织具有较大差异。在职权上，由于这些组织不具备所属职能部门在行为法上的职权，因而缺乏执行力。[1]同时，我国当前存在区域性组织形态单一、功能有限、执行力不强等问题。为了更好地推动我国经济发展的进程，推进区域经济一体化，有必要加强区域协调组织的建设。我国可以参照德国区域规划的治理经验，依法设立不同形态、不同职能的区域协作组织，同时，加强对区域组织的规定和管理，依法进行明确分工，力争做到各区域协作组织权责分明、分工协调、相互监督。

(二) 完善区域规划组织的设立、运行程序

德国区域规划组织的高效协调运转与德国区域规划组织严密的选举程序是分不开的。为了方便进一步讨论，笔者将区域规划组织统称为“规划协会”。德国规划协会的组织结构是由各州的规划法规定的，一般是由规划协会代表大会、规划委员会和规划协会主席组成。规划协会代表大会的成员来自规划区所涉及的市、镇以及县的代表，代表委员由各地方政务会议产生(一般是地方行政负责人)，其他法人或自然人不得成为规划协会代表大会的成员，其主要功能是选举产生协会主席（4年~5年）、

[1] 叶必丰：“区域经济一体化的法律治理”，载《中国社会科学》2012年第8期。

通过区域规划或修正案以及决定任聘规划委员会委员（10人~30人）。这样的区域规划组织具有广泛的代表性，既可最大限度地兼顾地方利益，保证规划承兑者不缺位；又可使得中立单位参与规划制定，从而很好地保证规划的客观性。同时，区域规划组织又可承上启下，将多方利益融合为一体。其要求在上级主管部门的指导下依法组织区域规划协会，并通过民主选举程序决定具体制定区域规划的专家学者团队，不仅能最大限度地调动区域内各城镇参与区域规划制定的积极性，而且也可避免未来在区域规划颁布后，区域规划实施主体缺位的问题。地方参与规划的制定过程，这种参与不是形式上的，而是足以在制定过程中起直接影响作用（有效避免地方发展的机会不公平），使许多规划目标和地方利益的冲突在制定过程中就得以解决。〔1〕我国区域经济一体化的早期实践阶段中，也出现了区域性组织的实践，主要表现为区域合作组织和区域合作领导机构。我国区域规划组织的设立程序在较大程度上忽略了公众的参与度，所以借鉴德国完善的选举程序很有必要。区域规划本就是关系民生的，区域规划的执行直接影响到我国民众的日常生活，所以完善区域规划组织的设立程序，让广大人民群众参与进来，可以更好地聆听人民群众的心声，可以直接了解到人民群众的迫切的现实要求。让人民群众参与到区域规划中来，有利于增强人民群众对区域规划政策的深入了解，增强对政府的信任，更加有利于区域规划方案的执行和实现。

（三）完善区域治理的立法

德国是一个典型的法治国家，具备十分完备的法律网络，政府架构以及地方政府关系的确定都具有明确的法律依据。最

---

〔1〕李远："联邦德国区域规划的协调机制"，载《城市问题》2008年第3期。

早的关于地方联合的立法以普鲁士及萨克森地方自治条例为代表。1873 年萨克森的地方条例已经包含关于自愿性及义务性公法人及其解散的规定，还包括关于法人章程、财务等十分详尽的规定。二战后，各州陆续就地方合作制定了不同的法律，使得德国区域规划具备十分完备的法律体系。[1]我国区域经济一体化的实践主要是试点模式，一般是以由点到面的形式展开，因为试行效果还有待确定，所以很容易缺乏直接的宪法和法律依据。由于我国关于区域规划的法律体系不完善，在这方面可以借鉴德国各州制定地方合作法的举措。尝试在地方性法规中制定有关区域发展中地方合作的规定，进而完善我国区域规划治理的立法制度，使得区域规划组织的设立更具有法律依据，具有法律权威性，也更有利于提高区域规划的执行力，推动区域规划的顺利实现。

（四）明确地方治理的自主权

在地方自治权的保障下，区域合作的参与主体是地方自治团体。各地方政府可以根据自身需求依据相关法律规定结成区域协调组织，并将权限移转给组织机构，使其代为履行公共事务。这也决定了德国的区域治理主要是一种自下而上、自发形成的方式，并能够呈现出多样化的特点。与之不同，我国的区域经济一体化并不是市场的自发秩序，而是国家通过公权力强力推进的，是一种自上而下的模式。这一定程度上解释了我国目前的区域性组织多为上级单位的派出机构并且执行力不足的问题。此外，德国的地方自治始终得到宪法和法律明确保障，而我国中央与地方以及地方各级政府之间的关系虽然有《宪法》和地方组织法的规定，但法律规定得过于笼统，职权划分得不

---

〔1〕 高薇："德国的区域治理：组织及其法制保障"，载《环球法律评论》2014 年第 2 期。

够明确。我国基层地方自治制度也尚待完善。〔1〕我国《宪法》第3条第4款规定："中央和地方的国家机构职权的划分，遵循在中央的统一领导下，充分发挥地方的主动性、积极性的原则。"另外，《宪法》第107条确定了县级以上地方各级人民政府管理经济事务的职权。因此地方政府具备管理本辖区内经济事务的自主权。再加上十八届三中全会《关于全面深化改革若干重大问题的决定》在"加快政府职能转变"部分明确提出，要全面正确履行政府职能，对于直接面向基层、量大面广、由地方管理更方便有效的经济社会事项，一律下放地方和基层管理。〔2〕同时该决定还提出要"建立事权和支出责任相适应的制度"，逐步理顺事权关系。跨区域重大项目建设维护等作为中央和地方共同事权，区域性公共服务作为地方事权，中央和地方应当按照事权划分相应承担和分担支出责任。〔3〕

这些法律规定为我国发扬地方自治和主动推进区域经济一体化提供了实现的可能性和坚固的法律基础。因为在区域经济一体化过程中，相关地方政府是利益的直接相关者，同时也掌握区域治理中与地方性事务相关的第一手信息，具备进行协作的激励和管理上的优势。在具体操作层面，应当使地方在区域协调问题上具有适当的灵活性和必要权限，通过明确事权、财权使地方参与的主动性和积极性在我国行政体制改革中进一步得到释放，并在我国推进法治中国建设的进程中始终得到法制的保障。〔4〕区域治理的协调高效运转，离不开地方自主权的下

〔1〕 申海平："通过基层自治发展基层民主：来自德国的启示"，载《法学》2007年第12期。

〔2〕 十八届三中全会《关于全面深化改革若干重大问题的决定》第（15）节。

〔3〕 十八届三中全会《关于全面深化改革若干重大问题的决定》第（19）节。

〔4〕 高薇："德国的区域治理：组织及其法制保障"，载《环球法律评论》2014年第2期。

放，地方政府是最接近基层的行政机构，对于民众生活的直接需求有着更为直观的了解和亲历，但适当地放权给地方政府并不意味着一味削弱中央的权力。中央和地方的权力分配是一对非常敏感的关系，我国历来的实践经验在很大程度上抑制了地方的权力，同时也严重削弱了地方的创造性和积极性。区域规划事关我国未来经济的发展格局，适当地放权给地方政府，明确地方政府的职责可以充分发挥地方的创造性和积极性，也更有利于区域规划的完善和实行。

第二节　美国区域规划的实践经验及借鉴

随着城市化的发展，区域规划和协调的重要性日益凸现。美国是世界上最早重视开发落后地区，促进区域协调发展的国家，其以促进经济、社会发展为目标的区域合作与发展也得到很大重视，并形成了自己的特色。美国政府在协调区域经济、社会发展方面卓有成效。而在我国虽然有西部开发、中部崛起的战略，但经济发展依旧不平衡，区域经济尤为不平衡，所以美国成功的区域规划经验非常值得我们借鉴。以下，本书将主要从美国区域规划的发展历史、区域规划的组织等方面详细介绍。

一、美国区域规划的发展演变

（一）美国的区域划分

美国从建国伊始，就呈现出了政治、经济和文化等方面的区域性特点，并延续至今。“早在 17 世纪中叶，北美 13 个殖民地就已形成了 3 个独特的区域：新英格兰、大西洋中部殖民地以及南部殖民地。每个地区都有其独特的经济基础，与欧洲在政治和经济上也有着不同的联系，并最终形成了具有各自明显地域特征的政治文化。”[1]“美国划分经济地区的基本空间单元是县，并以通勤量、报纸发行量、人口规模为重要指标，按照工作地和居住地尽量一致的原则，同时综合考虑行政区划分传统、历史文化习俗、自然资源和环境特点等因素，建立不同等级和层次的经济区划体系。”[2]美国联邦统计局和农业部据此将全国划分为东北部省、中西部省、南部省和西部省四大经济省区，每个经济省区又包括2个~3个经济区，如中西部省区包括中央西北区和中央东北区2个经济区；南部省包括太平洋沿岸区、中央东南区和中央西南区3个经济区。除了这种划分外，还存在另外两种重要的划分：一是以区域开发为内容的区域类型，如西部区域、田纳西河流域和阿巴拉契亚地区等；二是由中心城市和毗邻县构成的，基于经济、社会联系或者提供公共物品或服务的需要而形成的都市区，如纽约大都市区、亚特兰大标准都市区和达拉斯标准都市区等。[3]都市区，又被称为标准都市统计区，主要由各地方政府组成，或建立在地方政府合作基础上。这是当今美国区域合作与发展的一个重要特色。目前普遍接受的关于都市区的定义是：“一个标准都市统计区包括达到规定人口数量的一个城市（或若干城市），这些人口构成中心城市和其所在的县（若干个县），它也包括当中心城市和毗邻县的经济和社会关系达到所规定的都市特点和一体化的标准时的毗邻县。标准都市区有可能跨过州的边界线。在新英格兰地区，

---

〔1〕 任军峰：《地域本位与国族认同——美国政治发展中的区域结构分析》，天津人民出版社2004年版，第9页。

〔2〕 高国力：“美国区域和城市规划及管理的做法和对我国开展主体功能区划的启示”，载《中国发展观察》2006年第11期。

〔3〕 陈光：“我国区域立法协调机制研究”，山东大学2011年博士学位论文，第127页。

标准都市区由城市和镇而非县组成。"[1]区域经济的发展离不开参与各方的密切合作，都市区形成的一个重要原因就是，构成该都市区的市或县、镇之间在经济、社会发展或者提供公共物品或服务方面存在密切的联系或者相互合作的需要。对于都市区政府组织结构及其运转体制的优劣，许多美国学者都进行过详细而深刻的分析，如有学者将具有多种政治管辖权的大都市地区的传统政府模式称为“多中心政治体制”（polycentric political system），认为这种多头的体制不利于区域的统一化。但是也有学者认为，在区域经济的发展中，这种多中心的政治体制并没有妨碍地区合作，相反，这种政治或关系体制所能发挥的积极作用也是得到认可的。即“在他们于竞争的关系中相互考虑、从事各种各样的契约及合作事务或者诉诸中介机构以解决冲突的程度上，大都市地区的多种管辖权也许以一种具有一致和可预知互动行为模式的连贯方式发挥作用”。[2]笔者比较认同后一种学者的说法，区域行政主体的多样性虽然不可避免地会导致政见不一，但是主体的多样性也使得区域规划能更好地考虑到参与主体的利益需求，同时，多主体的集思广益也使得区域之间面临的共同问题能够更好地得到解决。随着经济一体化的加深，区域之间的资源、信息共享，多中心的行政区将以更低的成本、更高的效率实现经济的高速发展。经济一体化的形成和逐步加深使得区域间的合作机制必不可少，接下来本书将介绍美国区域规划的发展历史。

（二）区域规划的历史发展

美国的整个规划体系由联邦的公共土地用途规划和区域开

---

〔1〕［美］乔治·S. 布莱尔：《社区权力与公民参与》，伊佩庄、张雅竹编译，中国社会科学出版社 2003 年版，第 176 页。

〔2〕［美］文森特·奥斯特罗姆：《美国联邦主义》，王建勋译，上海三联书店 2003 年版，第 142~143 页。

发规划以及有关的政策、独立的州综合规划（只有部分州）、州域内的区域规划、地方政府综合规划、公共基础设施建设计划、土地利用规划等组成。20世纪初，美国国内没有统一的城市规划法，城市规划是在各州授权下，各个城市根据不同的条件施行城市规划方案。〔1〕同时，美国城市规划的特征可以被归结为“民间主导型的城市规划”。其中，政府并不介入私人土地的开发，在住宅区开发以及新镇开发项目方面赋予开发商以较大的自由权利。〔2〕因此，城市政府的公共事务管理功能在城市规划上并不突出，即使提出了规划，也缺乏保证规划实施的手段。但19世纪美国城市规划还是取得了一些显著的成就：第一部对经济适用型住宅建设做出规定的是《纽约经济住宅法》。该法规的出台规范了城市中经济住宅的建设、加大了政府在城市事务中的地位和作用；纽约中央公园的建成是美国城市大规模公园开发建设的先声，预示着政府逐渐开始对城市公共事务进行介入和监控。区域开发过程中的法制主要来自于联邦政府，其目的主要是协调不同区域之间的发展，使各区域间的经济、社会发展趋于均衡。为了推进西部开发，联邦政府主导通过了一系列立法，如《宅地法》《地区再开发法》和《公共工程和经济开发法》等。20世纪，城市政府的规划职能进一步充实和完善，除对以往城市规划传统的继承，如对经济住宅法的进一步修订外，还开始制订城市土地使用规划和综合性区划法规。1916年，美国第一部综合区划法——《纽约区划法》——颁布，对建筑高度、建筑间距和后退红线距离等方面作了详尽的规定。区划控制方式很快被美国其他大城市采用，这标志着政府对城市开发控制手段和内容的重大改变，美国城市规划工作的重点被转

〔1〕 李芸：《都市计划与都市发展》，东南大学出版社2002年版，第85页。
〔2〕 杨裕富译著：《各国都市计划》，明文出版社1990年版，第79页。

移到控制城市周围的土地开发和相应的道路系统的建设上。从此，区域规划能够有效地保护公众健康和安全成了全美城市发展的共识。〔1〕1926 年，美国最高法院赋予区划法规合法性，随后，区划法规的制定成为各大城市政府的主要职责之一。基于以上美国城市规划的发展状况，美国城市规划思想得到不断完善和创新，这为美国区域规划协会思想主张的形成与工作的开展提供了条件和环境。〔2〕进入 20 世纪 70 年代以后，美国对区域经济的干预逐步减弱，绝大部分区域援助被取消，区域发展支出大大削减。自 20 世纪 80 年代中期以来，美国区域差异再度呈现扩大趋势，贫困地区人口增长过快，人们的不满情绪增加。这一时期的区域规划基本处于停滞阶段。出于对国内政治压力和全球经济竞争的考虑，区域发展政策在沉寂多年后重新受到联邦政府的重视。克林顿政府组织制订和实施了对欠发达地区的援助计划，并于 1993 年 8 月颁布了《联邦受援区和受援社区法》。该法是美国第一个比较系统地解决欠发达地区发展问题的法案。〔3〕20 世纪 90 年代至今，美国实行的区域规划政策是区域可持续发展的综合规划，这一时期的规划更多的是关心环境、社会公平、文化传承与创新以及经济发展，侧重为区域发展提供空间政策的引导。现今美国经济的盛况是和美国联邦政府在区域开发方面扮演着的重要角色分不开的，接下来，本书将着重阐述美国的区域协调机制。

二、美国区域协调机制

美国是一个多政府的国家，美国的州政府和地方政府是两

〔1〕 黄艳："美国的区划"，载《北京规划建设》1998 年第 5 期。

〔2〕 张威："美国区域规划协会研究"，华东师范大学 2008 年硕士学位论文，第 11 页。

〔3〕 殷洁：《区域经济法论纲》，北京大学出版社 2009 年版，第 83~84 页。

个相互独立的概念，美国实行联邦制，联邦政府为中央政府，地方政府是各州政府按照法律创立的。美国的政府种类和数量分别如下：“1 个联邦政府、50 个州政府、87 849 个地方政府。在如此数量庞大的地方政府中，县政府为 16 506 个，市政府为 13 522 个，镇政府为 3034 个，学校特别区政府为 19 431 个，特别区政府为 35 356 个。”〔1〕都市区内地方政府的合作可以被视为是都市区迈向一体化进程的表现。当然，在这一过程中，美国还面临着都市区的一致性追求和各个自成一体的地方政府机构之间的矛盾，而这些问题也正是任何一种类型的区域一体化进程都必然会面对和需要解决的。为此，那些意欲推动都市区一体化的人们（包括地方政府自身）在实践中设计并推行了一系列的协调或深化合作的机制，如签订政府间的合作协议、职能上的移交、进行都市规划等，甚至还包括进行市县合并和建立综合性特别区等针对地方政府本身的变革。〔2〕除地方政府外，一些州政府也在寻求类似的区域性合作。作为一种政府间关系形式，州际协议具有政府间的政策内容和特点，并且它也已经成为各州之间进行区域合作的一个重要表现。根据州际契约内容的不同，有学者将其分为四种类型，即州际边界协议、州际分配或发展协议、州际规制协议和州际再分配协议。目前，这些类型的州际协议共有三百多份，涵盖的领域包括边界、重大基础设施建设、流域水资源管理、环境污染共同防治、区域经济发展、大都市区治理、共同资源开发和突发事件应急管理等。〔3〕

---

〔1〕［美］文森特·奥斯特罗姆、罗伯特·比什、埃莉诺·奥斯特罗姆：《美国地方政府》，井敏、陈幽泓译，北京大学出版社 2004 年版，中文版序第 2 页。

〔2〕陈光：“我国区域立法协调机制研究”，山东大学 2011 年博士学位论文，第 131 页。

〔3〕吕志奎：“州际协议：美国的区域协作性公共管理机制”，载《学术研究》2009 年第 5 期。

由此可以看出，州政府或地方政府参与的区域合作，是进行区域规划的一项重要内容。区域合作过程中不可避免地会遇到难题，会牵涉到需要协调的诸多事项或关系，从成本的考量、利益的分配等实质性因素，到合作的方式、纠纷的解决等技术或程序性事项等都需要借助于相应的协调机制予以协调解决。下面，本书将重点介绍美国区域合作与发展中形成的较为典型的几种协调机制。

（一）政府间的合作协议

区域规划成为解决大都市区范围内公共服务问题的重要手段，也是试图缩小城郊差别、缓解社会矛盾的主要途径。随着区域经济一体化的形成，各地方的经济发展联系日益紧密，区域规划经常会涉及各方的利益，很多规划的实行都离不开各方的合作，区域规划本就是实行整体最优化的方案，在区域规划方案的实行中，各区域间的协作变得愈发重要。联邦政府与州政府或地方政府之间、州政府之间、州政府与地方政府之间，以及地方政府之间都通过契约或合同的形式进行某种合作。“1973 年的一项研究表明，市政府是地方政府间签署这种协议最多的缔约方，并且一个城市的人口数量与该城市签署的辖区间协议的数量和质量之间存在着直接关系。”〔1〕许多地方政府都参与签订了某种形式的契约或称辖区间的协议，以合作解决某个或某一领域所面临的共同问题。协议允许缔约方政府对于共同关心的问题采取共同行动，这样的通力合作可以集思广益实现资源共享，比各自独立解决的效率要高，而且可以节省很大的成本。这样的合作协议对于解决区域内面临的共同问题的效果是非常明显的，并且可以在整体上推动区域经济的极大发展。政府间协议的协调作用还表现在，它可以协调不同州或地方政

〔1〕［美］乔治·S. 布莱尔：《社区权力与公民参与》，伊佩庄、张雅竹编译，中国社会科学出版社 2003 年版，第 185~186 页。

府之间在法律或规章规定方面的冲突，尤其是在区域合作过程中出现法律适用上的冲突时，政府间协议可以提供适用法律的标准。如果州政府的法律或者地方政府规章的有关规定与协议的有关条款冲突，那么此时的政府间协议类似于国际条约，应被优先适用。如果缔约方意欲不遵守政府间协议的约定，那么国会和法院可以强迫其遵守。因此，政府间协议可以被视为是协调和保障区域内政府间合作的一项重要机制。[1]

（二）跨行政区管理和服务机构

美国行政区划的特征是尽量设立较少的政府部门，将政府应该承担的一些基础性公共服务，如消防、公共安全等，外包给周边的市县，或者私人部门，从而实现最大程度和范围的资源共享和整合，降低政府的行政管理成本。对于一些政府应该提供的其他特殊性公共服务，如交通、上学、大气污染防治、水环境保护等，则应设立不同类型和功能的区域性委员会以提供服务和管理，如交通服务委员会、学校通勤服务委员会、大气污染防治委员会、水污染防治委员会等。这些针对专门领域的区域性委员会属于政府部门，具有明确的区域范围，并且可以根据服务和监管的需要打破行政区域的限制。更为重要的一个特征是，这些区域性委员会拥有在各自确定的区域内设立和征收特定税种的权力，从而形成了一级独立的财政，用以保障所管辖区域内特殊性服务的顺利提供和有效监管。[2]同时，组建某种形式的区域委员会，是美国地方政府间合作的又一种重要协调机制。“区域委员会是由县、自治市以及特区等组成的自

---

〔1〕 陈光：“我国区域立法协调机制研究”，山东大学 2011 年博士学位论文，第 133 页。

〔2〕 高国力：“美国区域和城市规划及管理的做法和对我国开展主体功能区划的启示”，载《中国发展观察》2006 年第 11 期。

愿性区域组织，主要目的是加强地方政府之间的交流、合作与协调，以解决美国大都市区所面临的一些区域性问题。全国区域委员会协会（NARC）代表美国四百五十多个区域委员会，它对其成员的界定为：由地方政府创立的多重目的、多重管辖权的公共组织，它们将多个层级的政府成员聚集在一起进行总体规划、提供服务，并培育区域合作精神。"〔1〕区域委员会只是相关组织的一种称呼，类似的组织还可能使用很多其他的名称，如政府联合会、大都市规划委员会、政府协会、规划区及地方开发区协会等。从形式和功能上来看，区域委员会主要包括两种类型：区域规划委员会和政府联合会。其中，区域规划委员会是区域委员会最早的发展形式，其主要职责是就某一功能领域（如空气污染、固体垃圾处理、运输、法律执行、土地利用、人力资源以及经济发展等）为大都市区内的地方政府制定规划和提出建议。政府联合会是由民选官员或由民选官员加以代表的地方政府组成的多功能自愿性区域协会。政府联合会的管理机构主要由成员政府的重要民选官员组成，其资金至少部分来源于成员政府。〔2〕华盛顿大都市区政府联合会（Metropolitan Washington Council Of Governments，以下简称 MWCOG）是美国众多区域委员会中的一个，它由 21 个地方政府组成，分别来自哥伦比亚特区、马里兰州和弗吉尼亚州。MWCOG 的使命是：通过提供一个政策讨论的论坛，提升华盛顿大都市区居民的生活质量以及在全球经济中的竞争优势；执行政府间的政策、计划和规划；为区域的专家提供信息资源。MWCOG 的政策由董事会制定，董事

〔1〕 刘彩虹："区域委员会：美国大都市区治理体制研究"，载《中国行政管理》2005 年第 5 期。

〔2〕 陈光："我国区域立法协调机制研究"，山东大学 2011 年博士学位论文，第 134 页。

会每月召开一次会议讨论区域问题。董事会在政策和技术委员会建议下召开，讨论当前和即将出现的区域间问题，并接收关于区域面临问题的简报。通过 MWCOG 的工作，大都市区内的地方政府能够通过这一平台讨论、协商区域问题，解决彼此共同关注的问题，包括规划、环境、交通等。[1]区域委员会是美国区域合作与发展过程中自发形成的组织，是区域经济发展所衍生的一种合作形式。区域委员会不仅承担着一些区域性公共物品的生产或公共服务的提供工作，还发挥着信息交流、行动沟通等合作协调功能，为成员政府之间的交流和协调提供了平台。这极大地推动了区域规划难题的集中、高效解决，在节省成本的同时也更好地推动区域经济一体化，加深了地区的经济、文化的交流，对那些有着广泛影响的联邦、州和地方合作项目进行协调，是一种行之有效的区域合作协调机制。

（三）公众参与机制

任何机制的运行都离不开公众的参与，公众作为区域规划政策的直接利益影响者，对于区域规划的制定有着很大的发言权。区域规划以及由州政府和地方政府参与的区域合作与发展必然离不开辖区内的公众参与。公众作为结果的直接承受方，对于地区合作、区域规划有着更为直观的感受，公众的需求也是区域规划和地方合作所必须要考虑的。1776 年的《独立宣言》明确了美国基本的公共权力哲学，那就是：为了保障这些权利（生命权、自由权和追求幸福等造物主所赋予的权利），人们才在他们之间建立政府，而政府之正当权力，是经被治理者的同意而产生的。当任何形式的政府对这些目标具有破坏作用时，人民便有权力改变或废除它，以建立一个新的政府。“政府

---

〔1〕 孙兵：《区域协调组织与区域治理》，上海人民出版社、格致出版社 2007 年版，第 184~186 页。

赖以奠基的原则，其组织权力的方式，务使人民认为唯有这样才可能获得他们的安全和幸福。”〔1〕这一宪政理念保障了公民的基本权利，为美国公民通过各种机制和途径参与到政府的日常治理（包括区域合作事务）中来的权利提供了宪法保障。在美国，政府的每一项公共政策的出台几乎都离不开公众的参与及其影响。但同时，“今天的公民在联邦、州和一些大型地方政府中参与治理过程的机会是有限的。他们需要求助于各种活跃的制度机构，它们包括以组织形式出现的各种志愿协会，各种功能性组织如利益集团、政党、种种市民协会以及传播公共事务信息的新闻媒体”。〔2〕所以，公民行使的参与国家政策制定、日常生活事务管理的权利都必须借助于组织机构，公民是通过组织来间接地对国家事务产生影响的。公众参与对于区域合作的协调作用表现在：各个政府在进行区域合作时该采取怎样的立场在很大程度上取决于辖区内公众的意见，社会公众对合作的态度及要求决定着合作能否实现或在多大程度上实现，以及政府在合作中的立场和策略。区域政府合作的内容要根据公众的需要来确定，社会公众的充分参与可以让政府在进行合作时，更加明确应该在那些领域进行合作，以及采取怎样的方式来进行合作等。美国政府建立的基础是公民的天赋权利，政府运转的最终目的是要保障和更好地实现这些权利。各种形式的公众参与机制也是重要的区域合作协调机制，离开了这些机制，公众便无法参与到区域合作中来，那么，区域合作便也失去了它应有的意义。〔3〕

---

〔1〕 赵一凡主编：《美国的历史文献》，生活·读书·新知三联书店 1989 年版，第 16 页。

〔2〕［美］文森特·奥斯特罗姆、罗伯特·比什、埃莉诺·奥斯特罗姆：《美国地方政府》，井敏、陈幽泓译，北京大学出版社 2004 年版，第 213 页。

〔3〕 陈光：“我国区域立法协调机制研究”，山东大学 2011 年博士学位论文，第 135 页。

除了以上介绍的协调机制，州际示范法也是美国州政府或地方政府在进行合作时经常会借助的用来协调相互间的合作关系的一种方式。“州际示范法是指由美国各州法律统一事务委员会和美国法学会起草，供各州采用，旨在推进各州法律统一的法律草案。迄今为止，美国已经制定了包括《美国统一商法典》和《美国各州标准行政程序法》在内的数百个示范法案，为各州法律的一体化做出了重要的贡献。”[1]

综上所述，美国的协调机制与区域经济一体化是相伴相生的，同时，这些完善的协调机制也反过来极大地推进了区域经济的发展。政府间的合作协议、区域委员会、公众参与机制以及州际示范法这些完善的协调机制，很好地发挥了地方的自主权，激发了地方的创造性和积极性。以下，本书将就美国区域规划的经验并结合我国国情谈谈对我国区域规划的可鉴之处。

三、美国区域规划经验对我国的启示

（一）加快完善我国的区域划分体系

世界发达国家尤其是国土面积较大的国家，大多通过划分标准区域为实施区域管理和制定区域政策提供依据。美国的经济地区、欧盟的 NUTS 都是比较有代表性和成效比较显著的标准区域划分。20 世纪 70 年代以来，美国联邦经济分析局专门负责标准区域的划分、统计以及调整，为政府决策、企业投资、项目布局、科研机构研究等提供全面、连续和权威的统计数据和基础信息。美国的标准区域划分依托行政区划体系，但又不同于行政区划体系，具有一定的合理性和灵活性。[2]我国一直实

---

〔1〕 何渊：《区域性行政协议研究》，法律出版社 2009 年版，第 28 页。

〔2〕 高国力：“美国区域和城市规划及管理的做法和对我国开展主体功能区划的启示”，载《中国发展观察》2006 年第 11 期。

行以行政区经济为主导的区域经济体系，按照中央、省、市、县、乡镇五级行政等级进行统计和管理。其尽管在一定程度上反映了我国区域经济的分布和运行特点，但是五级行政区划单元的重点和分工不突出，行政区划不尽合理，不能适应区域规划和管理的要求。我国的行政区划具有较强的刚性，随着社会的进步、经济的发展，区域规划制度不可能一成不变，为了适应社会经济的发展，调整区域规划制度势在必行。立足于我国国情，从美国的区域划分成功经验来看，我国可以依托现有的五级行政区域单元，综合考虑自然条件、经济规模和联系、社会发展、历史文化等因素，加快建立符合我国基本国情和区域实际的标准区域划分体系，健全和配套相应的统计、管理、调整机构和办法，为开展主体功能区划工作提供基础支撑。

（二）加强区域合作机制建设

基于区域行政规划跨行政区域的特性，其在编制过程中并非单一的政府主体而是存在多中心的政府主体，涉及中央与地方、区域政府之间错综复杂的关系。马克思曾说："人们奋斗所争取的一切，都同他们的利益有关。"[1]多中心政府在制定区域行政规划过程中各自的规划目标、规划侧重点和利益诉求各有不同，唯有重视政府间的协调协作，建立起合理的区域间的协作机制，才能更好地均衡各区域政府之间的利益关系。由于受到各地利益的驱使，区域行政规划各政府很容易以行政区划划作自己的保护范围，这样便使得跨行政区域的规划很难打破地方各自为政的局面而得到有效实施。为了顺利推动区域规划的实施，我们可以借鉴美国的相关经验来制定相应的制度，如联席会议制度、公共事务处理制度、信息共享制度等确立分权和

---

〔1〕 吴志攀："经济区域化对法制的影响"，载《法学》2003年第7期。

集权的协调机制，以此来协调各地方之间的冲突，实现利益共享。建立和完善区域行政规划协调协作机构，首先要设立专门性的法定协调机构，确保区域行政规划在区域内得到充分落实，协调区域间政府关系以及处理政府间关于区域行政规划产生的纠纷。我国的国家结构是单一制，地方是在中央的统一领导下实施工作的。区域规划作为我国推动经济均衡和大力发展的制度，离不开中央和地方之间的协调分工。在地方应建立区域协调合作机制以作为承载区域政府间协商制度的平台，在国务院内部可以设立直属的综合性区域管理机构，由其进行区域行政规划的协调，统一管理地方工作。包括区域间政府的协调机制、跨区域的协调机制以及中央和地方之间的协调机制在内的多层次协调机制可以充分发挥地方的积极性和创造力，同时，中央的统一管理可以很好地监督和督促地方之间的协调合作。

（三）加强区域规划立法

当前我国的区域行政规划制度缺乏坚实的法律基础，一些区域规划虽具有针对性和灵活性的特点，但是在稳定性和强制性上的明显不足。针对区域规划只有通过立法才可以使其制度化和规范化，进一步约束行政权力，通过转变政府职能，实现政府对区域行政规划的有效实施。完善区域行政规划制度的法律基础首先要制定体现区域总体发展规划的基本法——《区域行政规划法》。我国目前还没有制定出统一的区域规划法。一方面，在重大原则上难以固化下来；另一方面，各区域规划在缺少统一领导的情况下难以形成合力。[1]区域规划法的出台可以详细地将区域发展的规划目标、方向、范围、实施步骤、手段以及有关主体的权利义务、各地之间的法制协调和中央地方政

---

〔1〕 董萱："区域行政规划制度研究"，山西大学2011年硕士学位论文，第31页。

府的权责关系等重大原则性问题以法律的形式固定下来，对于区域规划的各项工作予以明确的界定和规定，为区域行政规划编制实施工作提供法律方向的指引，还可以明确区域规划稳定的政策导向和资金来源，有利于促进国民经济活动的空间平衡，缩小区域的发展差距。同时，各区域政府在基本法的统一领导下可以形成良好的协调协作关系，促进区域行政规划的发展。美国区域行政规划针对核心发展区和特殊地区出台相应的政策性文件、编制规划，进行了一系列专项立法。比如，《阿巴拉契亚开发法》等专项区域法，就是根据各州各地方的特色来量身制定的专项法。我国地大物博、民族众多，区域经济发展不平衡是常态，各区域的优势资源、地理环境、人文特征、历史文化传统等各具特色，所以完善区域行政规划制度不但需要出台基本法，而且还要制定体现区域发展特色和特殊事项规划的专项法——特定区域行政规划法。

第三节　日本区域规划的实践经验及借鉴

日本国土面积虽小，但是作为亚洲经济的四条龙之一，其在世界经济格局中的地位和经济实力也是不容小觑的。日本的经济是在二战之后开始大幅度崛起的。据统计：从 20 世纪 50 年代中后期到 1973 年，日本经济增长很快。其中，1960 年到 1968 年年平均增长率为 10. 5%；1968 年到 1973 年年平均增长率为 8. 8%。这些数据无一不显示出战后日本的迅速崛起，而这是与日本完善的区域规划制度分不开的。接下来，本书将就日本的区域规划的发展历史和实践经验进行详细阐述，再结合我国国情谈谈其被我国区域规划借鉴之处。

一、日本区域规划的发展历程

（一）日本区域规划概况

日本大体上被划分为8个区域，包括以东京、名古屋和大阪为中心的首都圈、中部圈和近畿圈三大都市圈，以及北海道圈、东北圈、四国圈、中国圈和九州圈，每个区域都已制订了各自的区域规划。日本的区域发展规划是自1950年《全国国土综合开发法》公布以后开展起来的，一般是法定规划，受法律保护。概括起来，其可被划分成四种类型：①土地利用规划；②发展规划；③公共投资规划；④特别地区促进规划。最著名的三大都市圈的规划，旨在协调城市化发展，防止过分集中，促进进一步开发。首都圈和近畿圈规划包括了许多重要的战略政策和项目，特别引人注目的是在中心建成区对工业的配置。

1979年，哥里克曼（Glickman）将战后日本区域发展规划划分成五个实践阶段：1950年以前为第一阶段。日本将国民经济恢复到战前水平。1950~1955年为第二阶段。通过全国第一个国土综合开发法（CNLDA），编制了各种类型的区域发展规划。把经济增长作为区域规划的主要目标，并注意到不发达地区的经济发展。1955~1960年为第三阶段。对大都市区人口、经济过度集中日益重视，并强调需要更平衡的经济布局。1960~1969年为第四阶段，也是日本经济快速增长期。区域规划的重点是扶持和发展地区增长极，进行大规模的基础设施和基础结构建设，促进农村地区的发展，从过度集中的大都市区向外扩散产业和人口。在上述措施下，区域之间的差距有所减小。1969年以后为第五阶段。考虑到60年代经济的高增长率、环境破坏、土地价格的高涨等因素，这个时期的区域规划目标主要是完善土地利用规划，寻求建立更舒适的环境、促进地区小城市的发展和大小城市之间的协调，完善城市设施和基础结构，建立更加便利的运输网络，抑制重化工业的膨胀，重点发展知识密集、技术密集型产业，促进工业园区的发展。[1]在日本的区域规划中，以大都市圈的发展尤为特色，接下来，本书将予以详细分析。

（二）首都圈的基本规划

20世纪后半期，日本政府将大都市概念的核心思想引入到经济建设中，提出了“大都市圈”概念，并开始着手都市圈的规划建设。经过近二十年的发展，以东京、名古屋、大阪三大都市圈为中心的东海道大都市带得以形成，其中首都圈地位尤其重要，是日本经济发展中最大的极核。首都圈基本规划先后进行了5次，是一个以东京都为中心，包括7个县的区域规划。

20世纪50年代末，日本经历了战后的复兴期，经济快速增长，城市化高速发展，大量人口、产业迅速向东京集中，引发了住宅、交通、环境等一系列大都市问题。为了抑制首都圈的过度膨胀，日本于1958年开始了第一次首都圈规划，此次规划首次将首都圈的范围由以东京为中心半径50公里扩大到100公里，且仿照1944年的大伦敦规划，在建成区周围设置5公里~10公里的绿化带并在周围设立卫星城。[2]这一规划重点限制引起人口、产业集中的工厂和大学等设施的新建与扩张；围绕建成区建立绿化带，限制城区的扩展；沿绿化带外围建设工业城市，并在1962年第一次引入并确立了工业用地征用的法律效力。然而，随着这一时期经济的快速增长，城市化发展超过了预想的速度，工业开发在广阔的范围内展开，人们开始流向郊

---

〔1〕张文合：“战后日本的区域发展规划及其实践”，载《世界经济研究》1989年第3期。

〔2〕日本首都圈整治委员会：《首都圈整治3号》，1958~1959年。

区寻找住宅地，致使城区蔓延到周边的绿化带，有的甚至超出了绿化带。[1]随着近郊整备地带的指定和对绿地地带的重新认识，日本政府于1968年制定了第二次首都圈规划，主要提出了将东京作为经济高速增长的全国枢纽，实施以合理中枢功能为目标的城市改造。在距都心50公里的地域设立新的近郊整备地带代替第一次规划中的近郊绿地地带，在对中心城区进行大规模城市改造活动的同时，着手开发城市外围绿化带。20世纪70年代到90年代，一方面石油危机使经济、社会发生了相应的变化；另一方面由于人口、产业向都市圈内部的过度集中，自然景观个性趋于同化，居住、城市文化等的多样性逐渐丧失。日本政府逐渐认识到中枢功能这种一极依赖的区域结构模式非常不利于社会经济的安全。鉴于对国土结构“一极集中”的反省和对大城市功能极限的反思，日本政府于1976年出台了第三次首都圈规划。在这一规划中，首都圈被划分为东京大都市地区(包括建成区和近郊整备地带）和周边地区。此次规划的目的主要是改正城市功能向东京都中心地区集中的“一极依存形态”，提出在首都圈中分散中枢管理功能，建立区域多中心城市“分散型网络结构”的设想。在培育都市核心区、形成多极构造的广域都市复合体的同时，周边地域在发展原有农业、工业生产的基础上，充实教育和文化等功能。1986年制定的第四次首都圈规划基本上延续了第三次规划的思想，仅对周边核心城市进行调整。同时，伴随着整体上的国际化和金融时代的到来，日本提出了进一步强化中心区的国际金融职能和高层次中枢管理功能的设想。对于周边地区，在推行以中型核都市圈等为中心的各机能集聚的同时，以强化各地区之间的联合以及提高地区

---

〔1〕 高春茂：“日本的区域与城市规划体系”，载《国外城市规划》1994年第2期。

的独立性为目标。进入20世纪90年代，日本经济由成长期步入成熟稳定期，经济增长率低缓。在第四次规划后，首都圈中心过密现象并未得到根本解决，地域结构不平衡仍然严重。同时，高度发达的经济全球化、信息化改变了人们的意识、行为和社会存在方式，由此导致人们的价值观、生活方式和需求日趋多样化，人们的环保意识不断增强。在这一新的时代背景下，1999年11月，日本国会众议院提出为缓解东京都过于集中的发展局面，建设首都圈城市带，准备把中央政府机构和职能迁出首都圈即“迁都计划”，而东京都市政厅提出应该在首都圈内优化改善都市区功能，充分利用现有条件，近距离疏散城市功能，而不赞同迁都。在这种背景下，东京都市政厅独立编制了“首都圈规划构想”，仍然在总体上强化东京都的中心地位，同时加强与周边地区的联系。[1]第五次首都圈基本规划在第三、第四次基本规划的基础上，再次强调了建立区域多中心城市“分散型网络结构”空间模式的设想。其发展目标是将首都圈建设为更具经济活力、充满个性与环境共生、具备安全舒适高品质生活环境的可持续发展区域。实现这一目标的战略思路是通过培育、利用业务核心城市，推进广域交通、通信等基础设施的整治改造和都市空间职能的重组，从而改变东京都中心部的单极依存结构，实现以据点城市为中心、彼此相对独立并能方便交流联系从而互相分担城市职能的自立、互补、高密度、水平、分散化网络型区域空间结构。[2]这五次首都圈规划是日本区域规划发展历程的一个缩影，日本与时俱进的区域规划很好地呼

〔1〕智瑞芝、杜德斌、郝莹莹：“日本首都圈规划及中国区域规划对其的借鉴”，载《当代亚太》2005年第11期。

〔2〕日本国土厅大都市建设局规划科：《第五次首都圈基本规划》，1999年3月。

应了社会经济的发展要求，极大地推动了战后日本经济的迅速复苏和强劲崛起。接下来，本书将着重阐述日本区域规划的特点。

二、日本区域规划的特点

（一）完善的区域规划法律体系

日本有数量众多的法律法规规范区域行政规划的实行。据不完全统计，1950 年至今，日本有八十多个与区域行政规划相关的法律法规。[1]这些法律法规共同组成了日本现今比较完整的区域规划法律体系。日本的区域行政规划始于国土规划。早在 1950 年就颁布了《国土综合开发法》，迄今为止，日本的国土规划已经先后制定了 6 次。目前已经基本建立起以《国土综合开发法》《国土利用关系法》《振兴落后地区关系法》《振兴产业关系法》和《社会基础设施建设法》为核心内容的法律法规体系。规划由日本国土交通省负责编制，目标领域涵盖影响国家和区域发展的各个重要方面，如社会经济的发展、区域基础设施建设、土地开发以及人口和经济活动的空间布局等。规划的变迁都是针对特定时期国土利用和地区发展遇到的特定问题来设定的，这使得日本的区域行政规划呈现出了内容的强针对性和可操作性的特点。东京、名古屋、大阪三大都市圈规划是其区域行政规划的成功典范，日本政府先后颁布了《首都圈建设法》《首都圈整备法》《首都圈市街地开发区域整备法》《国土利用规划法》《多级分散型国上形成促进法》《首都圈近郊绿地保全法》等十多项法律，并在规划实施过程中不断地完善和修改法律法规，以形成完备的法律体系以保障东京、名古屋、大

〔1〕 向清成："关于区域规划立法问题"，载《衡阳师范学院学报》2007 年第 5 期。

阪三大都市圈规划的有效实施。[1]日本为了促进地区开发，还制定了《北海道开发法》《高技术工业集聚地区开发促进法》《欠发达地区工业开发促进法》《过疏地域振兴特别措施法》《山村振兴法》[2]等多部法律，旨在振兴地方产业，促进战后经济的复苏。日本经济的快速发展和完整的法律体系是分不开的，完整的法律体系为经济发展的不同阶段提供了坚固的法律依据，区域规划相关法律把区域发展的规划目标、方向、范围、实施步骤、手段以及有关主体的权利义务、各地之间的法制协调和政府的权责关系等重大原则性问题以法律的形式固定下来，对于区域规划的各项工作予以明确的界定和规定，为区域行政规划编制实施工作提供了法律方向的指引，极大地推动了经济的快速发展。日本以首都圈规划的主干法和相关配套法律法规为基础，通过建立有效的区域规划协调机构，很好地协调了各地方的利益，从而保证了首都圈规划的顺利实施。

(二) 区域规划具有很强的衔接性和连贯性

日本的区域规划基本都保持着良好的衔接性和连贯性，比如首都圈的几次基本规划。由日本中央政府制定的首都圈基本规划从20世纪50年代开始到目前已经制定实施了5轮，虽然每次间隔大约10年，但5次规划保持了良好的衔接性和连贯性。总体来看，每轮规划都是在上轮规划编制和实施的基础上，结合当前时代发展的需要，对某些规划要素进行修改，从而形成本轮规划的主要内容和特点。比如，从第一次规划中提出的围绕建成区建立绿化带，限制城区的扩展，到第二次规划中提出

---

[1] 董萱："区域行政规划制度研究"，山西大学2011年硕士学位论文，第21~22页。

[2] 文正邦："区域法治——深化依法治国方略中崭新的法治形态"，载《甘肃社会科学》2008年第6期。

设立近郊整备地带代替绿地带的设想，把基本规划的制定重点放在由第一次规划试图通过建设绿化带物理性地限制城市的扩张转移到保护绿化空间，推进有计划地城市开发上。这次规划紧紧围绕前次规划执行的实际效果，延续了保证区域内绿地开敞空间的规划思想，从而保证了规划的延续性，同时也深入地连接了前次的规划。第三次基本规划中，首都圈被划分为东京大都市地区（包括建成区和近郊整备地带）和周边地区。这次规划紧跟着社会发展的要求，相对地确定了人口规模和土地利用政策以及高速道路建设和新城建设等主要开发事业。同时也照应第二次基本规划理念中的保护绿化空间，有计划地推进城市开发，把首都圈被划分为东京大都市地区（包括建成区和近郊整备地带）和周边地区。第四次首都圈规划基本上延续了第三次规划的思想，仅对周边核心城市进行调整。同时，伴随着整体上的国际化和金融时代的到来，还提出了进一步强化中心区的国际金融职能和高层次中枢管理功能的设想。第五次首都圈基本规划在第三、第四次基本规划的基础上，再次强调了建立区域多中心城市“分散型网络结构”空间模式的设想。通过对五次首都圈基本规划的内容分析，可以看出日本的区域规划具有很强的衔接性和连贯性，也正是这种区域规划的衔接性和连贯性才促使日本经济日益繁盛。

（三）紧密的区域协调机制

日本区域经济的典型就是首都圈，本书将以日本首都圈为样本来分析日本紧密的区域协调机制。首先，日本首都圈规划作为一种跨行政区的区域性规划，涉及很多的内容和利益主体，如何有效地实施规划是规划能否发挥成效的关键。其次，日本区域行政规划制度以自上而下区域协调机制的建立保证实施。政府在区域行政规划过程中有突出的指导作用，区域行政规划的编制、审批和实施需要有中央机构的牵头和协调，通过强有力的规划行政体制科学、合理地布局以及确定中心城市，使区域发展形成合理的分工协作关系。同时，建立可行的跨行政区域的协作机制，如成立大都市圈整备委员会负责大都市圈的总体规划和协调各部门之间利益；成立一些诸如消防、交通、供水等仅具有单项公共职能的机构，负责大都市圈的专项事务；另外还成立大都市圈政府负责整个大都市圈的规划制度制定工作，与地方政府分工合作，各司其职。[1]最后，日本区域行政规划制度的核心内容和手段是以大型项目的规划实施为主。区域行政规划制度的编制着重研究地方发展的实际需要，以大型规划项目为主，确定规划实施方法并在规划中加强地方政府间的合作协商。日本的区域行政规划制度还表现出了一些新特点：设立协议会、部分事务委托、事务协会、区域联合等机构，探索包括行政区域调整在内的各种区域行政的新方法。这样政府、外围团体、开发商和个人共同参与到项目建设中，从而很好地实现了区域规划的效果。

三、日本区域规划经验对我国的启示

规划是区域发展的前提和必要步骤，完善的区域规划制度是区域经济健康持续发展的必要条件。自接受区域规划的观念之后，我国的各种规划便遍地开花。然而，由于我国的规划没有完善的法律体系保障，因此，区域规划的实施效果并不尽如人意。接下来，本书将就日本战后快速的经济复苏和迅速的经济崛起所采取的一系列区域规划的成功经验，结合我国当前的区域规划实际，谈谈日本区域规划经验对我国的启示。

---

〔1〕 智瑞芝、杜德斌、郝莹莹：“日本首都圈规划及中国区域规划对其的借鉴”，载《当代亚太》2005年第11期。

(一) 加强完善区域规划的立法体系

随着我国城市化进程的加速，珠江三角洲、长江三角洲，京津唐等三大都市圈逐渐浮现。同时，其他城市化水平较高的地区也形成了依托中心城市带动周边城市群发展的态势，在发挥区域整体效应方面显示出了一定的优势，形成了大都市圈的雏形。在这一客观形势下，以 2002 年江苏省政府批准《苏锡常都市圈规划》为开端，各地纷纷效仿，制定大都市圈规划，都市圈规划因而成了新一轮区域规划的热点问题。随着都市圈经济的发展，制定都市圈规划成为必然趋势，而仅靠现有的行政体制无法保证规划的落实。因此，制定相应的都市圈规划相关法律，通过法律或法规保障都市圈规划的严肃性和权威性已成为都市圈健康发展的客观要求。〔1〕从以上分析的日本区域规划的实践经验来看，区域规划的科学、合理性离不开健全的法律保障，日本首都圈规划的成功实践也证明了这一点。区域规划的制定和实施都离不开法律的规范。区域规划相关法律把区域发展的规划目标、方向、范围、实施步骤、手段以及有关主体的权利义务、各地之间的法制协调和政府的权责关系等重大原则性问题以法律的形式固定下来，对区域规划的各项工作予以明确的界定和规定，为区域行政规划编制实施工作提供法律方向的指引，可以极大地推动经济的快速发展。我国区域规划发展的当务之急就是加快区域规划的立法体系建设，唯有把立法工作提上日程，为区域规划提供牢固的法律依据，区域规划的制定依据才能更加明确，实施效果也会因为有法律权威和国家强制力而变得更加理想。

---

〔1〕 智瑞芝、杜德斌、郝莹莹："日本首都圈规划及中国区域规划对其的借鉴"，载《当代亚太》2005 年第 11 期。

(二) 加快建立紧密协作的跨区域协作机制

日本区域规划中协调的跨区域合作机制也是我国当前区域规划发展中遇到的各种执行难问题的突破点，建立可行的跨行政区域协作机制势在必行。我国都市圈核心城市在发展过程中对周边地区的带动作用不够明显，长期以来重“外引”而轻“内联”，强调“对外辐射”而忽视“对内扩散”。[1]同时，我国区域经济中大都市圈内的各种行政壁垒仍然普遍存在，与市场经济体制要求相适应的管理体制目前尚未形成。各自为政的地区保护严重阻碍了都市圈经济的发展，同时也严重抑制了都市圈整体最优化的实现，建立可行的跨行政区域协作机制是目前我国区域经济发展的当务之急。考察日本成功的跨行政区域协作机制的实践经验，我国可以结合实际的区域规划实践来成立类似大都市圈整备委员会的机构，负责制定都市圈内的总体规划和协调各利益相关部门；成立仅有单项职能的专门管理机构，负责管理大都市圈内的专项公共事务，如消防、供水、公共交通等；成立大都市区政府，与地方政府进行功能分工，各司其职，负责制定整个大都市区域的招商引资、工商税收、户籍管理、就业与社会保障、教育体制、交通通信等领域相对统一的制度规则，以促进大都市圈整体功能的充分发挥。唯有建立能够均衡地方利益关系的区域协作制度，才能很好地激发地方的积极性，推动形成地方合力，更好地促进区域经济的快速发展。

(三) 加快政府职能的转变

日本区域行政规划制度是通过自上而下的区域协调机制的建立来保证实施的。政府在区域行政规划过程中有突出的指导作用，区域行政规划的编制、审批和实施需要有中央机构的牵

[1] 乐言：“我国大都市经济圈出现的问题及对策”，载《城市发展战略》2004 年第 2 期。

头和协调，通过强有力的规划行政体制、科学合理的布局以及确定中心城市，使区域发展形成合理的分工协作关系。我国目前正处在城市化加速发展阶段，珠江三角洲、长江三角洲、京津唐等三大都市圈逐渐浮现，进一步表明了以大城市为核心辐射并带动周边中小城市发展的大都市圈日益成为区域经济发展的主导。大都市经济圈内的经济联系、产业结构和空间分布格局，归根结底是在市场规律作用下通过集聚和扩散而形成的。与此同时，政府自身在区域规划中的定位是很重要的，政府对区域经济发展规划的重点应该是环境规划和城市功能规划，而不是经济增长规划和产业结构规划。中央和地方两级政府要协调统一解决大都市圈中的首要问题——中心城市的确定，即是一个中心还是多个中心，以及它们之间的功能分工如何确定，并在此基础上对周边城市进行城市功能的合理定位，使整个大都市圈内形成合理的分工协作关系。[1]好在党的十八届三中全会在《中共中央关于全面深化改革若干重大问题的决定》中提出了要“加快政府职能转变”，强调政府的宏观调控职能，加强对市场经济的指引作用，同时也要重视市场经济自身的规律。这为我国在区域规划中充分发挥政府的指引作用提供了法律上的依据，同时，区域经济的快速发展相伴而生的一系列问题也为政府在区域规划中实现指导作用提供了现实可能。

第四节 其他国家区域规划的实践经验及借鉴

一、法国区域规划的实践经验及借鉴

作为欧洲最古老的国度之一，法国的经济在推动欧盟经济

---

〔1〕 智瑞芝、杜德斌、郝莹莹：“日本首都圈规划及中国区域规划对其的借鉴”，载《当代亚太》2005 年第 11 期。

体中所起的作用，以及法国在世界经济格局中所占有的经济地位都是不容小觑的。良好的城市经济发展离不开完善的区域规划制度，法国亦是如此。法国在快速城市化期间，为缩小地区发展差距制定和实施了一系列区域规划，产生了区域生产力布局调整、城镇体系优化、城乡功能转型和人口有序迁移等方面的效果。法国有着完善的区域规划立法体系以及复合型的区域规划治理模式，在这种复合治理作用下产生了“中央主导-地方自治”的发展模式，同时，“城市合同”也是法国的一大特色。接下来，本书将就法国区域规划的实践经验和发展历史展开叙述，结合我国国情简要分析其中对我国的可鉴之处。

首先，法国是一个中央政府高度集权的国家，其区域规划一直是按照严格的行政区划进行的，分为国家、大区、省和市镇四个层次。全法国包括 26 个大区，大致等同于我国的省级行政单元，其中 4 个位于海外，22 个位于本土。大区作为独立行政单元，区内设大区委员会，每 6 年直接普选产生，并任命区长代表中央管理各省。大区之下，设置有 96 个省，省下共设有 36 568 个市镇。在法国的 26 个大区中，巴黎大区的发展最佳，经济实力强劲，也集中体现了法国复合式区域治理模式，见诸区域空间，形成“中央-地方”两级治理层次，现在的法国也越来越强调地区间的协调发展。在 20 世纪 30 年代之前，区域行政规划制度注重物质建设开发规划，最早的区域行政规划立法可追溯至 20 世纪 20 年代《土地指导法》的出台。政府专门设立了国土整治局，专司各地区发展平衡问题，后扩大为国土整治部，职权和开发工作的范围也不断扩展，由总理亲自担任“开发主帅”，每年都要主持专门会议来决策国土整治和对滞后地区的援助。二战后至 20 世纪 70 年代，是法国区域行政规划实践的黄金期。在盛行的凯恩斯国家干预主义理论的影响下，法国进行大巴黎地区规划以促进区域平衡发展。法国大巴黎地区规划由大巴黎区政府编制完成，这被视为是一种以国家为主导的自上而下的规划。其规划以巴黎这一大都市作为核心，并将周边地区接纳进来化为一个整体来进行规划。20 世纪 70 年代至 80 年代，法国区域行政规划从单纯的经济开发转入社会和环境等众多非生产领域，是物质规划和政治活动的综合体。[1]1982 年，分权制改革开始实施，通过城市合同协约的模式实现地方与中央的管理分权。复合治理来源于区域公共管理的复合行政概念，指在小政府善政和大市场自由化的基础上，将政府公共服务职能通过转包、招标等方式让渡给公民社会组织，通过公民社会的良好运行弥补政府失灵、市场失灵，从而达到政府、公民社会、市场三者之间的和谐统一。[2]20 世纪 90 年代后，法国受经济全球化和区域一体化的影响，逐渐认识到区域行政规划是促进区域竞争力提升的积极有效的措施，并于 1999 年颁布《地域规划与可持续发展指导法》，又于 2000 年 12 月颁布了《城市互助与更新法》，这些措施不但解决了区域内自身发展中遇到的具体问题，同时也在很大程度上提升了区域经济体的吸引力和竞争力。为了进一步获得深远的发展，法国逐渐把区域规划的思想应用到国际的合作中。1993 年，法国与其他欧盟国家共同编制《欧洲空间展望》的跨国性规划。同时，随着全球大都市区的发展出现了三大新的空间发展特征：新型功能要素带动空间形式变迁、郊区化促进区域经济与空间整合、旧城更新

---

〔1〕 董萱："区域行政规划制度研究"，山西大学 2011 年硕士学位论文，第 22~23 页。

〔2〕 郭爱君、范巧："政府行为绩效的经验考察与'复合治理'的构建"，载《华中师范大学学报（人文社会科学版）》2009 年第 1 期。

主推功能与结构重组。[1]这随之要求大都市区的治理模式产生与之相适应的变革与调整。于是，以城市合同为核心的复合区域治理模式应运而生，复合的区域治理模式是法国区域规划成功的关键所在，本书于后文中会有叙述。

其次，法国区域规划在长期的历史实践中形成了一套完整的区域规划体制，接下来，本书将阐述法国区域规划制度的特征。完善的区域规划法体系是法国区域规划得以顺利实施的基础和依据。1995 年 2 月，法国议会通过了《国土整治与开发指导法》，成为法国区域规划方面的基本法。[2]该法的主要内容包括制定全国性的国土整治和开发纲要、创立全国国土整治与开发委员会、设立新的行政区划试点、建立新的行业发展基金，加大国家的财政补贴力度以及对重点地区采取倾斜政策。其中最重要的是创立全国地区间调整基金，以改变各地区收入差别较大的状况，并争取在 2000 年实现地区间收入差距小于 20%的目标。法国区域规划法律体系还包括 1999 年制定的配套法《地区协作法》以及 2000 年制定的规定了国土可持续开发与建设理念和战略的《协作和城市再生法》。1999 年，法国议会对基本法《国土整治与开发指导法》进行了修订。其最新理念：一是协调经济发展和环境保护之间的关系，实现国土整体上的均衡发展；二是建设和改善能创造更多雇佣机会和增强国家富裕程度的条件和环境；三是为了下一代，把自然环境的质量和多样性保存下去，同时缩小地区差距；四是保证国民就近获得知识和各种公共服务的机会均等。在规划实施上，法国改变了过去

---

〔1〕 单卓然、黄亚平、张衔春："1990 年后发达国家都市区空间演化特征及动力机制研究"，载《城市规划学刊》2014 年第 5 期。

〔2〕 刘源、宋富田："国外国土规划概况及对我国的启示"，载《国土经济》1996 年第 4 期。

国家主要通过基础设施等硬件方面的建设来实现国土均衡发展的方法，以中央与州签订《国家综合服务合同》的形式为国民提供优质的公共服务等软件方面的服务。至此，法国进一步完善了以国土整治为中心内容的区域规划法律体系。[1]法国复合区域治理模式的焦点地域是全球化时期的巴黎大都市区。巴黎大都市区的形成源于20世纪60年代巴黎开始的新城规划。1960年颁布的《巴黎地区区域开发与空间组织计划》(PADOG规划)提出要遏制郊区蔓延，追求地区均衡发展，通过向郊区转移人口及产业来疏散中心区，并鼓励巴黎周边城镇发展，规划建设一批新城，从而围绕巴黎组成一个“多中心城市聚集区”。伴随着经济全球化浪潮，区域产业分工合作引发了大都市区的连绵发展，实现了大都市区与周边乡村劳动力的区域高度整合，巴黎大都市区发展成为与伦敦、纽约、东京并称的世界级大都市区。与伦敦相比，巴黎的新城建设更为成功：它把新城作为区域城市空间的组成部分，而非当作孤立于中心城区之外的游离部分，这实现了由单中心结构向区域内城市各自分工的多中心空间结构转变，而区域内城镇与中心城区的有效协作是实现巴黎大都市区空间规划的主要目的。

基于法国行政分权化的改革趋势，依托复合治理机制，法国区域发展形成了“中央-地方”双层治理模式。以法国巴黎大都市区为例，巴黎大区作为一类正在加速形成的“多中心城市聚集区”，逐步呈现出了以中央政府为主导、以地方机构自治为特征的“双主体”区域治理模式。法国“城市合同”治理模式有效地发挥了复合治理的优势，主要针对长久以来法国福利国家模式所带来的经济衰退与就业率下降等问题。早期的“城市

[1] 李明：“欧盟和成员国区域规划立法实践及对我国的启示”，载《武汉理工大学学报（社会科学版）》2009年第4期。

合同”是为了推进第十个三年规划而制定的，强调多方合作，其中推行方包括法国中央政府、各地区政府、法国国家基金会（CAF）等，而参与方则更加广泛。[1]

“城市合同”有别于传统意义上的合同，它并非是由合作者站在平等的位置上协商并相互让步达成的。它是由中央政府先制定一套总体目标，各个区域再将它们的发展策略与选择融合到大框架之中。[2]

城市合同的四个主要合作方向是：保证共和国协约的稳定；加强社会的和谐与稳固；实施多元主体参与的集体计划；与地方居民合作，建立新型民主关系。同时，城市合同由统一领导机构保障有效协调，由城市合同实施委员会统一领导。城市合同实施委员会下设秘书处、经济建设与国际发展部、城市发展部、资源管理部、卫生管理部、水资源管理部、道路维护部等部门，对区域治理的重大事项进行多方面的严密管理。城市合同将非政府组织与政府当局有效地联系了起来，以提供资金、提供场地、政策优惠等，地方政府可以有效地约束非政府组织行为，使其服务于社会。[3]由于城市合同参与主体较为广泛，城市合同的目标也随之具有多样化的特点。法国通过“城市合同”治理模式有效地发挥了复合治理的优势，保障了在中央统一领导的大框架下，充分激发地方政府以及社会公众的积极性，为推动法国区域规划的顺利实施奠定了基础，也为法国经济快速发展做出了巨大贡献。

---

〔1〕 李宜强：“城市合同：法国区域治理的经验与启示”，载《城市问题》2012年第7期。

〔2〕 张衔春等：“焦点地域·创新机制·历时动因——法国复合区域治理模式转型及启示”，载《经济地理》2015年第4期。

〔3〕 张衔春等：“焦点地域·创新机制·历时动因——法国复合区域治理模式转型及启示”，载《经济地理》2015年第4期。

最后，就以上叙述的法国区域规划的特征，结合我国国情，本书对我国当前的区域规划现状提出以下几点建议：

最先强调的还是立法问题。纵观法国区域规划的成功实践经验，完整的立法体系必不可少，因此，我国的区域规划的立法体制有待进一步完善。

在多元主体中的政府组织层面，我国可尝试借鉴法国复合区域治理模式的经验，在个别区域的市县级别内试点开展部分市县联盟自治，在不改变既有整体行政体制基础上，打破传统的中央政府主导，省级政府和地方政府分头治理行为，逐步推进试点区域行政单轨制向双规制转变，在法律层面适度扩大市县的区域治理职权，给予其一定的财政支持。〔1〕

另外，法国复合型区域治理模式衍生的城市合同协调机制是法国区域规划的最为成功之处，我国也理应加以借鉴。新时期我国的区域治理模式虽然强调了主体的多元化，尤其是非政府组织和市场的参与，但是不可否认，在当前我国经济的发展阶段，政府作为市场经济机制中有形的手，发挥的宏观调控作用也是很有必要的。尤其是在市场经济萌芽初期市场经济体制中无形的手没有形成或者无形的手没有调动市场经济力度时，政府这双有形的手必须施以援手，出台针对市场状况的政策来解决和疏通市场经济的问题。由于我国国土面积较大，东中西部、沿海及内陆、南方及北方经济社会发展阶段存在较大差异。复合型区域治理手段在我国引进实践中要特别注意因地制宜，同时，治理模式应当有所侧重。比如，我国中西部广大地区在目前及未来一段时期内仍将处于人口快速城镇化、工业化加速发展及空间增量扩张阶段。这就决定了区域非均衡增长的客观

〔1〕 张衔春等："焦点地域·创新机制·历时动因——法国复合区域治理模式转型及启示"，载《经济地理》2015年第4期。

趋势，自上而下的政府引导在中西部区域治理主体中作用仍将长期突出。我国针对中西部经济发展出台的西部大开发、中部崛起战略也体现了区域经济发展中政府的牵引作用。我国东部地区经济较为发达，市场经济体制趋于成熟，这时区域复合治理则应该更加强调市场主体的话语权，比如更加注重基层村镇联盟和非政府组织主体在治理分工上的积极作用。这样充分发挥市场主体的自主性和积极性，才能更好地推动市场要素流动，实现市场资源的合理配置，实现市场经济的最优化。

二、英国区域规划的实践经验及借鉴

英国与法国一样是欧洲最为古老的经济强国之一，作为较为发达的经济大国，英国区域规划制度起步较早，可以说，英国是城市规划的起源国，也是开区域规划理论和实践先河者之一，其经过多年的实践经验也形成了自己的一套完善的区域规划体制。1898 年，英国城市规划创始人之一霍华德提出了田园城市的思想，标志着区域规划思想的萌芽。据说，英国的区域规划是建立在城市规划的基础上的，英国真正的区域行政规划立法始于 1934 年，之后紧跟着区域规划的发展步伐开始了一系列分阶段的区域规划立法，最后形成了完善的区域规划立法体系。随着全球化、区域化和欧盟一体化的经济发展趋势，英国逐步地建立了区域发展办公室、区域发展机构、区域议院等组织机构〔1〕来加强对规划区域的管制，并紧跟经济局势的发展变动，陆续修订了各项以区域自身发展为本的规划政策，使得区域规划制度具有较大的弹性和灵活性，最后建立起了一套比较完善的以推动区域一体化为目标的跨区域规划制度。英国区域

〔1〕 陈志敏、王红扬："英国区域规划的现行模式及对中国的启示"，载《地域研究与开发》2006 年第 3 期。

规划成功的实践经验有很多值得我们借鉴的地方，这里，本书将简要叙述其对我国的启示。英国健全的立法体制和协调的区域协作机制自然是值得我们借鉴的，如何借鉴这里不再累述。先说说英国区域实体机构的设立。作为区域政体制度的突破，区域实体机构的设立一定要搭建政府与民间、公共部门与私人部门之间的合作与互动平台，要在区域规划的制定上，充分尊重地方参与的权利，激发企业和社会的力量。同时，英国在实现规划的过程中非常注意公众的参与度，建立了地方政府在准备方案、选择方案、规划评价以及重要发展决策等不同阶段的公众参与制度，并制定了相关标准，以法定形式提交公众参与文件。另外，英国的公众评议制度也非常值得我们借鉴，该制度针对修订的合理性，为公众提供了一个讨论和评议的机会，且在公众评议结束后，对于听证意见是否得到采纳以及采纳的程度要在报告文件中有所体现并向公众发布。[1]而我国当前区域规划中关于公众参与城市规划总是停留在事后参与和被迫参与阶段，这一点是极其不合理的。公众作为区域规划政策的直接利益影响者，对于区域规划的制定、实施有着很大的发言权。区域规划以及由州政府和地方政府参与的区域合作与发展必然离不开辖区内的公众参与。公众作为区域规划结果的直接承受方和市场经济的主体，对于区域规划有着更为直观的感受，公众的需求也是进行区域规划和地方合作必须考虑进来的。我国应当借鉴英国的公众参与制，注重发挥公众在区域规划中的积极作用，力争做到让公众最大程度地参与到区域规划中来，力争建立事前、事中、事后的公众参与机制，让公众的作用贯穿于区域规划的始终，这样的公众参与制度有利于更好地抓住市

〔1〕 陈成、张丽君："英国区域空间战略及对我国的启示"，载《国土资源情报》2012 年第 1 期。

场经济的风向标，有利于立足广大群众的需求来制定区域发展规划，有利于增强公众对政府的信任，促进区域规划效果的顺利实现。

结　语

纵观国外各大强国完善的区域规划制度，它们最为突出的成功点还是略有相似的。比如，完善的区域规划立法体系几乎是所有成功的区域规划体制所必须具备的。对于立法的重要性本书在前文中已有详细论述，这里不再赘述。我国有关的区域规划立法仍然存在滞后性和空白点，所以，我国区域规划的当务之急是针对我国区域规划现状，完善与区域规划制度相配的一套立法体系。随着经济一体化的加深，已没有再独自闭门发展的可能，区域规划势必要牵扯到多方的利益主体，如何在平衡各方利益关系的基础上，建立起一套能实现整体最优化的区域协调机制，也是我国区域经济发展中亟待解决的问题。以上介绍的经济大国的区域规划制度中，很多都强调了公众的参与度，针对公众参与的重要性前文亦有叙述，这里不再累述。本章主要详细地介绍了德国、美国、日本、法国并简要介绍了英国的区域规划的实践经验，笔者在仔细研读国外的区域规划实际经验的基础上，立足我国国情结合我国区域规划的现状提出了相关的建议，希望能对我国的区域规划现状贡献自己的绵薄之力。

第三章

区域规划的制定理念

理念是行为的先导，行政理念在宏观上指导着行政行为的实施，为行政行为指明向标。区域规划作为政府的一项重要行政行为同样需要理念的指导。只有在科学合理的区域规划理念的指导下，区域规划才能真正地契合现代公共行政的要求。

第一节 以人为本理念

一、以人为本理念的内涵

在不同的历史时期，基于时代经济、政治等因素，人类社会形成了以神为本、以君为本、以物为本、人本主义等不同的价值取向，其都曾在不同的历史阶段指引着政府行为。21世纪以来，伴随着现代公共行政在我国的深入发展，一场执政理念的历史性革命在我国爆发并得到了极速传播，其一个显著标志即是以人为本发展理念的确立与落实。1999年《宪法（修正案）》明确提出的坚持依法治国，建设社会主义法治国家的要求在一定程度上表明了我国开始从改革开放以来片面地将“物”当成追求目标转向为开始将“人”本身也当成追求目的。党的十六届三中全会《中共中央关于全面深化改革若干重大问题的决定》明确提出了以人为本的发展要求并将其作为发展的最高价值取向，指出以人为本就是要尊重人、理解人、关心人，就是要把不断满足人的全面需求、促进人的全面发展，作为发展的根本出发点。2004 年《宪法（修正案）》新增加的规定“国家尊重和保障人权”再一次从宪法层面明确了以人为本的发展理念，人成了国家活动的最终目的。

康德曾说过，在全部被造物之中，人所愿欲的和他能够支配的一切东西都只能被用作手段；唯有人，以及与他一起，每一个理性的创造物，才是目的的本身。[1]这表明，对人在社会发展中的主体地位及作用肯定是十分重要的，以人为本理念正是其体现。以人为本是科学发展观的核心，是建设社会主义和谐社会的基本行政理念。以人为本不仅是一种价值观，更是指导社会发展的方法，它要求政府在推动社会发展的过程中肯定人的主体地位，确立一种人性化尺度，实现人性化服务。在当代中国，以人为本理念已经成为政府的一项重要执政理念，其着眼于实现好、维护好、发展好最广大人民的根本利益，尊重和保障人权，保障人民群众的政治、经济和文化权益，创造有利于人的全面发展的制度环境。[2]

以人为本理念既强调人的全面发展和人民的根本利益是我们一切工作的出发点和落脚点，又强调它是科学发展观的核心内容，并在此基础上要求经济社会协调、持续发展，具有明显的时代精神。[3]以人为本即以“人民”为中心来建设社会主义社会，推动社会主义社会发展：第一，社会发展的主体是人民。

---

〔1〕［德］康德：《实践理性批判》，韩水法译，商务印书馆 1999 年版，第 95 页。

〔2〕“全面推进依法行政，努力建设法治政府——温家宝总理在全国依法行政工作电视电话会议上的讲话”，载 http://news.xinhuanet.com/newscenter/2004-07/05/content_1572965.htm，访问日期：2016 年 2 月 25 日。

〔3〕李龙主编：《人本法律观研究》，中国社会科学出版社 2006 年版，第 11 页。

对人在社会中的主体地位和作用的充分肯定是以人为本理念确立的基石，尊重人、解放人、依靠人、为了人和塑造人是其价值。第二，发展的动力是人民的需要。第三，发展的尺度是人民需要的满足程度。第四，发展的目的是最大限度地满足人民群众的物质文化需求。第五，发展的最终目的是为了人的全面发展。〔1〕

以人为本理念与法治观念是相辅相成的，两者都是人类文明社会发展的必然要求。亚里士多德认为法治具有两层内涵：一是已经确立的法律获得普遍的服从；二是人民所服从的法律本身是良法。以人为本理念是衡量一部法律是否为良法的一项重要指标，制定良好的法律应当是建立在充分尊重人民群众的主体地位，符合人民根本利益的基础上的。作为一项治国理念，以人为本适用于立法领域、司法领域以及行政领域，是各级政府的一项重要的执政理念。以人为本中的“人”具有三个层面的意义：具有独立人格的个人、社会群体意义上的人，以及人类存在意义上的人。在行政法领域确立以人为本的理念，就是要通过科学、合理的制度设计，以促进人的全面发展。对于第一类“人”，即个体而言，行政法应保证其人身权利、财产权利、政治权利、发展权利等得到充分的享有和切实的保障；对于第二类“人”，即群体意义的人而言，行政法应致力于建立健全社会保障体系以及良好的社会秩序，为人的发展提供良好的社会环境；对于第三类“人”，即人类全体而言，行政法要通过制度的构建来保障人与环境的关系协调一致，实现全社会的可持续发展。〔2〕

---

〔1〕 李慎明：“以人为本的科学内涵和精神实质”，载《中国社会科学》2007年第6期。

〔2〕 王青斌：《行政规划法治化研究》，人民出版社2010年版，第102页。

二、以人为本理念对区域规划的具体要求

(一) 区域规划应符合公共利益

维护公共利益不仅是政府实施行政行为的终极目标，是政府行为正当性的基石，也是公共行政的基本出发点。以人为本注重人在社会发展中的主体地位和作用，强调突出人的主体性，而客体存在的价值即为满足作为主体的人的利益和需求。因此，维护最广大人民的根本利益不仅是现代公共行政的必然要求，同时也是以人为本理念的题中应有之义。然而，随着社会利益多元化格局的逐步发展，一些行政决策在制定过程中受到包括政府在内的不同利益团体利益的影响，导致许多被冠以谋求公共利益之名的行政决策常常偏离公益的轨道，甚至发生“脱轨”事件。作为政府一项重要行政决策的区域规划毋庸置疑也应当以公共利益为出发点和落脚点，因此，进一步明确区域规划中“公共利益”的内涵与外延、寻求实现公共利益的途径方法是极其重要的。

公共利益一词产生于城邦制度盛行的古希腊，因此，从国家整体来界定公共利益是当时的主流观点，认为同整体国家观相联系的是具有整体性和一致性的公共利益。公共利益被视为一个社会存在所必需的一元的、抽象的价值，是全体社会成员的共同目标。亚里士多德把国家看作是最高的社团，其目的是实现“最高的善”，这种最高的善在现实社会的物化形式即公共利益。〔1〕从词条字面来看，公共利益由“公共”和“利益”构成，其中“公共”为形容词修饰名词“利益”。“公共”是指公有的、公用的，“公”含有国家、社会、大众等之义，“共”具

〔1〕 胡建淼、邢益精：“公共利益概念透析”，载《法学》2004年第10期。

有一起、一齐、和等之义。“利益”是指好处、益处。因而，从字面上来讲，公共利益是指公有的益处。然而，“公共”一词的不确定性以及“利益”一词的丰富性增加了公共利益的模糊性和抽象性。正如德国学者所言，公共利益概念的特点是其概念内容的不确定性，表现在内容的不确定性和受益对象的不确定性上，〔1〕因而对公共利益下一个精准的定义是极其困难的。我国现行法律法规尚未对公共利益进行明确的界定，这进一步增加了实践的操作难度。如作为根本大法的《宪法》第 10 条第 3 款规定，“国家为了公共利益的需要，可以依照法律规定对土地实行征收或者征用并给予补偿”；第 13 条第 3 款规定，“国家为了公共利益的需要，可以依照法律规定对公民的私有财产实行征收或者征用并给予补偿”。从上述条文不难看出，《宪法》只是提出了国家征收、征用的前提——为了公共利益，但对于何为公共利益、如何界定公共利益、谁来界定等问题并未作出规范。正是由于公共利益的抽象性与模糊性，导致至今就其概念仍未形成一个较为权威的统一的界定。

关于公共利益概念的界定存在以下几种观点。

第一，政府天然公益论。政府天然公益论是在我国计划经济体制下形成的，随着我国市场经济的逐步确立和发展，产生于计划经济背景下的“政府天然公益论”也随之消亡。在计划经济体制下，政治、经济高度统一，人民内部的利益差别被掩盖，一切利益属于国家，政府是一切利益的代表。然而，在市场经济体制下，各种利益开始分化并形成了诸多不同的利益团体，社会利益呈现出多元化趋向。私有利益、设租和寻租、隐性和显性“委托-代理”关系等不再是潜规则，而是一种真实的

---

〔1〕 陈新民：《德国公法学基础理论》，山东人民出版社 2001 年版，第 182 页。

存在。在显性层面上，政府及政治家个人必须为实现政治意图利用合法权利争取社会支持率；在隐形层面上，个人社会网络的交织自然会形成利益的裙带关系。由此便导致了“政府天然公益论”的破灭，因为政府也是由那些追求利益最大化的“经济人”构成的，政府并不是抽象的大公无私，而是真实存在的利益分配体。〔1〕

第二，正义论。该学说认为凡是符合自然公正标准的价值规范都是公共利益，如“公意永远是公正的，是永远以公共利益为依归的”。〔2〕

第三，自动公益论。亚当·斯密认为公共利益是个体利益最大化的总和，两者不是此消彼长的关系，而是唇齿相依的关系。换言之，该学说认为每个人都是经济的理性人，在做出决策时主观上必然是以追求自身利益最大化为目标的。社会中诸多个体的这种选择在客观上会促进社会财富的增加，进而推动社会进步，即在客观上促成了公共利益的实现。

第四，共同利益论。该学说认为公共利益是特定范围内大多数人的共同利益。

第五，个体利益总和论。该学说认为个体利益和公共利益是统一的，后者是前者的总和。共同体是个虚构体，由那些被认为可以说构成其成员的个人组成。共同体的利益是组成共同体的若干成员的利益的总和；不理解什么是个人利益，谈论共同体的利益便是毫无意义的。〔3〕

---

〔1〕 苏腾、曹珊：“城市规划中的公共利益困境”，载《规划师》2007年第8期。

〔2〕 ［法］卢梭：《社会契约论》，何兆武译，商务印书馆1980年版，第35页。

〔3〕 立民、纪高峰：“论我国现行法律中的公共利益条款”，载《南华大学学报（社会科学版）》2005年第1期。

总而言之，虽然对公共利益这一不确定法律概念确切的内涵，无论是理论界还是实务界都尚未达成一致的意见，但关于公共利益的特点、核心要素等已在一定程度上达成共识，这就为我们在区域规划中判定公共利益提供了另一个渠道。

公共利益应当具有以下核心内容：公共利益总是与一个社群存在和发展所必需的社会价值相关，这包括两个方面：一方面是该社群存在所必需的社会价值，如安全、秩序、领土；另一方面是该社群发展所必需的社会价值，如科学技术、产权安排。[1]此外，公共利益具备以下特征：第一，动态变换性。公共利益是历史长河中的一分子，其随着时代的变迁而变化，是一个与历史同步演化的概念。如哈特穆特·毛雷尔认为，公共利益并非恒定，而是随着时代的变迁而发展的，并且在其所处的时代中充满冲突。[2]第二，社会共享性。正如上文所述，公共利益是一定范围内不特定多数人的共同利益。所谓“社会”强调的是公共利益的对象范围，其应当是不特定的、多数人的利益，而非政府利益抑或国家利益。“共享性”则突出了对特定范围利益的共同受益的特征。第三，非排他性。非排他性是指区域规划的受益主体应当是不特定的社会大众，不能出现一方受益建立在他方不合理的损失基础之上，即避免区域规划仅仅为特定主体设定的情形出现。

公共利益本身的模糊性和不确定性导致在某些条件下，一部分人或一部分群体有可能会以公共利益或公权的名义扩张自身的利益，并损害大多数个体或大多数群体的利益。[3]一方面，

---

〔1〕 麻宝斌：“公共利益与公共悖论”，载《江苏社会科学》2002年第1期。

〔2〕［德］哈特穆特·毛雷尔：《行政法学总论》，高家伟译，法律出版社2000年版，第73页。

〔3〕 吴忠民：“以人为本理念的基本涵义及实践意义”，载《江苏社会科学》2008年第1期。

我国当前已经进入发展的深水区和改革的攻坚期，社会利益多元化和利益冲突矛盾呈现多发趋向。另一方面，区域规划相关法制还存在严重的缺位现象。这就为“公共利益异化”提供了可乘之机，导致实践中频频出现被冠以公共利益之名的区域规划成为某些利益团体谋求个体利益的工具。因此，在区域规划中贯彻以人为本的理念，必须要将公共利益放在首位。如何确保区域规划符合公共利益是区域规划制定和实施过程中的一个重要问题，而建立起区域规划的公共利益保障体系是化解这个难题的首要任务。第一，建立健全区域规划中的公众参与制度。充分有效的公众参与不仅本身就是以人为本理念的要求，同时也是维护公共利益的有效保障手段之一。一方面，公众参与到区域规划的过程中无形中对政府形成了一种监督制约，有利于避免政府偏离公共利益的“轨道”，保证其在规划决策中严格恪守公共利益这一标准。另一方面，公众对于区域规划中问题的疑问意见能够得到及时的表达，防止矛盾激化，为区域规划制定和实施扫清障碍。第二，建立具备专业性和独立性的仲裁机构。当双方无法就区域规划中的特定事项是否符合公共利益达成一致意见时，由独立于区域规划利益集团的第三方仲裁机构对区域规划是否符合公共利益以及各方行为的合法性及合理性进行判断。

（二）区域规划应保障个人基本权益

区域规划的制定和实施过程实际上就是一个利益分配与各利益团体博弈的过程，这其中既包括公益间的矛盾与冲突，也包括私益间的矛盾与冲突，同时还包括公益和私益间的矛盾与冲突。区域规划不仅仅应当符合公共利益，同时还应当保护组成公众这个整体的每个个体的个人基本权益。任何权利主体的正当利益，都必须受到社会的尊重和法律的保护。任何主体以非法形式侵害了其他主体的正当利益，都必须承担起相应的法律责任。[1]然而，从我国区域规划实践来看，个人的基本权利在区域规划中受到了严重的挑战，在影响其权利实现的因素中既包括制度性的也包括非制度性的。如，区域规划法治化水平较低，规划制定的民主性与公开性不足等。此外，由于市场经济深度和广度的进一步扩展，计划经济下被压制的矛盾冲突以惊人的速度爆发出来，包括公益与私益间的冲突、私益间的冲突等等。同时，出于公共利益这一不确定法律概念的模糊性以及社会利益多元化趋势等因素，实践中的区域规划频频出现脱离“公益”轨道的“事故”。许多政府在进行区域规划的过程中出现了“公共利益异化”的现象，其从自身团体利益甚至是个人利益出发，假借谋求公共利益之名谋取不法私益。这种情景下的公益与私益的冲突实质上是私益同私益的冲突，只不过是一方的私益披上了“公权力”的外衣。因此，当前我国区域规划实践中利益冲突集中于公益与私益的冲突，既包括实质公益同私益的冲突，也包括形式公益同私益的冲突，而这种冲突的实质是国家公权力同个人私权利的冲突。一方面，我国区域规划实践中在处理公益同私益冲突方面存在价值取向的偏差。公权与私权、公益同私益是法律实践中特别是公法实践中所要处理好的最基本的社会关系。在民主宪政国家的体制下，这两类关系应该更多地体现维护人权、保护公民权利的价值取向。但是，在我国区域规划实践中，这两类关系往往会背离这种价值取向，将天平的砝码更多地加在公权和公益一边，关注的重心向公权和公益一边倾斜。公权力在实现的过程中，往往缺乏对公民主体性地位的尊重，仅仅把其作为手段和工具来看待，

---

〔1〕 郑成良：“权利本位说”，载《政治与法律》1989 年第 4 期。

把公民相对于国家应该取得的某些利益和权利，当作是国家的恩惠和赏赐。[1]受到上述异化的价值观的影响，政府在面临着公共利益和私人利益的选择时，往往会首先考虑公共利益的因素，个体的私人利益也大多会无条件地让位于公共利益。另一方面，同国家公权力相较而言，公民个人的基本权利总是处于弱势地位。因而，必须借助一定的机制，使权利在与权力的博弈中能够增强自身的力量，从而使权利与权力能够达到一种相对均衡的状态。控制公权力、维护私权利不仅是社会公正的需要，也是现代行政法的基本任务之一。维护区域规划中个人基本权益不受侵害，一方面要加强对区域规划中行政权的监督制约，另一方面要建立健全相应的私益保护机制，如区域间的转移支付制度、损失补偿制度、司法救济等方法途径。

（三）区域规划应注重公众参与

作为一种制度化的公众参与民主制度，应当是指公共权力在进行立法、制定公共政策、决定公共事务或进行公共治理时，由公共权力机构通过开放的途径向公众和利害相关的个人或组织获取信息，听取意见，并通过反馈互动对公共决策和治理行为产生影响的各种行为。[2]公众参与是社会公众通过听证会等途径发表自身对特定公共事项的意见看法，政府在考量公众意见的基础上做出决策的行为，充分地体现了以人为本的执政理念。具体到行政领域，公众参与是指在行政立法和决策过程中，政府相关主体通过允许、鼓励利害关系人和社会公众，就决策和立法涉及公共利益的重大问题，以表达意见、提供信息、阐述利

---

〔1〕 郭庆珠："论行政规划利害关系人的权利保障和法律救济——兼从公益与私益博弈的视角分析行政规划的法律规制"，载《法学论坛》2006年第3期。

〔2〕 蔡定剑主编：《公众参与风险社会的制度建设》，法律出版社2009年版，第5页。

益诉求、发表评论等方式参与立法和决策的过程，进而提升行政立法和决策的正当性、公正性和合理性的一系列制度和机制。〔1〕

公众参与区域规划是贯彻以人为本的理念的重要途径，具有坚实的理论基础。首先，同高权行政不同，现代公共行政更加强调人的主体性、能动性，不再将相对人仅仅作为客体来对待。正如叶必丰教授所言，行政相对人不再是行政的客体而是行政的主体即行政的合作伙伴，不再是权力的服从者而是服务的享受者。〔2〕公众参与区域规划正是充分发挥社会公众在这一公共事务中主体作用的有效方式。其次，公众参与区域规划符合多元主义行政规划选择理论。多元主义行政规划选择理论是由达维多夫和赖纳提出的，认为规划行为是一项过程性行为，而选择贯穿于该过程的各个阶段，包括规划目标选择、规划方案选择、规划纲领等。该过程中的任何选择都是以一定的价值判断为基础的，是对社会利益的一种分配，政府（规划的主导者）不应当将自身的判断强加于社会公众，抹杀公众的选择和判断，而是应当在考虑各利益方意见的基础上做出判断决策。任何一个规划行为都会影响不同人的利益，存在各种不同的利益主体，这些利益主体既相互依赖又相互竞争，因此在作任何决策的时候都应当充分考虑到利益之间的相互关系，任何人都不应当受到社会的排斥。〔3〕最后，公众参与区域规划是协商民主的要求。协商民主是指在政治共同体中的平等、自由的公民，通过政治过程，提出自身观点并充分考虑其他人的偏好，根据条件修正自己的理由，实现偏好转换，批判性地审视各种政策

---

〔1〕 王锡锌主编：《行政过程中公众参与的制度实践》，中国法制出版社 2008 年版，第 2 页。

〔2〕 叶必丰：《行政法的人文精神》，北京大学出版社 2005 年版，第 135 页。

〔3〕 蔡定剑主编：《公众参与——欧洲的制度和经验》，法律出版社 2009 年版，第 9 页。

建议，从而赋予立法和决策以合法性。[1]协商民主理论认为有效的公众参与需要具备一定条件。第一，公民具有平等自由的公共事务参与权，这是有效的公众参与的前提。第二，参与同协商的统一与平衡。协商民主注重在直接参与和理性协商间寻求平衡，在直接参与能够促进协商的情况下，更强调直接参与，反之，选择代表参与则更为现实。第三，理性参与是有效的公众参与的保障。同票决民主不同，协商民主更强调理性参与，通过自由平等的交流、沟通、说服、妥协就特定的公共事务达成一致意见，并在此基础上制定公共决策。区域规划中公众参与制度正是协商民主在社会中的实践，因此，其应当在充分尊重参与主体平等性、理性协商等要件的基础上进行制度构建。

自20世纪90年代公众参与相关理论被引入以来，公众参与在我国得到了不断扩展，已融入诸多领域。当前，我国的公众参与制度主要存在于以下领域：立法领域、行政决策领域以及公共治理领域，区域规划中的公众参与属于第二类。《长江三角洲跨区域行政规划》《京津冀跨区域行政规划》《泛珠三角跨区域行政规划》等区域规划对公众参与制度进行了初步尝试。但总体来看，当前我国区域规划的公众参与仍面临着相关法律法规缺位、参与程序缺乏明确性和统一性、参与方式单一、参与范围有限、参与有效性不足、政府反馈匮乏等困境。在区域规划中充分落实公众参与制度有利于保障相关公众的私权利，制约政府的公权力，而且有助于消除公众的偏激思维，增强区域规划的社会认同感，进而为其后期实施提供保障。总而言之，公众参与区域规划不仅是一种利益平衡机制，同时也是一种保障规划有效实施的动力机制，是规划民主化、科学化的重要保

---

〔1〕 陈家刚："协商民主：民主范式的复兴和超越（代序）"，载陈家刚选编：《协商民主》，上海三联出版社2004年版，第1页。

障，应当在现有经验基础之上进一步完善区域规划中的公众参与制度。

第二节　服务行政理念

一、服务行政的内涵

现代行政应是在服务行政理念支配下的有效行政，政府应当树立起“行政就是管理，管理就是服务”的理念，将管理同服务有机地结合起来，在行政管理中突出“服务优先”。[1]服务行政理论首先出现在20世纪的德国，厄斯特·福斯多夫在其《当成是服务主体的行政》一文中明确提出了“服务行政”概念和相关理论。厄斯特·福斯多夫认为，社会经济的发展，已使人们仅凭自己努力不足以维持自己的生活，从而产生了“社会依赖性”，而以前实行的团体负责已不敷亟须，因此提供个人生存保障就必须由政治力量负责。具体而言，国家的任务在于建立一个符合正义的社会秩序，以及保障个人能分享这一“秩序”。[2]其实，行政主体的服务就是行政，我们用“服务”来代替“行政”，是运用企业服务精神对政府活动的一种改造。当然，这种改造不仅是名称上的变换，也是一种精神上的改造。这种精神改造，并不是将某种精神输入原有的躯体，而是根据新精神所进行的运行机制的脱胎换骨。[3]

构建服务型政府，在行政管理中坚持“服务”理念的前提是厘清服务行政的内涵。第一，服务行政不完全等于为人民服

---

〔1〕 刘熙瑞：“服务型政府——经济全球化背景下中国政府改革的目标选择”，载《中国行政管理》2002年第7期。

〔2〕 陈新民：《公法学札记》，中国政法大学出版社2001年版，第69页。

〔3〕 叶必丰：《行政法的人文精神》，北京大学出版社2005年版，第134页。

务的行政。有观点将服务行政完全等同于为人民服务的行政，如，服务行政以服务为特征，要求行政人员把人民所赋予的权力完全用来为行政客体的服务上，不允许行政主体的个人私利渗入其中，整个社会的任何一种力量、任何一个地区、任何一个团体作为行政客体，都是服务的对象，应平等为之提供良好的行政服务。它要求行政人员从主观上根除统治行政和管理行政时代中的“官本位”“官老爷”思想，甘当人民的勤务员、公仆，全心全意为人民服务。〔1〕在民主体制下，政府的行政管理本身即属于服务的范畴，服务是公权力的本质属性之一，是公务人员应当遵守的道德准则。上述观点在某种程度上将政府履行法定职能的行为都划归为“服务”，如行政机关发放救济金等行政给付行为属于服务、行政机关对特定事项实施的行政许可属于服务、行政机关对违法事项进行行政处罚属于服务等等，这有泛化、虚化服务行政之嫌，最终会消解服务行政。第二，服务行政不等于依法行政。依法行政是行政机关实施行政行为时应当遵守的基本原则之一，是依法治国方略贯彻落实的体现。依法行政和服务行政是两个不同层面上的概念，具有不同的目的和功能，前者是从形式上对行政权的运行进行约束，后者则是从内容上对行政的目标进行设定。〔2〕服务型政府的基本理念是基于公民本位、社会本位的立场，在整个社会民主秩序框架下，通过法定程序、按照公民意志组建起来的以为人民服务为宗旨并承担着服务责任的政府。服务行政应当包含以下内涵：第一，政府的角色应当定位于公共服务的提供者，其职能是有

---

〔1〕 周洪敬：“服务行政——公共行政的新方向”，载《党政论坛》2002 年第 3 期。

〔2〕 杨解君：“‘双服务’理念下现代行政之变革——服务行政的解读和提升”，载《行政法学研究》2004 年第 3 期。

效地提供公共服务、增进公共福祉。政府与公众间应当是公共服务的提供者和消费者的关系而非是管理者和被管理者的关系。政府行使行政权、实施行政行为的最终目标是通过提供公共服务实现公共利益，满足作为公共服务“消费者”的社会公众的需求。第二，公众是公共服务的消费者，政府应当树立起“顾客至上”的理念。政府的行政决策能否得到有效的贯彻不仅仅取决于决策是否符合技术理性的要求，同时还依赖于其社会认同度的高低。虽然大多数人所认同和接受的方案并不就是“最佳的”或“最经济的”方案，但却是行政决策具备合法性且富于可操作性的基础。[1]第三，政府应当改变公共服务的管理方式和供给方式。就管理方式而言，政府是为市场、社会和公民提供公共服务的，应该将服务融入管理之中，为市场、社会和公民提供维护性公共服务；就供给方式而言，政府应当鼓励市场、社会和公民参与公共服务的生产和供给，提高政府服务的效率与质量。第四，政府应当转变管理观念，即变全能行政观念为有限行政观念；变强制行政观念为引导行政观念；变暗箱行政观念为透明行政观念；将政府绩效标准从数量扩张到公众满意。[2]

二、服务行政的必然性

服务行政理念在行政法中的确立有其必然性：一方面，从传统管理模式向服务行政的转变是对宪法精神的回应；另一方面，服务行政是顺应现代公共行政发展趋势的必然产物。

---

〔1〕 高建华：“论服务行政的理念及其实现”，载《楚雄师范学院学报》2004年第4期。

〔2〕 李传军：《管理的终结——服务型政府兴起的历史与逻辑》，中国人民大学出版社2007年版，第232~234页。

（一）服务行政理念是《宪法》的内在要求

《宪法》是国家的根本大法，规定国家各项基本制度和根本任务，规定国家机关的组织与活动的基本原则，是保障公民基本权利的国家根本大法。《宪法》在国家的整个法律体系中居于主导地位，具有最高的法律权威和最大的法律效力，既是国家治国安邦的总章程，也是公民立身行事的总依据。我国是人民民主的社会主义国家，人民是国家的主人，国家的一切权力属于人民。从我国的宪政体制来看，我国从第一部宪法开始就明确了政府的服务性质并一直传承至今，宪法从序言到国家机构的规定都体现着为人民服务的精神，我国早已从宪政理念和宪政体制上确立了政府的地位——为人民服务的政府，只不过这种观念被更广泛地运用于政治的领域，没有在法律上得到深化和落实。[1]服务行政的理念贯穿于宪法的始终。如，《宪法》序言中就明确了人民在国家中的地位，指出“中国人民掌握了国家的权力，成为国家的主人”。再如，《宪法》第2条规定：“中华人民共和国的一切权力属于人民。人民行使国家权力的机关是全国人民代表大会和地方各级人民代表大会。人民依照法律规定，通过各种途径和形式，管理国家事务，管理经济和文化事业，管理社会事务。”第3条规定：“中华人民共和国的国家机构实行民主集中制的原则。全国人民代表大会和地方各级人民代表大会都由民主选举产生，对人民负责，受人民监督。国家行政机关、监察机关、审判机关、检察机关都由人民代表大会产生，对它负责，受它监督。……”由此不难看出，为人民服务的理念在我国《宪法》中扮演着重要的角色，是我国《宪法》的支柱理念之一。《宪法》是我国的根本大法，其他法律法

---

〔1〕杨临宏：“服务行政理念下的行政法”，载《法治论丛（上海政法学院学报）》2008年第6期。

规应当在遵循《宪法》的前提下制定，不得同《宪法》相违背。作为部门法的行政法当然也应在宪法精神的指引下制定，遵循《宪法》的基本理念和精神，为人民服务理念即是其中一项，其也为服务行政提供了宪法依据。行政权的服务性体现为，现代行政管理主要是为社会公众提供服务，即以谋求社会成员共同利益为目的，进行服务式管理而非纯粹的管制，因此，行政权力要为公民的利益服务。〔1〕

（二）服务行政理念是现代公共行政发展的必然要求

20世纪80年代，伴随着经济全球化和工业化的发展，政府的职能也日益多样化，不再仅仅局限于“守夜人”的角色，传统的行政管理模式已经不能适应社会发展的需要，因此，一场公共行政变革在世界范围内拉开序幕。这对当时刚从计划经济转向为市场经济的我国来说无疑也带来了巨大的挑战，传统的行政管理模式与价值取向同社会主义市场经济及市民社会产生了激烈的矛盾与冲突。因此，为了应对经济社会变革所带来的挑战，顺应现代公共行政的发展，转变行政管理模式，构建“为公民、为社会、为国家”的服务行政成为当务之急。服务行政理念在西方以“顾客至上”为标志的新公共管理运动的推动下得到了迅速的发展，日本、我国台湾地区等服务行政改革也随之发展起来。新公共管理运动兴起于20世纪80年代，是对社会治理模式进行的一场改革。新公共管理运动的主要内容包括：公共行政研究的焦点在于结果而非运动的过程；为了实际结果，公共行政应妥善运用各种市场竞争机制，以提供更佳的产品或服务，同时在市场机制下，政府各机关一方面应如同企业般从供给者与需求者的互动过程中取得经费，另一方面也要与其他

〔1〕 参见王学辉等：《行政权研究》，中国检察出版社2002年版，第132~140页。

组织进行竞争；配合市场导向和市场机制的运作，公共行政应强调顾客导向的观念；政府应该扮演“导航者”的角色，政府的主要职责应定位于确保各项公共服务与公共财物均可被顺利提供，但却不必自己动手处理；政府应推动法规松绑的工作，公共管理应改变过去唯法则是从的观念，更重视市场竞争、顾客需求以及成果的达成；公共部门的工作人员应被授予权能以充分发挥创意并投入工作；公共行政的文化应尽可能朝弹性、创新、问题解决、具有企业家精神的方向发展。[1]新公共管理主义是政治、经济、社会等因素综合作用的结果，如经济全球化、新技术革命、商业管理模式的示范性影响等等。服务行政理念的兴起和发展应当置于新公共管理运动所倡导的“顾客至上”理念的背景下分析。迪马克在 20 世纪 30 年代就提出了将商业中的顾客满意标准适用于公共行政领域，认为顾客满意标准在政府运作过程中的应用应当与企业中的应用一样广泛。如果行政官员能够像企业管理者那样始终关注最终结果，即顾客的满意度，那么内部行政改革服务就不言自明了。[2]在这场公共行政改革的背景下，通过将企业精神融入政府行政管理提升政府行政水平、促使其提供优质服务成为现代公共行政的一种发展趋势。在公共行政模式下，政府可以通过提高行政体制的可理解性、对顾客的需求予以满足、保证政府与公民接触渠道的畅通，以及推动公民的积极参与等方法改进对公众做出反应，这些措施是“行政就是服务，公众就是顾客”运动的一部

---

〔1〕 张成福：“公共行政的管理主义：反思与批判”，载《中国人民大学学报》2001 年第 1 期。

〔2〕［美］戴维 · H. 罗森布鲁姆、罗伯特 · S. 克拉夫丘克：《公共行政学：管理、政治和法律的途径》，张成福等译，中国人民大学出版社 2002 年版，第 28 页。

分。[1]

三、服务行政理念对区域规划的具体要求

服务行政理念的精髓在于明确行政权本质上是一种服务权，行政实质上就是提供公共服务，行政的目的在于通过行政主体的行为满足公众的需求。在这一点上，服务行政理念与以人为本理念可谓是不谋而合。在区域规划中贯彻服务行政的理念，就是要将社会公众当作是公共服务的消费者，坚持顾客至上的理念，在规划中重视平民的利益和感受，最大限度地满足公众的现实需求。在明确区域规划目标、制定和实施区域规划的过程中应当充分考虑公众的现实需求并将其作为衡量区域规划的一项重要指标，增强区域规划的人性化水平。服务行政理念决定了确定区域规划的具体目标时，应该以公众的需求为出发点，应该是公众的需求决定了区域规划的具体目标，而不是由行政主体及其工作人员的利益或好恶来决定。简言之，行政主体作为公共服务的提供者，公众作为公共服务的享受者，两者之间的关系应该是公众的需求决定了行政主体的服务种类，而不是行政主体的服务种类决定了公众可以享受什么样的服务。行政主体在确定区域规划的目标时不应是为了满足政府政绩考评的需要，而是为了公众的现实需求，这就要求行政主体改变其在区域规划中“独裁者”的地位，而是应当以一个“顺应时势者”的形象出现。为了使区域规划符合公众的现实需求，行政主体就必须对公众的现实需求有充分的了解，这就要求在区域规划的过程中，一方面，行政主体应该加强调查研究，了解公众的现实需求；另一方面，还应该确定有利于公众参与的程序

---

〔1〕［澳］欧文·E. 修斯：《公共管理导论》，彭和平等译，中国人民大学出版社 2001 年版，第 276 页。

制度，使行政主体与公众之间的沟通更为容易，以有利于增进行政主体对公众现实需求的了解。〔1〕

第三节 可持续发展理念

工业革命带来了经济的高速发展，物质财富的迅猛增长，人类社会见证了前所未有的物质繁荣。然而，这种由片面发展观所带来的“繁荣”也给人类带来了巨大的灾难与威胁。面对上述挑战，20 世纪 60 年代以来，国际社会开始不断反思并寻求解决困境的出路，可持续发展理念正是在上述背景下形成和发展起来的。从斯德哥尔摩人类环境研讨会到世界环境与发展委员会的报告——《我们共同的未来》——再到里约联合国环境与发展会议，可持续发展理念逐步确立并被国际社会所广泛接受。

一、可持续发展理念的内涵

根据 1987 年世界环境及发展委员会发布的《布伦特兰报告书》，可持续发展是指既满足当代人的需求，又不对后代人满足其需求的能力构成危害的发展。它们是一个密不可分的系统，既要达到发展经济的目的，又要保护好人类赖以生存的大气、淡水、海洋、土地和森林等自然资源和环境，使子孙后代能够永续发展和安居乐业。可持续发展理念包含以下原则：公平性原则、持续性原则、共同性原则、经济发展原则、结构优化原则。第一，公平性原则。可持续发展是一种机会、利益均等的发展，其包括同代人之间的公平、代际间的公平以及资源分配

〔1〕 王青斌：《行政规划法治化研究》，人民出版社 2010 年版，第 104 页。

和利用的公平。所谓同代人间的公平是指一个地区的发展不建立在损害其他地区的发展的基础之上。所谓代际间的公平是指既满足当代人的需求，又不损害后代的发展能力。资源分配与利用的公平是指人类平等享用空间中的自然资源和社会财富的权利。第二，持续性原则。人类经济和社会发展不能超越资源和环境的承载能力，在满足需要的同时必须有限制因素，实现人类眼前利益同长远利益有机结合。第三，共同性原则。虽然各国的国情和发展模式不尽相同，但公平性和持续性原则是共同的，地球的整体性和相互依存性决定只有全人类共同努力，才能实现可持续发展的总目标。第四，经济发展原则。发展是满足人类自身需求的基础和前提，停止发展人类就难以继续生存，可持续发展就无从谈起。不过，这种发展不是不择手段、不讲科学、不讲效益的发展，更不是一两年或一两代的发展，而是长期的发展，无论发展的数量还是质量，都应以持续发展为目标。第五，结构优化原则。它是指在公民经济和社会发展中，充分注意并及时调整产业结构、所有制结构、地区结构和城乡结构，使之不断趋于合理，达到发展的最佳状态。〔1〕

可持续发展最初是从生态的角度提出的，它关注人类文明的延续与人类的未来，因而于一开始就获得了广泛的关注。可持续发展理论的形成是人类认识论上的一次飞跃，它超越了将发展仅等同于经济增长或社会发展的狭隘观念，并运用系统理论，将人类社会置于生态环境之中，强调以人为中心的自然、经济、社会复合系统的可持续。可持续发展观强调经济、社会和环境的和谐统一，在各个领域都产生了深刻而广泛的影响，已成为诊断社会良性运行的标准，成为国家战略发展目标的选

〔1〕 杨解君、胡丙超：“可持续发展理念的行政法治化：需要与途径”，载《南京工业大学学报（社会科学版）》2007 年第 2 期。

择。行政管理的可持续发展理念正是在此背景下产生和发展起来的。[1]行政管理可持续发展是指行政系统为了保持与行政生态环境的动态平衡、适应和促进社会可持续发展，不断进行适时的自我改造，增强调控社会、满足社会需求的能力，从而使自身的生存和发展持续下去。其内涵主要包括：第一，社会需求是行政系统存在和发展的前提，行政生态系统的变化、发展是行政系统改造自身的根据，因此，行政发展必然要坚持生态观、系统开放观；第二，现代行政管理作为一种公共管理，行使的是一种公共权力，必定要维护公共利益、实现社会公平，而公共权力的基础是公民权利，这必然决定了行政发展的民主化取向标准，行政参与的扩大则是其必然的要求；第三，行政发展最根本的是行政效率、行政效益的提高，即政府投入产出的最大化；第四，行政发展的持续性必然要求重视行政资源的开发、利用、损耗与流失，避免行政资源的衰减。[2]

二、可持续发展理念对区域规划的具体要求

随着法治理念的深入发展，以“法”作为基础和保障成了当今社会变革的一个显著特点。作为一种新的社会发展模式的可持续发展理念也将引发一场深刻的法律变革，这一变革将以可持续发展作为出发点，以法律生态化的理念重新调整人与自然的关系，对传统的以当代人为本位的法律思想、法律观念、法律价值取向、法律重心、法律救济、立法倾向等进行深刻的反思。[3]因

---

〔1〕 王迪：“行政改革的新视角：行政管理可持续发展”，载《江西行政学院学报》1999年第3期。

〔2〕 王迪：“行政改革的新视角：行政管理可持续发展”，载《江西行政学院学报》1999年第3期。

〔3〕 陈泉生：《可持续发展与法律变革》，法律出版社2000年版，第116页。

此，作为政府的一项行政行为，区域规划无疑也应当改变传统的发展理念，深入贯彻可持续发展的理念。具体而言，政府在进行区域规划时应当遵循以下具体要求：

（一）提升区域规划中的公众参与程度

《中国21世纪议程》的主要特色之一就是提升了公众参与在贯彻落实可持续发展理念过程中的地位。议程强调，实现可持续发展目标，必须依靠公众及社会团体的支持和参与；公众、团体和组织的参与方式和参与程度，将决定可持续发展目标实现的进程。具体而言，该议程对公民在参与可持续发展相关立法、法律实施以及法律监督等方面做出了规范。首先，进一步扩大公众和社会团体在与可持续发展有关的立法中的作用：①发展和完善立法征求意见制度，广泛听取公众和社会团体的意见，并将意见的采纳情况及时向其通报；②建立和完善立法反馈系统，及时对实践中反映出来的、公众和社会团体提出的立法问题进行分析研究，区别情况，作出立法对策。其次，扩大公众和社会团体在与可持续发展有关法律实施过程中的作用：①完善信访、举报制度，扩大质询制度在与可持续发展有关法律法规实施过程中的作用，切实保证为有法律理由的个人、团体和组织提供可靠的参与渠道，维护自身的合法权益和社会公共利益；②扩大律师在可持续发展领域的作用，推动可持续发展领域专业律师队伍的培训和建设，通过律师的法律服务促进与可持续发展有关法律的施行。最后，建立健全针对与可持续发展有关法律实施执行的监督体制：建立健全公众和社会团体的监督机制，尤其要建立公众参与对违法行为处理过程的制度，公众和社会团体有权对执法提出建议。作为政府一项重要行政行为的区域规划无疑也应当在其制定和落实过程中贯彻可持续发展理念，而公众参与则能够极大地提升区域规划的科学性和民主性，提升其可持续发展性。总而言之，公众参与区域规划不仅是一种利益平衡机制，同时也是一种保障规划有效实施的动力机制，是规划民主化、科学化的重要保障，应当在现有经验基础之上进一步提升区域规划中的公众参与程度。

（二）区域规划必须考虑对环境的影响

可持续发展中的持续性原则要求我们在推动经济和社会发展的过程中不能超越资源和环境的承载能力，在满足需要的同时必须有限制因素，实现人类眼前利益同长远利益有机结合，这就要求我们在制定和实施区域规划的过程中要时刻考虑到对环境的影响。自然生态环境是人类赖以生存的基础，是人类社会进步发展的载体。人类既依存于自然，同时人类的生产生活活动也反过来影响着自然，这其中既包括积极影响，也包括消极影响。自工业革命以来，人类在片面的发展观的引领下，极大地促进了经济的发展、物质财富获得了前所未有的提升，然而这一切都是以牺牲生态环境为代价的，如资源危机爆发、土地沙化日益严重、环境污染愈加严重、物种灭绝和森林面积大量减少等等。当代社会产生的各种环境及发展危机的罪魁祸首是人类自身。传统的发展模式是一条以摧毁人类的基本生存条件为代价获得经济增长的道路，人类在这条道路上已走到了十字路口，面临着艰难的抉择。区域规划是一种预测性行为，是对未来行为的一种谋划和安排，在这种谋划中必须考虑到环境因素，只有融入了环境保护等可持续发展因素的规划才具备科学性的条件。在区域规划中考量环境因素并不是说只要对环境有不利因素此规划就是无效的，而是说要考虑到会产生哪些消极影响，是否符合成本收益以及应当如何克服等问题。我国建立了“环境影响评估制度”，要求在实施可能对环境产生影响的行为前必须进行评估，以此保护环境。因此，对于环境影响的评估必须贯穿于区域规划的整个制定和实施过程中。此外，除了考量区域规划对周围生态环境产生的影响外，还应当考虑资源的耗费，坚持成本效益论。这里的资源耗费既包括土地、河流、大气等自然资源的耗费，同时还包括行政资源及社会资源的耗费。区域规划行为产生的原因之一就是为了应对资源的有限性。人类的可耗费资源以及行政主体的可支配资源都是有限的，在行政规划中必须考虑资源的耗费。具体包括两个方面：一是行政主体需要负担的行政成本，即需要由行政主体负担的人力、物力；二是需要耗费的社会资源，即由行政主体负担的行政成本之外的资源。[1]

（三）区域规划应当考虑区域间的公平

可持续发展是一种机会、利益均等的发展，同代人间的公平是可持续发展的内涵之一。所谓同代人间的公平是指一个地区的发展不建立在损害其他地区的发展的基础之上。具体到区域规划而言，同代人间的公平要求我们在制定和实施区域规划的整个过程中要坚持区域间的公平，防止出现以牺牲一个地区利益为代价来促进另一个地区发展的现象。自改革开放以来，不可否认，我国在经济发展方面取得了令世界瞩目的巨大成就，然而这种在传统发展观引领下的经济增长也给我国带来了诸多难题，区域差距的逐步扩大即是其中之一。在可持续发展框架下，利益主体区域多元，利益内容趋于丰富，利益结构趋于理性，这在客观上要求行政法治摆脱单纯“人类中心主义”的束缚，主动亲近自然，关注未来，在全新的境界中对利益进行设计和权衡。[2]无论是横向区域规划，还是纵向区域规划，实际

---

〔1〕王青斌：《行政规划法治化研究》，人民出版社 2010 年版，第 112 页。

〔2〕谭宗泽：“行政法治建设的检讨与反思——可持续发展理念缺失略谈”，载《行政法学研究》2007 年第 2 期。

上都是一场主体间的利益博弈。如果各方主体都以自身利益最大化为目标，那么很有可能使区域规划陷入囚徒困境而难以自拔，不仅无法实现区域利益的最大化，甚至各地区的利益也将受到减损。坚持可持续发展理念，就应在区域规划中考虑区域之间的公平，在区域规划中不应将满足现有的需求作为唯一的基点，而应力争使各个区域、各类群体得到均等的发展机会和均等的服务。区域规划中应考虑的代内公平主要体现在以下两个方面：一是在确定区域规划的目标时应考虑不同区域间的平衡和需求，不能只重视部分区域而忽视其他的区域；二是在行政规划的拟定及确定阶段应考虑区域间的公平。〔1〕上述方式只是从宏观上指导我们进行区域规划的思路，在区域规划的实践中不可避免地会出现各区域利益的不平衡的现象，因此，采取区域利益补偿等事后弥补措施也是保证区域规划中利益平衡的一种重要方法。从某种程度上讲，区域利益的补偿机制在相当大的程度上决定了一项区域规划实施的效果，对于促进区域公平发展有着重要意义。我国可以从纵向和横向两个方面构建我国区域规划补偿机制。所谓纵向是指上级行政机关与利益受损的下级区域主体之间，横向是指平级的区域主体之间。具体来说可以借鉴欧盟运用财政、金融等政策工具的经验：采用拨款、优惠贷款、税收减免等方式直接援助或者采用建设基础设施、工业科技园区建设等方式间接援助。

（四）区域规划必须考虑未来的发展

代际间的公平是可持续发展理念的内在要求之一，其最早是由塔尔博特·R. 佩基在社会选择和分配公平两个基础上提出的。它主要涉及的是当代人与后代人之间的福利和资源分配问

---

〔1〕 王青斌：《行政规划法治化研究》，人民出版社 2010 年版，第 115 页。

题，强调“代际多数”的原则，皮尔斯认为能够保证当代人福利增加，也不会使后代人所得利益减少时就达到代际公平。代际公平就是一种不以牺牲后代人的发展机会和发展权利为代价，保证后代人的发展机会与当代人一样多的发展能力。[1]代际公平应当坚持以下原则：第一，保存选择原则，即当代人应当为后代人保存自然和文化资源的多样性，使之具有选择的多样性；第二，保存质量原则，即后代人保持地球生态环境的质量；第三，保存接触和适用原则，即为后代人保存平等接触和使用前代人的遗产的权利。[2]具体到区域规划而言，不仅应当考虑到当代人的利益，还应该考虑到后代人的利益，为后代人的发展预留下足够的空间，避免使区域规划成为后代人发展的障碍。

---

〔1〕王军：《可持续发展》，中国发展出版社1998年版，第151~152页。

〔2〕杨勤业、张军涛、李春晖：“可持续发展代际公平的初步研究”，载《地理研究》2000年第2期。

第四章

区域规划制定权的配置*

第一节　区域规划制定主体的现状

一、区域规划制定权

区域规划制定权与区域规划制定主体紧密相关，区域规划制定权是成为区域规划制定主体的必备条件。以行政主体的行为类型和行为模式为标准，可以将行政主体的行政职权分为行政立法权、行政检查权、行政处理权、行政强制权、行政命令权、行政合同权、行政指导权、行政规划权等。〔1〕行政规划权是一种依职权的行政行为，是行政主体的一项权力。〔2〕在《行政程序法（专家试拟稿）》中，行政规划被界定为：行政机关为了实现国土或城市规划、兴办公共事业或者公共设施等行政目标，对将来一定期限之内采取的措施对外作出具有法律约束力的规划。〔3〕区域行政规划本质上是一种跨行政区划的行政规

---

* 本章内容由本书作者与贾丹共同完成，核心内容已发表于《行政法学研究》2016 年第 4 期。

〔1〕 周佑勇：《行政法原论》，中国方正出版社 2000 年版，第 81 页。

〔2〕 姜明安主编：《行政法与行政诉讼法》，北京大学出版社、高等教育出版社 2005 年版，第 295 页。

〔3〕 应松年主持：《行政程序法（草案）（专家试拟稿）》，2004 年 11 月稿。

划，是跨区域行政主体对一定范围内区域公共事务进行事先规划的行为。依据行政规划权的不同权能，我们可以将其进一步分为区域规划制定权、区域规划实施权、区域规划监督权等。区域规划制定权是区域规划权的一项权能，也是其他各项职权的基础与核心。通过对我国现行法律体系进行梳理，[1]不难发现，我国实体法缺乏对行政机关实施行政规划的明确授权。我国现行立法对行政规划权的授予分为两个层面：一是总体概括授权，二是特定领域规划的授权。前者如《宪法》和《地方各级人民代表大会和地方各级人民政府组织法》，后者如《城乡规划法》《水土保持法》《水法》《环境保护法》等。然而，无论是总体规划授权还是特定领域规划的授权，现行立法中，行政规划权的授予都主要是以行政区划为范围的，即相关规划主体对其行政地域管辖范围内有关事项行使规划权，只有《环境保护法》和《水法》中提及了跨区域规划权问题。

表 4-1　法律确立的行政规划权

行政规划权	规划主体	法律依据
国民经济和社会发展计划权	国务院	《宪法》第 89 条：国务院行使下列职权：…… (五) 编制和执行国民经济和社会发展计划和国家预算；……
国民经济和社会发展计划权	县级以上的地方各级人民代表大会	《地方各级人民代表大会和地方各级人民政府组织法》第 8 条：县级以上的地方各级人民代表大会行使下列职权：…… (二) 审查和批准本行政区域内的国民经济和社会发展计划、预算以及它们执行情况的报告；……

[1] 参见表 4-1。

续表

行政规划权	规划主体	法律依据
土地利用总体规划权	各级人民政府	《土地管理法》第17条：各级人民政府应当依据国民经济和社会发展规划、国土整治和资源环境保护的要求、土地供给能力以及各项建设对土地的需求，组织编制土地利用总体规划。土地利用总体规划的规划期限由国务院规定。
城乡规划权	县级以上地方人民政府	《城乡规划法》第3条：城市和镇应当依照本法制定城市规划和镇规划。城市、镇规划区内的建设活动应当符合规划要求。 县级以上地方人民政府根据本地农村经济社会发展水平，按照因地制宜、切实可行的原则，确定应当制定乡规划、村庄规划的区域。在确定区域内的乡、村庄，应当依照本法制定规划，规划区内的乡、村庄建设应当符合规划要求。 县级以上地方人民政府鼓励、指导前款规定以外的区域的乡、村庄制定和实施乡规划、村庄规划。
环境保护规划权	国务院环境保护主管部门、县级以上地方人民政府环境保护主管部门、跨区域上级政府或跨区域政府	《环境保护法》第13条：县级以上人民政府应当将环境保护工作纳入国民经济和社会发展规划。 国务院环境保护主管部门会同有关部门，根据国民经济和社会发展规划编制国家环境保护规划，报国务院批准并公布实施。 县级以上地方人民政府环境保护主管部门会同有关部门，根据国家环境保护规划的要求，编制本行政区域的环境保护规划，报同级人民政府批准并公布实施。 环境保护规划的内容应当包括生态保护和污染防治的目标、任务、保障措施等，并与主体功能区规划、土地利用总体

续表

行政规划权	规划主体	法律依据
		规划和城乡规划等相衔接。 第 20 条：国家建立跨行政区域的重点区域、流域环境污染和生态破坏联合防治协调机制，实行统一规划、统一标准、统一监测、统一的防治措施。 　　前款规定以外的跨行政区域的环境污染和生态破坏的防治，由上级人民政府协调解决，或者由有关地方人民政府协商解决。
植树造林规划权	各级人民政府	《森林法》第 16 条：各级人民政府应当制定林业长远规划。…… 第 26 条：各级人民政府应当制定植树造林规划，因地制宜地确定本地区提高森林覆盖率的奋斗目标。 　　各级人民政府应当组织各行各业和城乡居民完成植树造林规划确定的任务。……
江河流域规划权	国务院水行政主管部门会同国务院有关部门和有关省、自治区、直辖市人民政府	《水法》第 14 条：国家制定全国水资源战略规划。 开发、利用、节约、保护水资源和防治水害，应当按照流域、区域统一制定规划。规划分为流域规划和区域规划。…… 第 15 条：流域范围内的区域规划应当服从流域规划，专业规划应当服从综合规划。…… 第 17 条：国家确定的重要江河、湖泊的流域综合规划，由国务院水行政主管部门会同国务院有关部门和有关省、自治区、直辖市人民政府编制，报国务院批准。跨省、自治区、直辖市的其他江河、湖泊的流域综合规划和区域综合规划，由有关流域管理机构会同江河、湖泊所在地的省、自治区、直辖市人民政府水行政主管部门

续表

行政规划权	规划主体	法律依据
		和有关部门编制，分别经有关省、自治区、直辖市人民政府审查提出意见后，报国务院水行政主管部门审核；国务院水行政主管部门征求国务院有关部门意见后，报国务院或者其授权的部门批准。 前款规定以外的其他江河、湖泊的流域综合规划和区域综合规划，由县级以上地方人民政府水行政主管部门会同同级有关部门和有关地方人民政府编制，报本级人民政府或者其授权的部门批准，并报上一级水行政主管部门备案。 专业规划由县级以上人民政府有关部门编制，征求同级其他有关部门意见后，报本级人民政府批准。其中，防洪规划、水土保持规划的编制、批准，依照防洪法、水土保持法的有关规定执行。
水土保持规划权	县级以上人民政府水行政主管部门会同同级人民政府有关部门	《水土保持法》第 14 条：县级以上人民政府水行政主管部门会同同级人民政府有关部门编制水土保持规划，报本级人民政府或者其授权的部门批准后，由水行政主管部门组织实施。……

从域外实践看，行政机关对跨区域的公共事务的管理权需要法律的明确授权，中央政府抑或共同上级政府亦不例外。结合我国具体国情，笔者认为，我国的区域规划权有所不同，对于区域共同上级政府，法律在授予其行政规划权的同时，其就获得了相应的区域规划权。此外，我国现行法律并没有授予跨区域政府间的联合行政规划权，即跨行政区域的政府联合体不享有区域规划权。在我国，区域规划是在区域一体化进程不断发展的过程中应运而生的，是一种实践先于法律的产物。国家

权力行使配置状况变化的总趋势是中心从全国性政府到区域性政府，再到自治组织和社会成员，逐步下移。区域性地方政府分权、自治，国家权力行使从中心不断自上而下降低才是基本趋势。[1]在区域一体化和国家权力的发展趋势的共同作用下，我国不仅逐渐增强了区域规划权的实践合理性而且在陆续出台的行政法规、规章等规范性法律文件中也提升了其存在的合法性。

表 4-2　法规、规章确立的行政规划权

编制主体	批准主体	法规、规章依据	效力级别
国务院发展改革部门、国务院有关部门、区域内省（自治区、直辖市）人民政府	国务院	《国家发展改革委关于印发〈国家级区域规划管理暂行办法〉的通知》第9条：国家级区域规划由国务院发展改革部门会同国务院有关部门和区域内省（自治区、直辖市）人民政府组织编制。 第17条：国家级区域规划由国务院发展改革部门报请国务院批准后印发实施。	部门规范性文件
湖南省长株潭城市群资源节约型和环境友好型社会建设改革试验区领导协调机构	湖南省人民政府	《湖南省长株潭城市群区域规划条例》第5条：省人民政府统一领导长株潭城市群区域规划的编制、实施和监督管理工作。省长株潭城市群资源节约型和环境友好型社会建设改革试验区领导协调机构（以下简称两型社会建设试验区领导协调机构）负责组织、协调长株潭城市群区域规划的编制、实施和监督管理工作。	省级地方性法规

[1] 童之伟：《法权与宪政》，山东人民出版社 2001 年版，第 327 页。

续表

编制主体	批准主体	法规、规章依据	效力级别
市、县、自治县人民政府；市、县、自治县人民政府城乡规划行政主管部门	省人民政府、省城乡规划行政主管部门、市、县、自治县人民政府	《海南省人民代表大会常务委员会关于加强重点景区、沿海重点区域规划管理的决定》(已失效) 第4条：重点景区、沿海重点区域规划的编制和审批，按照下列规定执行： (一) 重点景区、沿海重点区域的总体规划由市、县、自治县人民政府组织编制。跨市、县、自治县行政区域的重点景区、沿海重点区域的总体规划由省城乡规划行政主管部门会同有关市、县、自治县人民政府组织编制。 (二) 重点景区、沿海重点区域的总体规划由省城乡规划行政主管部门会同有关部门和市、县、自治县人民政府组织专家评审，报省人民政府审批。法律、行政法规另有规定的，依照其规定办理。 (三) 重点景区、沿海重点区域的控制性详细规划由市、县、自治县人民政府城乡规划行政主管部门在总体规划的基础上组织编制，经市、县、自治县人民政府审查同意后，报省城乡规划行政主管部门审批。 (四) 重点景区、沿海重点区域的修建性详细规划，由市、县、自治县人民政府城乡规划	省级地方性法规

续表

编制主体	批准主体	法规、规章依据	效力级别
		行政主管部门根据控制性详细规划的实施需要组织编制，其中省级重点工程、省人民政府指定的其他大型工程和标志性建筑等建设项目修建性详细规划，经市、县、自治县人民政府审查同意后，报省城乡规划行政主管部门审批；其他建设项目修建性详细规划，报市、县、自治县人民政府审批。……	
市、区人民政府确定的责任单位；市、区发展改革部门	市、区人民政府	《武汉市国民经济和社会发展专项规划与区域规划管理办法》第 11 条第 2 款：区域规划由市、区人民政府确定的责任单位，依据总体规划和相关法律、法规组织编制。 第 19 条：规划编制单位应当将专项规划、区域规划草案报同级发展改革部门审查。…… 第 21 条：专项规划、区域规划草案由发展改革部门报送同级人民政府审批。……	地方政府规章
余慈区域规划协调监督机构	宁波市人民政府	《宁波市余慈区域规划管理办法》（已失效）第 11 条：余慈区域规划由市人民政府委托市余慈区域规划协调监督机构按照市域城镇体系规划组织编制。……	地方政府规章

二、区域规划制定主体现状

区域行政规划本质上是一种跨行政区划的行政规划，是跨区域行政主体对一定范围内的区域公共事务进行事先规划的行为。那么，何为跨区域行政主体呢？跨区域行政主体同传统意义的行政主体有何不同？我国区域规划的制定主体现状如何？

区域规划是区域经济一体化发展到一定阶段的产物，是市场经济条件下政府进行宏观调控的一种方式。区域规划相对于传统意义上的行政规划来说具有一个显著的特点：区域性。区域规划的范围不再仅仅局限于单个的行政区划，其强调跨行政区划的规划管理。区域规划更强调政府与政府、行政主体与行政主体之间的关系，是一种新型的行政规划类型。区域规划"区域性"这一特点使构建和完善与其相应的主体制度成为必要。我国当前实践中存在着各种层次的区域规划：有跨省的、有省内跨地级市的、有既跨省又跨地市城市的。这些规划中既存在着共同上级机关统一编制的区域规划也存在着各地区行政主体之间平等协商、共同编制的区域规划。梳理分析这些区域规划，我们不难发现，区域规划中主体之间的相互关系相对于传统意义上的行政规划来说更为复杂，不仅涉及本行政区划内行政主体之间关系的处理，还牵涉到不同行政区划的行政主体之间的沟通与协作关系。不仅产生于有隶属关系的行政区划的行政主体之间，也发生于无隶属关系的行政区划的行政主体之间。上下级行政主体之间不仅存在单纯的强制与服从关系，在区域治理过程中还会形成一种服务导向的共同治理关系。总而言之，区域规划不以固有的行政区划为界，超越了固有的行政管辖，也超越了行政主体与行政相对人之间固有的传统关系，强调跨区域政府之间的协商与协作，体现了政府规划权在行政主体之间的运作关系。[1]区域规划在行政区划上的跨越使规划制定主体趋于多样化，令区域规划制定主体更为错综复杂。

在对我国区域规划制定主体的现状进行分析之前，我国应当首先明确区域规划制定主体不同于区域规划编制主体。区域规划的制定需经历一个过程，“信息数据收集—规划起草编制—审查批准—公布”等。编制只是这个过程中的一个环节，编制的成果并不具有法律意义，只有经过审查批准的编制草案才能被称为正式的区域规划，才具有法律意义。从我国实践来看，我国区域规划的编制主体主要包括以下几种：区域共同上级政府或政府部门组织编制、区域地方政府联合编制、区域地方政府的职能部门联合编制、专门编制机构。区域规划制定主体是行政主体，应当具备行政主体的特征。行政主体是指享有行政权力，能以自己的名义行使行政权，作出影响行政相对人权利义务的行政行为，并能独立承担由此产生的相应法律责任的社会组织。行政主体具有下列三个特征：第一，行政主体是享有国家行政权力，实施行政活动的组织。第二，行政主体是能以自己的名义行使行政权的组织。这是行政主体与行政机关内部的组成机构和受行政机关委托执行某些行政管理任务的组织的区别。第三，行政主体是能够独立对外承担其行为所产生的法律责任的组织。[2]这是一个组织成为行政主体的必备条件。因此，区域规划制定主体不仅应当具备区域规划制定权，并承担由此而产生的法律后果，还应当能够以自己的名义发布区域规划，只有同时具备实质条件和形式条件的主体才构成区域规划制定主体，区别于区域规划编制主体。此外，应当注意以印发性通

[1] 李煜兴：《区域行政规划研究》，法律出版社 2009 年版，第 52 页。

[2] 元照法律研究室编：《行政法与行政诉讼法——分类式教学法规》，法律出版社 2014 年版，第 36 页。

知发布的区域规划和以转发或批转性通知发布的区域规划制定主体的鉴别。前者以下发通知的机关为规划制定主体，后者以被批转和转发规划的机关为制定主体。下面，本书将以《京津冀协同发展规划纲要》为例，说明区域规划制定主体与区域规划编制主体的差别。2015 年 3 月 23 日，中央财经领导小组第九次会议审议研究了《京津冀协同发展规划纲要》。2015 年 4 月 30 日，中共中央政治局审议通过《京津冀协同发展规划纲要》。该纲要指出，推动京津冀协同发展是一个重大国家战略，核心是有序疏解北京非首都功能，要在京津冀交通一体化、生态环境保护、产业升级转移等重点领域率先取得突破。

中央财经领导小组是中共中央政治局领导经济工作的议事协调机构，是中国经济的核心领导和决策部门，其成员由分管经济工作的中共中央政治局成员、国务院领导成员和部分综合经济管理机构的领导成员组成。《京津冀协同发展规划纲要》由京津冀协同发展领导小组组织编写。2014 年 8 月 2 日，国土资源部副部长胡存智在“2014 崇礼——中国城市发展国际论坛”上证实，国务院已成立京津冀协同发展领导小组以及相应办公室。该领导小组下的办公人员由北京市、天津市和河北省的发改委副主任，以及交通部、环保部、民航总局等相关部门人员组成。因此，《京津冀协同发展规划纲要》的编制主体为京津冀协同发展领导小组、中央财经领导小组，《京津冀协同发展规划纲要》的制定主体为中共中央政治局。

区域规划制定主体受到区域规划的地域范围、区域规划内容等因素的影响。从我国实践来看，以规划涵盖的地域范围为标准，区域规划大体可以分为跨省的区域规划和省际范围内的区域行政规划,[1]二者在区域规划的制定主体、制定权限等方面存在差异;以规划的内容为标准,区域规划主要包括综合性的规划[2]和专项性的规划。[3]从总体上看,鉴于综合性区域规划的复杂综合性,其一般由跨区域政府或其统一上级政府制定,而专项性区域规划一般由涉及的专门事项的主管机关负责制定。从我国当前的实践看,区域规划制定主体同区域规划的类型紧密相关。当前,我国区域规划的制定主体可以被归纳为两类:一是纵向统一式区域规划制定主体,即以跨区域行政主体的共同上级机关为区域规划的制定主体。纵向统一式的区域规划制定主体并不排除区域行政主体的参与,如《京津冀协同发展规划纲要》虽是由中共中央政治局制定的,但其是由京津冀协同发展领导小组组织编写,而该领导小组下的办公人员由北京市、天津市和河北省的发改委副主任,以及交通部、环保部、民航总局等相关部门人员组成。换言之,此区域规划涉及的区域行政主体参与了规划的编制。二是横向联合式区域规划制定主体,即由跨区域所涉及的区域行政主体平等协商、共同制定。横向联合式区域规划制定主体具有参与联合性、主体间平等性、过程的协商性等不同于纵向统一式规划制定主体的特点。在遵循时效性、典型性的原则下,笔者选取了近年来比较典型的区域规划并对其制定主体和编制主体进行了梳理。

---

〔1〕 目前主要表现为跨地市一级的区域规划。

〔2〕 如《京津冀协同发展规划纲要》《京津冀都市圈区域发展规划》《长江三角洲区域规划》。

〔3〕 如《"十一五"京津冀区域科技发展规划》《长江三角洲地区城际轨道交通网规划》。

表 4-3　区域规划制定主体

编制主体	制定主体	规划名称
江西、湖北、湖南省人民政府，发展改革委员会	国务院	《长江中游城市群发展规划》
湖北省相关部门、武汉城市圈各市人民政府	湖北省人民政府	《武汉城市圈资源节约型和环境友好型社会建设综合配套改革试验促进条例》
京津冀协同发展领导小组	中共中央政治局	《京津冀协同发展规划纲要》
上海市、江苏省、浙江省人民政府	国务院	《长江三角洲地区区域规划》
湖南省发展和改革委员会	湖南省人民政府	《长株潭城市群区域规划》
江苏、浙江、上海科技部门	江苏、浙江、上海人民政府	《长江三角洲“十一五”区域创新体系规划》
泛珠三角区域九省区交通部门	泛珠三角区域九省区人民政府	《泛珠三角区域综合交通运输体系合作专项规划纲要》
西安市发展改革委、咸阳市发展改革委	西安市人民政府、咸阳市人民政府	《西安-咸阳实施经济一体化战略规划纲要》

第二节　区域规划制定主体存在的问题

区域性是区域规划相对于传统行政规划的一个显著特点，区域规划的范围不再仅仅局限于单个的行政区划范围内，强调跨行政区划的规划管理，这也对传统的行政主体制度提出了挑战。以区域行政规划编制形成途径为标准，区域行政规划可以被划分纵向统一式区域规划和横向联合式区域规划。纵向统一式区域规划在制定和实施的过程中涉及中央与地方、上级政府与下级政府之间的协调关系，横向联合式区域规划涉及区域政府之间平等协商、联合制定的协作关系。本就复杂的区域规划制定主体制度，加上相应法律制度的缺失、规划理念的偏差等因素导致我国区域规划面临着制定难、实施更难的困境。在市场经济条件下，区域规划更应该关注发展的均衡与控制而非发展本身，应该强调基础设施和公共服务的平衡和协调，以及通过何种路径去达到经济、社会、环境协调发展的目标，而不是产业布局的直接配置和分工——解决生产力空间布局的应该是市场而不是行政。然而，我国区域规划制定主体却在“发展”的道路上越走越远。[1]总而言之，我国的区域规划在实践先行于理论与立法的现实背景下，面临着诸多困境。

一、实例中的蕴意——长江三角洲区域规划制定主体实例分析

长江三角洲区域规划是我国有史以来第一个由国家批准、跨行政区编制的区域性规划，也是国家首次用“区域规划”的形式来调整经济格局。凭借着优越的地理位置和国家的政策支持，长江三角洲实现了经济的快速增长和社会的持续稳定发展。但在看到成绩的同时我们也不能忽视问题的存在，当前长江三角洲地区的区域发展也遇到了壁垒与障碍。正所谓一叶知秋，笔者将以长江三角洲地区的区域发展为例，引出我国区域规划制定主体制度面临的困境。

---

〔1〕 蔡国兆等：“‘长三角尴尬’犹存‘制度悖论’亟待解决”，载《经济参考报》2007年第2期。

（一）区域发展现状

长江三角洲地区是我国实施区域规划最具典型性和代表性的地区之一。从区域实效来看，长江三角洲地区的区域发展在取得成就的同时也存在着极大的隐患。一方面，区域规划取得了一定的成绩，两省一市的经济联系更加紧密，区域经济呈现繁荣景象。另一方面，区域发展也正面临着极大的挑战。近年来，长三角区域内"港口之争""机场之争""招商之争"等屡屡上演，区域内部产业同构化、城市同质化程度较高，区域城市间重复建设、恶性竞争、资源浪费等现象比较普遍。[1]由于缺乏有效的协调机制以及建立在法律基础上的明确分工，区域政府之间的矛盾与冲突不断升级，这严重地阻碍了区域的进一步发展。长江三角洲地区区域发展之所以进入瓶颈期，在很大程度上是由区域规划主体制度的不完善导致的。区域地方政府行为异化，各地政府的行为以自身利益最大化为出发点，使所制定的区域规划形同虚设。

（二）区域规划主体制度

有关长江三角洲地区的区域规划都是以行政规范性文件的形式制定的，包括中央总体部署和地方具体落实两大部分规划。具体来说包括：国家发展改革委发布的《国家发展改革委关于印发长江三角洲地区区域规划的通知》、宁波市人民政府发布的《宁波市贯彻落实长江三角洲地区区域规划实施方案》、绍兴市人民政府发布的《绍兴市贯彻落实长江三角洲地区区域规划实施方案》、上海市人民政府发布的《上海市贯彻落实长江三角洲地区区域规划实施方案》、湖州市人民政府发布的《湖州市贯彻国务院〈关于进一步推进长江三角洲地区改革开放和经济社会

〔1〕陈建军："长江三角洲地区的产业同构及产业定位"，载《中国工业经济》2004年第2期。

发展指导意见及长江三角洲地区区域规划〉工作方案》、浙江省人民政府发布的《浙江省贯彻落实长江三角洲地区区域规划实施方案》。[1]

以上文件反映出长江三角洲区域规划制定主体制度存在以下不足之处：第一，规范权依据效力过低。主体制度都是建立在行政规范性文件的基础上，相对于法律法规来而言缺乏权威性和稳定性。由于缺乏法律的强制力和约束力的制约，区域政府主体自由裁量权的幅度也更大，政府越权的情况也时常发生。第二，规划权范围过宽。从相关资料来看，长江三角洲区域规划既包括竞争性产业也包括非竞争性产业，其范围几乎包括我国产业分类的各个方面。区域规划实质上是市场经济条件下政府进行宏观调控的一种方式，其制定与实施都应当遵循市场规律。违背这一基础性力量不仅不能推动区域发展反而会阻碍区域一体化进程。从当前的现状来看，政府的有形之手在大部分领域都取代了市场的无形之手，政府对经济的调整已不再仅仅限于市场失灵的领域。同时，政府介入的程度与强度极大，在一定程度上抑制了区域的正常发展。第三，职责权限规定不明确，缺乏可操作性。虽然除宁波市外，其他几个省、市都对规划的组织实施单位进行了规定，但是其规定过于宏观笼统，可操作性小。例如，绍兴市对区域规划主体职责权限的划分，或只是规定由市政府承担相应职责，或是笼统地规定由多个部门组织实施，对于其各自分工权限等避而不谈。这必然会引发规划主体之间的矛盾，降低行政效率。第四，只规定本行政区域内的规划主体，不涉及同其他地区主体关系处理方面的规则。

---

〔1〕这里的规范性文件只包括长江三角洲地区综合的区域发展规划，不包括后来的长三角区域在城市功能定位、产业布局、港口建设、旅游、环境保护、科技等领域制定并实施的相应的区域规划。

区域规划的一个显著特点就是规划跨行政区域，这就要求区域范围内的不同行政地区之间要相互协作、合理分工。这就需要制定一些相应的规则来规范同其他地区主体的交流合作关系。相应规则的缺失也从一个侧面反映了区域政府对区域合作的忽视，这在一定程度上会将区域规划禁锢在各自的行政区划内，使区域规划陷入有名无实的困境。如果各地区仍然是在自己的区划范围内规划建设，那么区域规划就会被束之高阁、形同虚设。

二、区域规划制定主体存在的问题

（一）规划制定权合法性基础缺失

行政主体依法行政是行政法治原则的基本要求。行政法中的法律保留原则的基本要求是行政行为只能在法律规定的情况下作出，法律没有规定的就不得作出，行政主体必须按照法律的规范作出相应的行政行为。换言之，行政法“法无明文规定即禁止”规则要求区域规划制定主体行使规划制定权必须要有法律的明确授权，即制定主体的规划权要有宪法、组织法或单行法的概括性授权。然而，我国现行区域规划制定权的法律基础是较为薄弱的，区域规划缺乏坚实的法律基础，一些领域甚至出现了法律空白。如上文所述，当前我国无论是总体规划授权还是特定领域规划的授权，行政规划权的授予都主要是以行政区划为范围的，即相关规划主体对其行政地域管辖范围内有关事项行使规划权，只有《环境保护法》和《水法》中提及了跨区域规划权问题。纵向统一式规划制定主体与横向联合式规划制定主体是我国当前最主要的两类区域规划制定主体。虽然从域外经验看，中央政府或区域共同上级政府对跨区域实施的行政规划仍然需要法律的明确专门授权，但是笔者认为，结合我国整个法律体系以及国体等因素考察，我国纵向统一式规划制定主体虽未得到明确专项授权，但具有合法性。即从《宪法》《地方人民代表大会和地方人民政府组织法》以及《环境保护法》等涉及行政规划权的一些单行立法看，纵向统一式规划制定主体具备合法性。我国是典型的单一制国家，中央政府与地方政府、上级政府与下级政府之间是命令与服从、领导与被领导的关系。一方面，对于区域共同上级政府来说，所谓的跨区域对其而言不构成“跨区域”，整个区域都属于其行政区划范围。另一方面，《宪法》和《地方各级人民代表大会和各级人民政府组织法》授予了上级机关对下级机关的“领导与管理权”。总而言之，区域共同上级政府对其管辖区域的跨下级行政区域的公共事务具有管辖权，这里的管辖权包括行政规划权。然而，从实定法的角度出发，很难找到横向联合式规划制定主体的合法性依据，其合法性与合宪性面临着极大的挑战。我国中央与地方关系的基本原则是中央的统一领导，上下级之间是领导与被领导，命令与服从的关系。地方行政机关只能在本行政区域内行使职权，跨区域的事务不属于其职权范围。[1]总而言之，我国区域规划制定主体的规划制定权法律基础不够坚实，缺乏必要的法制支撑。

（二）规划制定权相互交叉和冲突

实践中区域规划制定主体复杂多元：区域共同上级政府统一制定、区域地方政府联合制定等等。然而，我国缺乏一套完整、严谨的区域规划法律体系，法制基础的薄弱导致规划制定主体间缺乏明确的职权分工，加剧了不同规划制定主体对制定权的争夺，致使我国区域规划层次模糊、矛盾频发。第一，不同空间尺度区域规划间的“隐形”冲突。我国《宪法》第 3 条

---

〔1〕 叶必丰：《行政法与行政诉讼法》，高等教育出版社 2007 年版，第 154 页。

第4款规定："中央和地方的国家机构职权的划分，遵循在中央的统一领导下，充分发挥地方的主动性、积极性的原则。"地方自主性在区域发展中发挥了不容忽视的作用，但不可否认的是地方自主性在一定程度上也助长了日益膨胀的区域地方政府的"离心化"行为。区域地方政府为了规避上一级规划中不利于自身的决策，往往使出浑身解数突破不利于自身的区域规划，例如，通过制定各自辖区的区域规划实现"无声的抵抗"。这种"无声的抵抗"逐渐积聚，最终形成"诸侯规划"的局面，从而致使区域规划整体的无序，大大削弱区域规划的实施效果。此外，我国央地事权无论在质上还是在量上都模糊不清，这进一步造成了我国区域规划制定主体的混乱现象。对于跨区域行政规划，哪些应当由区域共同上级政府制定，哪些应当由区域政府联合制定，缺乏一个法律上的参照。第二，不同类型的区域规划间的冲突。法制基础的缺失以及协调机制的缺位导致区域内部的不同部门编制的区域规划之间也存在冲突，例如，对同一空间作出相互冲突的不同安排。总而言之，我国当前区域规划主体制度复杂，规划权相互交叉和冲突，各自权属不清、权力配置失衡，体系上缺乏有效衔接。规划制定权的冲突与交叉致使区域规划制定主体间相互争夺区域行政规划空间，尽管名目不一，各有侧重，但是其内容大同小异，导致大量工作重复，资源浪费，各搞各的，互不协调，甚至互不认账，严重影响规划的科学性、实用性和权威性。[1]

（三）规划主体缺乏多元性

公众参与是程序正当原则的一项基本要求。相对于行政机关所实施的其他行政行为而言，区域规划对公众利益的影响更

〔1〕 胡序威："中国区域规划的演变与展望"，载《城市规划》2006年第11期。

大、其有效实施更需要社会公众的配合。国外有些国家已经开始将部分区域规划移交给社会，这一方面体现了国家行政向社会行政的转变，另一方面也揭示了区域规划领域公众参与的重要性。然而，从我国实践来看，无论是横向联合区域规划制定主体还是纵向统一区域规划制定主体，其区域规划的制定都缺乏公众的参与，都是行政主导的成果。换言之，我国区域规划被国家和地方政府“垄断”，缺乏多元主体的参与。这里的多元主体抑或公众参与不仅包括一般公众的参与还包括专家学者的参与。区域规划涉及对社会重大利益的调整，其对公众利益的影响重大，相关公众理应享有知情权、参与权、监督权等权利。[1]同时，区域规划的有效实施也依赖于社会公众的配合，而对规划的认同无疑是公众配合的前提，使公众参与到规划制定中能够极大地提升其认同感、保障规划的顺利实施。然而，在我国实践中，区域规划往往是由政府主导的，缺乏系统、完善的公众参与制度。一方面，专家学者虽能在一定程度上参与区域规划的制定，但其往往受到行政官员的“压制”，中立性与独立性无法得到保证，这极大地影响了规划的科学性。另一方面，一般公众参与规则往往由政府单方面决定，公众参与权的实现依赖于政府。这种缺乏组织性系统性的参与不仅不能真正地反映公众利益，而且也难以实现其限制行政权的目的，导致区域规划民主性与公正性不足。

（四）规划权介入范围过宽、程度过强，对规划权的监督薄弱

在缺乏法制基础的背景下，我国区域规划制定主体的制定权范围和强度也处于无序状态。从制定权的范围看，我国区域规划涉及的领域几乎涵盖了我国产业分布的各个方面：从竞争

---

〔1〕 杨丙红、刘新跃：“我国区域规划的法律问题研究”，载《学术界》2011年第7期。

性产业到非竞争性产业，从经济性产业部门到公共服务部门。从制定权的强度、介入程度看，区域规划在区域发展的各个领域仍然力量强大。区域规划既是为了调节“市场失灵”，也是为了制约区域政府自身行为。从一般经济学理论出发，区域规划应当仅适用于市场失灵的领域，但在我国，政府将所有领域掌控在其有形之手中，挤压了市场机制的运作空间。违背市场规律的区域规划不仅不能推动区域发展，而且会阻碍区域一体化的进程。虽然基于我国具体国情的考虑，上述范围限制对于我国来说可能过于狭窄。然而，当前实践中区域规划介入领域的范围、程度等几乎将市场挤压为零，这显然也是不适合我国国情的。此外，我国缺乏对区域规划制定权的监督制约机制。我国现行区域规划体系中存在大量的非法定规划，这些区域规划游离于法律之外，不具有法律上的强制力和约束力。在性质上只是区域规划制定主体的行动指南和政策纲领而非法律，缺乏对规划权行使的有效制约。缺乏有效监督制约导致了规划制定主体的行政行为发生了异化，上文提到的长江三角洲地区发生的规划主体的越位与缺位行为正是其例证。

（五）制定主体间协商合作机制不健全

我国区域规划主体之间缺乏有效的合作协商制度，这在很大程度上加剧了区域规划制定主体间的矛盾。从纵向统一规划制定主体看，区域共同上级政府与区域政府间缺乏有效的协作机制。第一，共同上级政府在制定区域规划时往往以自身意志和利益偏向为导向，包含浓重的部门色彩，集中解决本部门或本系统问题。第二，在上下级规划主体的关系上，下级政府囿于传统的命令服从关系，对于上级机关所进行的协调惯性地服从，而忽视参与协调。这使得协调机制名存实亡，从而成了政府命令的外衣。从横向联合规划制定主体看，区域政府间的矛盾预防和处理机制不健全。实践中区域规划主体之间也存在着行政协议、协调会议等制度，但并没有发挥其应有的作用。法定纠纷解决机制的缺失使得政府间协议会在没有约定纠纷解决方法时陷入僵局。规划主体之间的协调会议具有随意性、抽象性、规避性等特点。随意性是指协调会议的召开时间、程序等没有固定、统一的规定，无法使已产生的矛盾得到及时、有效的处理。规避性是横向联合的区域规划制定主体在制定区域规划的过程中往往避实就虚，对于亟须解决的重点问题视而不见，对于涉及自身利益的问题避而不谈，不愿作出让步。这实质上导致区域规划成了一种徒有其表的空壳。抽象性是指规划过于原则、抽象，在解决具体问题时区域行政规划不具有可操作性

（六）制定主体间利益补偿制度不完善

区域规划的优势在协调，而协调的关键在利益。区域规划的重点之一就是实现不同区域间利益的分配、协调与补偿。区域规划是政府为了弥补市场机制的不足而采取的一种宏观调控手段，它必然涉及对社会经济多方面秩序的调整，这种调整势必会引起部分区域主体利益受损或受益的情形发生。如果缺乏利益补偿机制，那么区域主体之间利益的纠葛将很难化解，从而会加剧规划主体之间的矛盾，使区域规划难以得到有效实施。从实定法来看，我国既不存在上级政府对下级政府利益补偿的相关法律依据，也不存在同级政府之间利益补偿的规定。从实践情况来看，我国目前中央和地方财权、事权分工不清导致区域规划中利益补偿责任主体、补偿标准和方式等都不明确，造成了利益补偿机制的缺失。在我国的区域规划中，只有极少数的区域规划对利益补偿作出明确规定，大多都缺乏必要的利益刺激机制和利益分摊与承兑机制。利益协调机制的缺失严重地阻碍了区域的协调发展、区域规划的有效实施。

三、区域规划制定主体问题的博弈分析

作为20世纪最重要的社会科学成果之一，博弈论深刻地影响着人们对人类社会运行模式和制度建构的思考。博弈论在对理性个体于一定制度环境中的行为模式以及行为结果研究的基础上，对现行的制度设计进行了优化与完善。社会是由理性的个体组成的社群，理性人以自身的价值判断为依据不断地调整着自身的行为，而其价值判断往往是建立在成本-收益分析的基础上。理性个体在每次行为时都会考虑到成本和收益，而个体的成本-收益不仅与其他个体的行为选择紧密相关，同时也与社会制度规则紧密相连。理性个体在经过了对其他主体的行为、制度规则考虑后所采取的行动，实质上已经是一种博弈的结果。也许我们并未意识到社会中大多数行为都是经过了内心博弈后的选择，但无可否认的是我们确实存在这样的行为。区域规划的制定过程实质上也是区域规划制定主体间博弈的过程，参与各方主体以自身的机制判断为依据调整、改变着自身的行为策略。借助博弈论，通过构建合理的博弈模型能够在很大程度上帮助我们对区域规划制定主体的行为模式进行准确的预测。法律与制度从规范层面上可以被看作是一种机制设计，是一种典型的通过分散决策实现社会最优的间接控制模式。在对区域规划制定主体行为偏好组合研究的基础上，通过对现有法律体系以及制度规范的调整来影响区域规划制定主体的行为方式，进而实现合理的社会目标。

如上文所述，当前我国区域规划的制定主体可以归纳为两类：一是纵向统一式区域规划制定主体，即以跨区域行政主体的共同上级机关为区域规划的制定主体。二是横向联合式区域规划制定主体，即由跨区域所涉及的区域行政主体平等协商、

共同制定。博弈模式的合理性直接决定着分析结果的可靠性。鉴于我国当前区域规划制定主体的特点以及博弈论相关原理，笔者将以实践中问题较为严重的横向联合式区域规划制定主体为分析对象构建博弈模型，揭示其面临的现实困境的根源。

为何横向区域规划制定主体无法通过区域规划建立起有效的协作机制？为何区域地方政府在区域一体化中无法实现有效的协作？其内在根源是什么？本书将于下文中运用博弈论相关理论构建一个横向区域规划制定主体博弈的模型，并通过对模型的分析来揭示横向区域规划制定主体无法走出“不协作”怪圈的内在机理。

（一）博弈模型构建

1. 博弈要素

博弈是一些个人、队组或其他组织，面对一定的环境条件，在一定的规则下，同时或先后、一次或多次，从各自允许选择的行为或策略中进行选择并加以实施，各自取得相应结果的过程。一个博弈需要设定以下四方面内容：第一，博弈的参加者。即所定义的博弈中的独立决策、独立承担结果的个人或组织。第二，各博弈方各自可选择的全部策略或行为的集合。即规定每个博弈方在进行决策时，可以选择的方法、做法或经济活动的水平、量值等。第三，进行博弈的次序。博弈方的行为、选择的先后次序或者重复次数等。第四，博弈方的得益。博弈方行为、策略选择的相应后果、结果，一般是数量或者能够折算成数量。[1]

2. 模型构建

（1）参加者：区域地方政府 A、区域地方政府 B。这里需

〔1〕谢识予编著：《经济博弈论》，复旦大学出版社 2014 年版，第 7 页。

要对模型中的A、B进行两个假设：A、B都以自身利益最大化为目标，A、B的策略选择不考虑中央政府的影响。

（2）策略空间：A、B的策略空间都为协作、不协作。

（3）博弈次序：A、B同时选择。

（4）得益：A、B都选择协作则双方各得益为8；A选择协作，B选择不协作，则A会因B不协作的负外部性影响而受损、B则会因此获得更大的利益，此时A、B得益为-11、11；同理，A选择不协作，B选择协作时A、B得益为11、-11；A、B都选择不协作时，会产生产业重构、恶性竞争等问题，双方得益都会减少，此时A、B的得益为：-8、-8。

表4-4 区域地方政府间的博弈矩阵

		区域地方政府B	
		协作	不协作
区域地方政府A	协作	8、8	-11、11
	不协作	11、-11	-8、-8

（二）模型分析

不难看出，区域地方政府间的博弈是一个典型的“囚徒困境”，该博弈存在唯一的纳什均衡（不协作、不协作）。在这个博弈中，两博弈方各自的利益不仅取决于他们自己的策略选择，而且也取决于对方的策略选择。因此，每个博弈方在选择自己的策略时都不会忽视对方选择对自己得益的影响，他必须在考虑到另一方有两种可能的选择，而且不同的选择对自己的利益影响不同的情况下，作出自己的最佳策略选择。对于区域地方政府A（以下简称“A”）来说，区域地方政府B（以下简称“B”）有两种可能的选择：协作与不协作。B选择协作时，根据个体理性的原则，A会选择不协作（8<11）。B选择不协作

时，A 仍然会选择不协作（-11<-8）。所以，不协作是 A 的一个上策，无论 B 选择何种策略，A 选择不协作都会使自身得益最大化。同理，B 的上策也是不协作。该博弈的最终结果是双方同时选择不协作，得益为-8、-8。

该博弈是对传统经济学的颠覆性革命，其动摇了传统经济学的基石。亚当·斯密认为：通过追求个人的自身利益，常常会比实际上想做的那样更有效地促进社会利益。但该博弈引出了“看不见的手”的原理的一个悖论：从利己目的出发，结果损人不利己。该博弈揭示了个体理性与团体理性之间的矛盾——从个体利益出发的行为往往不能实现团体的最大利益，同时也揭示了个体理性本身的内在矛盾——从个体理性出发的行为最终也不一定能真正实现个体的最大利益，甚至会得到相当差的结果。

通过以上分析，我们不难窥测出区域地方政府协作机制缺失，区域一体化进程缓慢的内在机理。在区域一体化发展过程中，区域地方政府从各自的最大化利益出发选择行为策略，其结果是既没有实现区域总体的最大利益，也没有真正实现自身的个体最大利益，从而阻碍了区域发展。区域地方政府在区域发展过程中常常面临地方利益和区域全局利益的冲突，如何使区域地方政府“牺牲”小我、“顾全”大局是区域协调发展的关键。

第三节　区域规划制定主体的完善路径

区域规划在推进区域一体化的进程中发挥着举足轻重的作用，而区域规划功能的有效发挥在很大程度上取决于区域规划制定主体。换言之，区域规划制定主体制度是否完善直接决定着区域规划的有效性。我国区域规划制定主体大体分为纵向统一的制定主体和横向联合的制定主体。正如前文所述，当前无论是纵向统一规划制定主体还是横向联合规划制定主体都存在诸多弊病，这大大降低了我国区域规划的质量和区域一体化的发展。同时，相较于纵向统一的区域规划制定主体，横向联合的区域规划制定主体存在的问题更为严重也具有诸多特性。因此，本书将对我国区域规划制定主体的完善路径从两个层面进行架构：一是从博弈论的视角出发引出区域规划制定主体走出困境的策略；二是在前者的基础上对于博弈模型无法解决的问题提出一些补充策略。这两条路径不是平行、互不交叉的，而是相辅相成的，共同构成了一个完整的完善机制体系，只是根据特定情况具体选用最合适的方案。从我国区域发展实践来看，横向联合的区域规划制定主体在个体理性的驱使下，盲目地追求自身利益最大化，无视其行为的负外部性，忽视相互间的协调与合作，制约了区域整体效益的实现。从博弈论视角看，区域发展进入瓶颈期的根源在于横向联合区域规划制定主体个体理性与群体理性失衡导致的“囚徒困境”，而走出“囚徒困境”存在两条途径——合作博弈与非合作博弈。区域规划主体间协作机制不仅应有力地促进主体间合作，还需能够在主体间无法达成有约束力的合作协议时，通过主体间理性行为的相互作用达成协作的目的。因此，横向联合区域规划制定主体间协作机制应当以合作方法与非合作方法为主线进行架构，其既应当包含行政协议等合作博弈方法还应包括基于非合作博弈的信用制度等方法。

一、区域规划制定主体的完善路径——以博弈论为视角

（一）博弈分析

摆脱“囚徒困境”，实现区域规划制定主体间的有效协作是促进区域一体化、实现区域协调发展的当务之急。本书于上文

中构建的博弈模型属于非合作博弈的范畴，其更关心的是策略，研究的是参与人在博弈中如何做出决策，强调的是个体理性、个体决策最优，其结果可能是无效率的，也可能是有效率的，即符合集体理性的。从博弈论视角看，走出“囚徒困境”，实现博弈结果的效率存在两条途径：合作方法和非合作方法。

1. 非合作方法

（1）概述。无限次的重复博弈是能够实现合作结果的非合作方法之一。重复博弈是指基本博弈重复进行构成的博弈过程，依据是否有明确的重复次数和结束时间可以分为：有限次重复博弈、无限次重复博弈以及随机结束的重复博弈。[1]随机结束的重复博弈与无限次重复博弈很相似，甚至可以通过某种方式与无限次重复博弈统一起来。在无限次重复博弈中，参与人之间可以通过某种可置信威胁来约束彼此的行为从而达成合作。这里的可置信威胁不是指合作博弈中的有约束力的协议，而是指声誉、共谋等等。无限次重复博弈能够实现合作和提高均衡效率的关键是触发策略，是指博弈方之间先合作，如果在某一阶段对方不合作，则自己也用永远不合作来报复或者惩罚对方。

（2）无限次重复博弈分析。下面，本书将以上文中的博弈模型为例，来验证无限次重复博弈实现合作的可行性。

假设 A、B 同样采取“触发策略”，即：第一阶段采用协作，如果前一阶段的结果都是（协作、协作），则继续采用协作，一旦对方不协作，则永远选择不协作作为惩罚。由于博弈双方是对称的，不妨先分析 B 的策略选择。设 A、B 的贴现因子相同，均为（）。在触发策略下，针对 A 采取“协作”的策略：

*如果 B 采用“不协作”，总得益现值为：$U1 = 11$（-8）+

---

〔1〕董保民、王运通、郭桂霞编著：《合作博弈论——解与成本分摊》，中国市场出版社 2008 年版，第 167 页。

（-8）2…=11-8/（1-）

＊如果 B 采用“协作”，总得益现值为：$U2$=8+8+82+…=8/（1-）

＊B 选择“协作”的充要条件是：8/（1-）11-8/（1-）解此不等式，得 3/29，即当 3/29 时该触发策略为该博弈的纳什均衡策略，双方实现稳定协作。

（3）结论。运用非合作方法走出“囚徒困境”，需要两个基本要素：一是重复博弈的存在。[1]二是必须有大于某个正数值的贴现因子，亦即参与人有一定的耐心。[2]具体来说，要求参与人要对长远利益有足够的重视程度。[3]简而言之，当贴现因子满足一定条件时，通过无限次的重复博弈能够实现合作，提高均衡效率。

2. 合作方法

（1）概述。合作博弈和非合作博弈的侧重点不同，合作博弈强调的是集体理性，着眼于公平和效率；而非合作博弈强调的是个体理性，要求个体决策最优。合作的方法所获得的得益远远大于非合作的方法，能够实现效益最大化。合作博弈理论与非合作博弈理论的根本区别在于前者不考虑博弈方之间可以运用有约束力协议的情况，而后者则允许存在这种协议。如果没有一个有约束力的协议，那么除非合作行为本身是博弈方的最优选择，博弈方本身也没有偏离合作的冲动，否则就无法保证博弈方的合作。当允许利用一个有约束力的协议时，就有可能在博弈方存在偏离合作冲动的情况下实现合作，当然，必须

---

〔1〕 这里的重复博弈不必然是无限次重复，有限次重复博弈在一定条件下也可以实现目的。

〔2〕 张维迎：《博弈论与信息经济学》，格致出版社、上海三联书店、上海人民出版社 2012 年版，第 120 页。

〔3〕 重视程度由远期利益的贴现率反映。

先通过协调、协商等达成合作协议或形成默契。

（2）合作方法探析。合作博弈强调合作的稳定性：内部稳定性与外部稳定性。如何确保这种稳定性是合作博弈的一个永恒主题，合作博弈从三个方面来保证这种稳定性。第一，有约束效力的协议。如果协议没有强有力的约束力，那么其也就不具有可置信威胁，每个人都有背叛协议的动机。因此，一种有约束力的机制设计是确保合作稳定性的关键。第二，合理的利益分配与成本分担机制。稳定的合作需要联盟中的每个参与人都认为自己得到了公平的对待，否则联盟会破裂。这被称为内部稳定性。第三，持续高收益。这是指外部稳定性，即与不合作相比，合作可以为参与人带来较多收益，否则，会失去合作的动力。简而言之，合作博弈主要探讨合作团体在相互影响下的决策形成和利益分配，侧重于对如何获得双赢的研究，其本质上是关于利益分割的讨价还价。因此，为了实现非合作博弈向合作博弈的转化，我们应从以上三个方面来实现和保障合作的稳定性。

3. 合作方法与非合作方法的关系

博弈是一个“理念”，而合作与非合作方法是其两个“影子”。合作和非合作博弈只不过是对于博弈思想进行刻画的不同工具而已，不能截然分开。[1]合作博弈和非合作博弈并不是根据参与人对于合作的态度划分的，因此，并不是说只有合作博弈才研究合作，也不是说非合作博弈就无法解释人们之间的合作。恰恰相反，非合作博弈要回答的是当无法达成有约束力的合作协议时，参与人之间如何通过理性行为的相互作用达成合作的目的。合作博弈强调的是合作抑或说是一种妥协，这种“妥协”能够产生合作剩余，增进社会整体效益。合作博弈的关

---

〔1〕 董保民、王运通、郭桂霞编著：《合作博弈论——解与成本分摊》，中国市场出版社 2008 年版，第 6 页。

键就在于合作剩余：如何产生剩余以及如何分配剩余。合作剩余是“妥协”的条件，而对合作剩余的分配则是“妥协”的结果。非合作博弈的本质在于博弈方自身利益最大化的策略选择，因此，通过非合作博弈实现“共赢”的前提是使“合作”成为博弈各方的最优策略，任何一方单独背离“合作”都会损害自身利益。总而言之，虽然合作的方法通常能够带来高于非合作方法的收益，但是非合作方法经过优化也能够实现效率的提升。因此，非合作方法与合作方法在实现社会整体效益效率最大化中都扮演着不可替代的角色，两者是相辅相成、密不可分的，依据具体情况适时地采取合作方法和非合作方法是实现整体效益最优的基本准则。

（二）区域规划制定主体间协作机制构建

从西方发达国家的经验看，协调区域规划和发展，都离不开法律的建设和支持。〔1〕我国是一个人多地广的大国，区域发展面临更为严峻的考验。为了实现区域规划主体间的协作以及区域的协调有序发展，增加规划的透明性与科学性，就需要以科学权威的法律法规体系为支撑。鉴于我国区域规划主体间的协作困境，笔者认为，我国应当从两个层次构建协作机制、完善相关法律法规：协议合作与策略引导。这两个层次是相辅相成的有机整体，适用于不同情境。在落实区域规划、推进区域协调发展的进程中应当依据具体情况适时地综合运用不同的协作机制。当区域地方政府间能够通过有约束力的协议达成合作时，应当运用协议合作的相关机制调整其相互间关系，保障合作的实现；在区域规划制定主体间不存在协议合作的可能性时，则应运用策略引导的相关机制，即通过主体间理性行为的相互

〔1〕 陈宣庆、张可云：《统筹区域发展的战略问题与政策研究》，中国市场出版社 2007 年版，第 176 页。

作用来对其进行策略引导，进而实现协作。

1. 策略引导机制

策略引导是基于非合作博弈方法构建的机制，借助无限次重复博弈这一工具引导区域地方政府走出“囚徒困境”，此种机制主要适用于区域地方主体间无法通过有约束力协议进行合作的情形。策略引导机制的关键在于贴现因子。贴现因子体现为博弈方的耐心程度，具体而言是指对长远利益的重视程度。当博弈方完全没有耐心，对长远利益视而不见时，其贴现因子为0，此时无法通过无限次的重复博弈实现博弈各方的合作。因此，为了实现区域地方政府之间的协作，我们可以从两方面入手：一是提高区域地方政府对长远利益的重视程度；二是构建影响其长远利益实现的制度。

(1) 完善政绩考核体系、健全决策制定程序。区域地方政府对长远利益的忽视与官员的政绩考核标准是密切相关的。我国官员的政绩考核体系自20世纪80年代以来不断发展完善：经历了从纯政治指标到经济绩效指标再到综合性指标的过程。但官员政绩考核标准在实践运行中发生了严重的偏差，正是这种偏差挤压了长远利益的生存空间。当环境保护的指标测量不准确时，政府官员会把努力更多地配置在促进经济发展上。为了在有限的任期内做出更多看得见的政绩，官员往往更热衷于短期行为，更倾向于追求眼前利益。加之我国实行行政首长负责制的领导体制，这些因素相互作用导致了实践中区域地方政府重“显性政绩”考核，轻“隐性政绩”考核，盲目追求“立竿见影”的短期行为。[1]

为了改善区域地方政府重“显绩”，轻“隐绩”，盲目追求

---

〔1〕 庄国波：“领导干部政绩考核的‘四维度’分析”，载《中国行政管理》2004年第11期。

眼前利益，重视近期效果，忽视长远利益的现状，需要进一步完善和落实政绩考核标准、健全决策制定程序。第一，完善政绩考核标准。明确与细化综合性指标中所谓的“隐性”指标的考核标准，提升“隐性”指标的重要性。在对官员政绩进行考核时，重视决策对地区长远利益影响的考核。提升长远利益在政绩考核体系中的地位，能够使其转化为官员这个理性人自身的最优策略，从而得到贯彻落实。第二，健全决策制定程序，建立重大决策终身责任追究制。把公众参与、专家论证、风险评估、合法性审查、集体讨论决定确定为重大行政决策法定程序，确保决策制度科学性、可行性，能够最大限度地防止追求眼前利益、牺牲长远利益的决策的产生。严格追究因严重失误对地区长远利益造成严重损害的责任人的责任，不受其任期的限制。严格明确的责任制度有利于增强官员对长远利益追求的内在动力，使长远利益不仅是地区的最优策略，更是官员的一个严格占优策略。

（2）构建政府协作信用制度。以地方政府在区域博弈中的声誉与信用为纽带而建立起的“政府关系网”可以有效地约束博弈中的机会主义行为，提高博弈各方合作的可能性。当两个或多个博弈组成关联博弈时，在独立条件下所要求的苛刻激励约束条件会变得较为宽松。〔1〕实践中，一个区域地方政府不仅参与同另一个区域地方政府的一次博弈，还会参与同区域内其他地方政府的无限次的重复博弈。在这种社区博弈中，遵循社区规则和文化，〔2〕就会获得一定的声誉，从而为其带来一定规模的社会资本。这样，为了实现社区博弈中总体的最大利益，

〔1〕［日］青木昌彦：《比较制度分析》，周黎安译，上海远东出版社 2001 年版，第 86 页。

〔2〕即选择符合集体理性的策略。

区域地方政府有动力通过协作在博弈中建立自己的声誉。例如，在上文的博弈中，A、B 两个区域地方政府同时参与同其他的区域地方政府的另一个博弈：如果选择协作，则会获得一定收益，否则将会被区域内其他地方政府驱逐（收益为零）。如果协作的收益大到足够弥补其在一次博弈中选择不协作的损失，那么区域地方政府就会选择协作。声誉机制的实质是博弈的参与人基于对长远利益的期待，而放弃了因违反集体理性带来的短期利益。因此，完善的政府协作信用制度是促进区域地方政府间协作、约束机会主义行为的关键。

建立政府协作信用制度核心是建立政府协作资料数据库以及开放平台，将区域地方政府协作与不协作行为收集记录并予以公开。声誉与信用是博弈方互动的结果，博弈的参与者只有在其协作守信的信息得到传播和认可的条件下，才能获得声誉给其带来的利益，进而才有为了建立良好声誉而遵循集体理性进行协作的动力。因此，在构建政府协作信用制度的过程中应当把握以下关键点：第一，信息的权威性、真实性、全面性。政府协作信息的收集、处理等工作应当由中央政府或其组织机构进行。一方面，中央政府处于区域地方政府的博弈之外，由其对信息收集处理是遵循回避原则的体现，有利于保证信息的真实性。另一方面，单一制的国情以及我国传统文化赋予了中央政府较高的权威，保障了信息的权威性与全面性。第二，信息的发布范围。政府协作信息发布范围过窄会影响声誉机制作用的发挥进而削减政府进行协作的动力。因此，应当综合运用媒体、网络等各种方法对有关信息进行披露，保证信息的传播范围。第三，信息的时效性。信息发布速度越慢，机会主义者就会从其不协作行为中获利越多，以至于可以在一定程度上抵消其不协作行为最终被发现的损失，这严重影响了声誉机制作用用的发挥。中央政府应当保证高效率的信息传递，及时更新信息，将机会主义者扼杀在摇篮中。

（3）建立政府协作奖惩制度。中央政府以及区域共同上级政府应以政府协作信息制度为依托，建立对区域地方政府的奖惩制度。这里的奖惩主要对区域地方政府的长远利益产生影响的一些政策性措施，而非一般意义上的行政处分。例如，中央政府以及区域上级政府对于积极进行协作的区域地方政府给予政策优惠和财政支持，而对于采取机会主义策略的区域地方政府则不给予这种优惠。

2. 协议合作机制

协议合作是建立在合作博弈基础的机制，其主要适用于区域地方政府能够通过达成有约束力的协议实现合作的情形。当允许利用一个有约束力的协议时，就有可能在博弈方存在偏离合作冲动的情况下实现合作，当然必须先通过协调、协商等达成合作协议或形成默契，同时还需要制定机制来保证这种合作的稳定性。青木昌彦指出，建立稳定的合作制度需要满足一些条件：合作制度是内生的；合作制度的互利变现为参与各方利益平衡；参与方必须切实感受到合作的互利；合作制度对参与方具有约束力；合作协议具有一定的灵活性。[1]简而言之，稳定的合作关系不仅需要约束机会主义行为的制度，还需要能够使得参与各方都基本满意的利益平衡机制。因此，通过合作博弈实现区域地方政府间协作的关键有两点：形成有约束力的协议、保证合作的稳定性。

（1）推进政府间协议法治化。合作博弈的基本前提是参与者之间存在着有约束力的协议，而有约束力的协议的效力则有

〔1〕参见［日］青木昌彦："什么是制度？我们如何理解制度？"，载《经济社会体制比较》2000年第6期。

赖于完善的法律基础。简而言之，在法治国家，只有以法制为保障的协议才能真正实现所谓的“约束力”，进而实现博弈双方之间的合作。伴随着区域一体化的步伐，政府间协议成了实践中区域地方政府间协作的主要机制之一。“但政府间协议对区域发展的实际效果却不容乐观，绝大多数的行政协议都面临着进退维谷的难题，这种局面的根源在于行政协议法律效力的模糊不清。”〔1〕政府间协议效力不明主要是由于我国目前的法律规范并没有明确地对政府间协议的有关内容进行规定。政府间协议的效力与政府间协议的拘束力是密切相关的，政府间协议效力不明从一个侧面表明了政府间协议拘束力的缺失，拘束力的缺失助长了缔约机关肆意违约的风气，而违约的盛行不可避免地导致了行政协作的破裂。区域地方政府不可避免地陷入了这种“建立协议—违约—协作破裂”的恶性循环中，大大降低了相互之间协作的可能性。实现区域地方政府之间协作的当务之急是明确政府间协议的法律效力，使实践中的政府间协议成为一种有实质约束力的协议。在形式方面，既可以通过制定单行法《政府间协议法》来明确政府间协议的约束力，也可以在将来制定的《行政程序法》中对政府间协议予以规定。在内容方面，应当对政府间协议的缔结权、主要条款、协议的履行、纠纷的解决等进行全面的规定。

构建政府间协议的法律基础。从管理型向服务型职能的转变使得政府行政活动的方式越来越多样化，同时也增加了行政机关之间合作的需求。随着法治建设的深入，政府间协议将会拥有更广阔的发展空间，将在行政机关之间的合作与纠纷解决方面发挥积极作用。虽然实践中存在着一些政府间协议，但我

---

〔1〕 叶必丰等：《行政协议——区域政府间合作机制研究》，法律出版社 2010 年版，第 184 页。

国当前并没有相关的法律来对行政协议进行规制。政府间协议法律基础的缺失必然会影响其实际效果的发挥，例如，法定纠纷解决机制的缺失会使得政府间协议在没有约定纠纷解决方法时陷入僵局。因此，应当制定规范政府间协议的法律，对政府间协议的缔结主体、缔结程序、协议条款、协议效力以及履行等方面进行系统、全面的规定。

（2）完善利益补偿机制。合作博弈中合作的稳定性建立在每个参与人都认为自己得到了公平对待的基础上，而合理的利益补偿与成本分担机制正是实现这种公平的关键环节。利益的分配与补偿问题是推进区域一体化、制定区域规划的核心问题。在区域规划制定之时对利益分配和补偿机制规定得过于原则和模糊，不具有具体的操作性和可行性，甚至对利益补偿问题采取回避态度，这成了区域行政实施的最大障碍，严重阻碍了区域协调发展。[1]

互惠互利是区域地方政府间合作的一个基本原则，利益受益方应当给予利益受损方适当的利益补偿，合理的利益补偿机制是稳定合作的保障。结合我国制度现状，应当从以下几个方面对利益补偿制度进行完善。第一，建立区域共同发展基金制度。中央政府和区域上级政府以基金的方式对区域内的资源和利益进行合理的配置与分配。借鉴欧盟的相关经验并结合我国具体国情，我国的区域共同发展基金制度应着重强调以下几方面建设：首先，确保基金来源，保证资金的稳定性。与税种挂钩的财政投入、针对问题区域发展的由各相关部门管理的一些专项资金等稳定性收入都可以成为基金来源。[2]其次，适时调

---

〔1〕 李煜兴：《区域行政规划研究》，法律出版社2009年版，第159页。

〔2〕 韩凤芹、孙美楠：“欧盟凝聚与区域发展基金的发展及其启示”，载《经济研究参考》2012年第1期。

整基金用途。根据区域发展目标的变化对基金的用途进行动态调整。最后，制定严格的区域共同发展基金管理监督体系。第二，完善中央政府对地方政府财政转移支付制度。中央政府应综合运用体制补助、税收返还、专项拨款等形式，根据区域发展现状以及各方利益得失情况对区域地方政府进行利益补偿。第三，落实横向转移支付制度。横向转移支付制度是指同级地方政府之间的横向财政平衡。横向转移支付包括两种方式：一是直接的转移支付，包括直接提供现金或者物质帮助；二是间接转移支付，包括项目合作、共同投资等。[1]第四，健全利益补偿的程序性制度。有权利必有救济，既然赋予地方政府利益补偿请求权就应该同时赋予其实现权利的手段与保障。没有保障的权利形同虚设，而利益的丧失必然会进一步导致区域合作的破裂。因此，应当明确利益补偿的实现机制、纠纷解决机制以及保障机制。

二、完善区域规划制定主体的其他途径

（一）推进区域规划制定权的法定化

我国区域规划的实践超前于区域规划法制的构建，这也就直接导致了区域规划制定主体制度法律基础的缺失，由此而引发了一系列的问题。区域规划主体的规划权法定化具有以下几方面意义：第一，明确规划权的权力来源和合法性基础，回应规划权合法性质疑。第二，通过规划权的合理配置，构建起一个层次简约、互不交叉、职责分明的规划权体系。有效地解决现实中规划主体复杂，规划权权属模糊的问题。第三，加强对规划权的监督制约，将一直游离于法律视野之外的规划权关进

---

〔1〕 李煜兴：《区域行政规划研究》，法律出版社2009年版，第167页。

牢笼里，应对实践中规划权行使的肆意性。具体来说，我国可以从以下三个层面来推进区域规划制定权的法定化：首先，为了确立跨行政区域规划制定主体的法律地位以及职权，需要在中央层面制定一部法律，明确授予相关主体区域规划制定权和实施权，明确规划制定权的权力来源与合法性基础。其次，通过地方统一立法，明确各规划制定主体的职责与权限。这可以有效地防止相关主体之间互相推诿或你争我夺的现象。例如，省内的区域规划，可由省一级人大以地方性法规的形式制定实施条例，为主体制度提供明确的法律依据，明确有关权限。第三，制定地方政府规章和规范性文件，细化主体制度。区域地方政府可通过地方政府规章或行政规范性文件的形式将主体制度进一步具体化。一方面，可以加强对行政规划权的限制，另一方面，结合了地区特色的主体制度具有更强的可行性，有利于行政机关规划职能的顺利实现。无论哪种法治化途径，核心目的都在于将区域规划的内容转化为法律上的职权与职责、权利与义务，明确区域规划的责任主体，为区域规划的实施提供坚实的法律依据和合法性基础。

（二）明确区域规划制定权的范围

随着我国经济体制的转型以及政府职能的转变，政府对经济的管理方式也应当由计划经济下的指令方式转变为市场经济下的宏观调控方式。区域规划实质上是市场经济条件下政府进行宏观调控的一种方式，其制定与实施都应当遵循市场规律。违背这一基础性力量不仅不能推动区域发展反而会阻碍区域一体化进程。从当前的现状来看，政府的有形之手不仅无所不及而且干预强度极大，这在一定程度上抑制了区域的正常发展。因此，应当遵循市场规律，严格限制区域规划权的调整范围与强度。对于竞争性行业，政府应该放归市场。对于一些在当前国情下还不适宜完全放手的竞争性行业，也应该减小政府干预的强度，区域规划权应当主要作用于市场失灵的领域。

(三) 完善区域规划制定主体监督机制

作为行政主体的一项行政职权，区域规划制定权的监督机制极为薄弱，这就导致区域规划制定主体的主观意志影响了区域规划的客观性。同卢梭所提倡的执行官三重意志的理想状态不同，实践中的行政主体往往首先是作为社会个体的自然存在，然后才是其所处的小共同体的成员，最后才是公益的执行者。因此，在其行为时，个人意志的作用力往往是占据第一位的，小共同体意志其次，而公意则是最弱的。[1]因此，如果放任区域规划制定权自然运作，其必然会成为区域行政主体谋求私利的工具，区域规划本身也会完全丧失合法性。当前，我国实践中区域规划制定权面临困境的原因之一是区域规划制定权缺乏有效监督。正如孟德斯鸠所言，所有拥有权力的人，都倾向于滥用权力，而且不用到极限绝不罢休。[2]因此，我们必须对区域规划制定权进行必要的控制，使权力得到有效的运行，按照公意的要求服务于公益。具体来说，区域规划制定权的监督机制应当从内外两个方面进行完善。内部监督机制主要包括两个方面：一是使区域规划制定程序进一步细化、法定化。二是完善行政问责机制。行政问责制度的细化与强化能够对区域规划制定者形成有力的震慑，无论是出于自身政治前途还是行政责任的考虑，区域规划制定者都会排除不相关因素对区域规划制定的影响，从区域整体利益最大化出发，制定区域规划。行政

〔1〕［法］卢梭：《社会契约论》，何兆武译，商务印书馆 2003 年版，第 78～79 页。

〔2〕［法］孟德斯鸠：《论法的精神》（上卷），许明龙译，商务印书馆 2015 年版，第 185 页。

问责制度震慑监督作用发挥的关键在于其可操作性，只有可实现的行政责任才能为区域规划制定主体所切身感受，对其行为起到规制作用。笔者认为，应当通过细化行政问责办法来增强行政问责制度的可操作性，应当明确行政问责启动主体、问责的客体、责任的形式等。外部监督则应着重强化对区域规划制定权的司法审查和社会公众的监督。司法审查是法治各国普遍设立的一项重要法律制度，是国家通过司法机关对其他国家机关行使国家权力的活动进行审查，通过司法活动对违法活动予以纠正，并对由此给公民、法人合法权益造成的损害给予相应补救的法律制度。在行政法治原则的推动下，司法审查成了各国限制行政权的必备手段之一，然而，行政规划是否能够被纳入司法审查的范围仍然存在极大争议。笔者认为，新修订的《行政诉讼法》已经肯定了对抽象行政行为的附带审查，即使将区域规划界定为一种抽象行政行为，其也应受到一定程度的司法审查。

（四）完善区域主体间合作协调机制

区域规划是在区域政府之间进行的一场博弈，当各方主体都以自身利益最大化为目的采取行动时，往往会导致损人不利己的后果。有效约束机制的缺失会导致区域政府决策的盲目性和狭隘性，进而使区域规划陷入“囚徒困境”。建立和完善约束机制可以有效地引导区域政府的决策行为，从而使博弈的稳定策略组合从“囚徒困境”转向“帕累托最优”，实现区域规划的目标，促进区域协调发展。[1]但是鉴于我国区域规划的现状，为了实现区域规划的“帕累托最优”的纳什均衡，必然需要完善博弈各方的行为规则，引导其作出正确的战略选择。

---

〔1〕 谢识予编著：《经济博弈论》，复旦大学出版社 2014 年版，第 52 页。

建立区域规划协调机制有利于增加区域主体之间的交流与对话，一方面可以避免在区域主体之间产生不必要的矛盾，另一方面主体间协调机制的存在可以及时、有效地化解已有矛盾。无论是对于纵向统一式区域规划制定主体还是对于横向联合式区域规划制定主体而言有效的合作协调机制都是防止区域规划异化的有力武器，有利于保障区域规划在横向和纵向上的一致性，防止出现单一区域政府采取只考虑自身利益的情形，从而为区域的协调、有序发展提供有力的保障。区域规划制定主体间协调合作机制应着眼于构建相互间沟通、协商的平台，提供充分表达自身意见的空间。

1. 建立专门的协调会议制度

欧盟的开放式协调法和执行委员会制度的异曲同工之处就在于为成员国政府之间的交流对话搭建一个平台，增进相互之间的协商与合作。为了协调区域政府之间的行为，应当建立专门的协调会议制度。会议应由有关区域政府和部门共同参加，对区域规划编制与实施中的重大事项进行协商并作出决定。一方面，要避免协调会议只谈虚不谈实、只讲抽象无视具体，要切实地发挥会议在解决地区利益冲突方面的作用。另一方面，为了增强会议成果的稳定性、权威性与操作性，区域主体应该以行政协议的形式对其进行固定。

2. 设立区域管理委员会

应当设立一个地位类似于欧盟独立机构的区域管理委员会。区域管理委员会能够有效地遏制地方保护主义，杜绝行政垄断，处理、调解区域主体间的不同意见和纠纷，确保规划在区域内得以充分落实。为了保障委员会职能的顺利实现，应当保证区域委员会组成人员的行政级别高于区域政府组成人员的级别。例如，对于跨省的区域规划设立的区域管理委员会应当由中央政府的官员组成。

（五）建立区域规划公众参与制度

公众参与是程序正当原则的一项基本要求。相对于行政主体的其他行政行为而言，区域规划应该更加重视公众参与。公众参与从某些角度看是对区域规划制定权的一种外部监督。完善的公众参与制度能够使公众充分地参与到区域规划从制定到实施的整个过程。这不仅能够有效地制约区域规划制定权的行使，而且能够通过公众的亲身参与提升其对区域规划的整体认同感，增强区域规划的正当性，为区域规划的正常运行提供保障。区域规划具有长期性、复杂性、涉及范围广等特点，公众参与可以确保区域规划的可行性、民主性和科学性。我国应当从以下几方面来构建和完善区域规划制定的公众参与制度：第一，区域规划信息的公开。公众的有效参与建立在对信息充分了解的基础之上，这就要求区域规划制定主体对区域规划的相关信息进行公开，使公众能够简便、及时地获取。此外，规划制定主体对公众意见建议的处理方式是公众参与制度能否有效运行的关键，行政机关不仅应当向公众提供相关信息，还应当及时地对公众意见进行反馈，并且将公众意见作为区域规划制定中的考量因素。第二，参与的主体。参与主体不仅包含专家团，还应包括社会团体、普通居民等等。实现参与者的广泛性，最大限度地保障公民的参与权，同时也应权衡行政效率与公众参与之间的关系，防止极端主义。第三，参与的阶段。首先，在制定相关规划前召开听证会，规划主体在听取社会意见后，结合政策考量，制定规划草案。其次，规划主体将规划进行公告，社会公众可以针对草案提出意见。〔1〕规划主体在参考公众

---

〔1〕 王晓川：“德国城市规划公众参与制度陈述及案例”，载《北京规划建设》2005年第6期。

意见的基础上对草案进行修改。最后，选取一些公众参与规划的最后表决，赋予公众表决权。第四，公众的权利。通过法律赋予公众实质的异议权、建议权和对抗权。第五，救济途径。正所谓有权利就要有救济，应当明确公众参与权受到侵害后的救济权。

第五章

区域规划科学性的法律保障机制

第一节 区域规划科学性的现状分析

一、区域规划科学性的基本涵义

区域规划科学性是区域规划最基本的价值追求之一，也是实现区域规划目标的重要保证。不科学、不合理的区域规划，将造成社会资源的巨大浪费，损害人民群众的合法利益，甚至阻碍区域的发展进步。区域规划科学性有广义和狭义之分，广义的区域规划科学性是指制定主体在先进理念的指导下，运用科学的手段和方法，遵循科学的规划程序，制定出符合客观规律和客观实际的区域规划，包括制定过程的科学性和规划结果的科学性。狭义的区域规划科学性仅指规划方案的科学性。具体而言，区域规划科学性具有以下几个方面的要求：

（一）坚持先进的规划理念

行政理念是指一个国家或行政组织及其行政人员共同认可的心理定势和价值取向，是行政哲学、价值观念与伦理道德的综合体现和高度概括。[1]行政理念体现了行政主体对行政的性

---

〔1〕 许法根：《公共行政学》，浙江大学出版社2008年版，第327页。

质、任务、目标等根本性问题的理性认识。理念具有内在的力量，甚至可以超越法律规则本身而发挥法律规则所起不到的作用。[1]犹如茫茫大海中的灯塔指引船只航行一样，行政理念对区域规划的制定具有重要的导向作用。不同的理念对实践所起的作用也不一样，先进的理念将引领区域规划走向科学、合理，而落后的理念必将导致区域规划不切实际、出现问题。区域规划科学性要求必须坚持科学、先进理念的指导，这种指导不仅仅是一种宏观的整体方向，更应当落实到具体措施上，因为只有通过具体措施的贯彻，才能保证抽象的理念落地生根，对区域规划产生实际的影响，而不是仅仅停留在理论指导上。在当前，坚持先进的区域规划理念的指导，包括用以人为本理念来指明区域规划的出发点和归宿，用服务行政理念来处理行政机关的功能和定位问题，用可持续发展理念来指导区域规划的发展模式。

（二）运用科学的规划方法

手段和方法对于目标的达成有着巨大的影响，科学的手段和方法是目标顺利实现的捷径，有时甚至是必经的独木桥，目标的背离往往又是手段和方法不当的结果。现代社会的科学方法大致可以分为三个层次：第一层次是宏观层面上的哲学方法论。这一层面的方法是从哲学的高度进行概括和提炼的，对具体的研究方法具有一般性的指导意义。例如，马克思主义哲学提倡的方法有实事求是的方法、实践历史主义方法、系统思维的方法。区域规划作为人类认识世界和改造世界的一种活动，必然离不开哲学方法论的指导。例如，基于系统思想的方法论的影响，现代规划领域提出了总体规划、综合规划的方法论，

---

〔1〕杨解君："论行政法的契约理念"，武汉大学2002年博士学位论文，第11页。

即通过对区域内部各个组成要素的性质、结构、功能及其相互关系进行研究，综合、全面地分析整个区域的情况，从总体层面上作出规划。第二层次是中观层面的一般科学方法。人类社会发展到今天，我们对世界的认识被划分为数学、社会学、经济学等不同的学科，但这些不同的学科大致都遵循相同的研究设计思维：提出问题→分析问题→探索答案→检验结论→提出新的问题……这些相同的思维形成了一般的科学方法（区域规划可以通过借鉴其他领域的研究方法），如调查研究、实验研究、系统分析的方法，实现自身的发展与突破。第三层次是微观层面的特殊科学方法。每一个人类知识的分支都会有其自身的独特认识方法，区域规划在其成长、成熟的过程中也逐渐发展出了一些自身的特殊技术方法，这些方法广泛分布在区域规划的调查、分析、预测、评价等各个阶段。如在分析环节，可以采用经济地图法、状态分析法；在评价环节上有成本-收益分析法、规划平衡表和目标达成矩阵等方法。

（三）遵循科学的规划程序

程序是行为主体作出决策的方式、步骤、顺序和期间的总和。合理正当程序的提出和倡导具有双层意义：一方面，程序本身体现了现代法治所坚持的优秀品质，如对人格尊严的维护、对参与权利的保障、对公平公正的追求；另一方面，程序还对实现实体正义具有工具性价值，正当的程序有利于增强实体结果的正当性和合理性。区域规划的制定与实施作为行政职权运行的一种方式，自然也应当遵循程序正义的行政法治基本理念，科学的区域规划应当经过科学合理的制定程序，在保证参与各方自由充分表达自己意志的情况下产生。

区域规划的基本程序一般可以分为：区域规划目标的确定、规划方案的拟定、规划方案的确定、区域规划的实施。区域规划目标的确定是指对区域发展的方向、发展所期望实现结果的设定，不仅包括宏观的战略目标，还可以包含一些重要指标的预期状态。如2015年发布的《长江中游城市群发展规划》不仅确立了长江中游城市群中国经济新增长极、中西部新型城镇化先行区、内陆开放合作示范区、“两型”社会建设引领区的战略定位，还对经济发展、环境资源、社会事业、城镇化水平4类18项指标制定了发展目标。合理的区域规划目标要符合定位适中、实事求是的基本要求，既不能将目标定得太高，否则会难以实现，也不能定得太低，否则发挥不了引领的作用。因此，目标的确定必须坚持实事求是的原则，以区域内实际情况为基本根据，制定难度适中的、合理的目标。规划方案的拟定是对达成规划目标具体方案的初步起草制定。虽然我国目前区域规划的制定主体以政府为主导，但基本上有两个方向可以使得规划方案更加科学。第一个方向是引入专家参与起草，发挥专家的技术理性，提高规划方案的质量。第二个方向是对社会开放，允许公众参与，充分集中社会公众的集体智慧，以广泛的民主参与促进区域规划的科学性。在多数情况下，这两条路径是并行不悖的，可以同时发挥作用。规划方案的确定是整个规划流程中很关键的一个环节，是规划方案生效实施的前提。在我国一般由方案起草主导政府的上级审查批准。规划方案确定阶段需要实行严密的程序控制，以程序规制实现实体的合理化。区域规划的实施是规划方案的实现阶段。这一环节能够起到检验规划方案的作用，如果发现不符合实际情况，很有可能需要对方案进行变更或者废止。

（四）制定最佳的规划方案

科学最佳的规划方案是区域规划科学性最重要的体现，也是其最核心和最关键的内容，因为一方面制定过程的科学性在很大程度上是为了保证制定出科学的规划方案，另一方面科学最佳的方案对保护区域内部人民的利益具有直接的影响，对提升群众的福祉具有积极的意义。科学最佳的区域规划方案至少应当满足以下几方面要求：

首先，要符合客观的规律，体现综合效益性。符合科学规律的规划方案，能最大程度地集天时、地利、人和于一体，产生倍增的综合性效益。客观的科学规律是事物运动过程中固有的、必然的、稳定的联系。要保障区域规划符合科学规律，就要在充分了解掌握规律的基础上，经过认真的分析研究，得出合乎自然规律的区域规划方案，这样才能以最小的资源投入换取最大的效益产出。坚持客观的规律还要求做到：一是处理好当前利益与长远利益的关系，不能为了追求一时的眼前利益，而置长远发展于不顾；二是辩证看待区域整体发展的要求，处理好局部利益与整体利益的关系，不能为了整体利益而无偿地牺牲局部利益，也不能因为地方利益的干扰而缺乏整体的规划；三是处理好规划的系统协调性，加强产业、城乡和生态的相互融合，在发展经济的同时，也要保护生态环境，保存历史人文资源，做到区域内经济、社会、生态文明建设协调发展，不能片面地追求某一方面的发展而忽略其他领域的发展要求。

其次，要满足实际的需要，具有现实可行性。区域规划的目标应当源自于实际的需要，在现实的条件下经过努力可以达到。如果规划方案脱离现实的需求，一味地追求高远的不切实际的“理想社会”，实践将会证明这不仅不具有实现的可能性，而且还会贻害无穷。制定可行的规划方案，要求规划方案的制定者一方面要深入区域做好调查工作。通过充分的实地考察，获取全面、及时、准确的信息，了解区域的基本情况，从而把握区域的发展方向。另一方面要进行方案的可行性分析。将可行性论证作为区域规划方案制定的必经程序，综合考虑相关的人力、物力、财力，事先做好成本-效益分析，从而在备选方案中选出最优的方案。

最后，要保障公民的权益，满足目标公共性。行政权力的运行要致力于实现和保障公民的权利和利益，这是建设服务型政府的基本要求。区域规划是一种空间设计，同时更是一个行政过程。作为空间设计，区域规划涉及区域内部交通线路、产业结构、资源环境等众多要素的重新调整与配置。区域规划方案的编制，应当将发展和维护区域内部人民群众的利益放在首要位置，合理布局各项产业的发展，改善和优化人们的居住环境，最大程度地满足人们生活的需要，以方便群众的生活、增加人们的福祉。作为行政过程，区域规划的制定及实施是政府主导的过程，也是政府运用行政权力干预经济社会发展的行为，最终也必须以维护和实现区域的公共利益为目的。在干预的过程中，必然会对原有的利益格局造成一定程度上的冲击，因而也必然面临着价值的判断和选择。政治过程的本质，是不同利益的表达、竞争、交涉、妥协并在此基础上达成合意的过程。[1]因此，科学的区域规划方案应当是一个不同利益主体通过自由充分的意志表达，经过利益博弈、协调、妥协的结果，而且还要体现一定的社会公益性，关注目标的公平性和正义性。

二、区域规划科学性的主要成效

近些年来，我国区域规划发展迅速，形成了全国遍地开花的势头。以国家级的重要区域经济发展规划为例，2009 年前后，国务院先后批复了珠江三角洲地区、海西经济区、关中-天水经

---

〔1〕 王锡锌：《公众参与和行政过程——一个理念和制度的分析框架》，中国民主法制出版社 2007 年版，第 25 页。

济区、黄河三角洲、鄱阳湖生态经济区等十余个国家战略区域规划，2010年国家批复的规划有《长江三角洲地区区域规划》《促进中部地区崛起规划》，2011年国家印发了《成渝经济区区域规划（2011~2020年）》《河北沿海地区发展规划》，2012年《中原经济区规划（201年~2020年）》获得发改委批复。在地方层面上各类区域经济规划、城市群发展规划、综合改革实验区规划也纷纷制定出台。这些密集出台的规划共同构成了我国区域规划蓬勃发展的局面，从中也可以窥探出我国区域规划科学性的主要成效。

（一）科学发展的理念得到强化

随着科学发展观被公众普遍接受，全面、协调、可持续的科学发展理念在区域规划当中受到了空前的重视，产生了积极的效应。一是在区域规划的指导思想上基本坚持了科学发展观的指导。一般在区域规划文本编制中，有一部分是区域规划的总体要求，包括指导思想、基本原则和发展目标等。科学发展的观念作为一个主要的指导思想始终被强调和坚持。二是协调发展、生态文明建设在规划中普遍占据重要地位。区域内部有序规划、城乡之间协调发展、生态文明建设推进、环境保护得到加强是区域科学发展的应有之义。从现有的一些区域规划文本来看，区域协调发展、生态文明建设的内容基本占据了专章的位置，或者至少被提到了专节规定的高度。例如，《长江中游城市群发展规划》在第三章“城乡统筹发展”中，对推动城市组团融合发展，形成多中心、网络化发展格局作出了规划；在第六章“生态文明共建”中对加强生态环境综合治理，推动城市群绿色发展进行了部署。三是出现了一批以“生态经济区”为核心定位的发展规划。所谓“生态经济区”，就是生态环境与社会经济实现了协调发展、各个领域达到了当代可持续发展目标要求的区域。它的主要标志是：生态环境良好并且不断趋向更高水平的平衡，自然资源得到合理的保护和利用，以生态或绿色经济为特色的经济高度发展，结构合理，总体竞争力强，现代生态文化形成并得到发展，民主与法制健全，社会文明程度高，城市和乡村环境优美，人民生活水平全面进入富裕阶段，环境污染得到根本控制和基本消除。[1]在我国区域规划密集制定出台的背景下，出现了一批直接定位为“生态经济区”的发展规划，这些规划有《黄河三角洲高效生态经济区发展规划》《鄱阳湖生态经济区规划》《洞庭湖生态经济区规划》。生态经济区的实践将为我国实现区域经济高效、生态良性循环，促进经济、社会、环境与资源的全面可持续发展探索出一条创新型道路。

（二）规划制定前期研究获得重视

每一个区域规划的制定都是一项系统庞大的工程，需要考虑的因素非常之多，既有非常宏观的战略层面的问题，需要把区域发展与基本国情和基本国策结合起来，视野从区域内部扩展到全国范围，甚至全球，做到高瞻远瞩、着眼长远；也有非常具体的实情调查，需要综合自然资源、生态环境、交通运输、人文地理、历史文化等各方面的信息，做到全面综合、统筹兼顾。只有在综合了解掌握各项基本情况之后，才能为编制科学的规划提供充分的现实依据，为制定合理的方案打下扎实的理论基础。

经过多年的探索积累，我国区域规划制定的前期研究在实践上得到了较大的发展。据公开的资料，长江三角洲地区区域规划工作自2004年11月国家发改委在北京组织召开座谈会时正

---

〔1〕 丁任重：《中国大香格里拉经济圈研究》，西南财经大学出版社2006年版，第76页。

式启动，经过近两年的调查研究，于2006年底才完成初稿。其间，有关政府部门召开过多次座谈会、举办了区域规划工作研讨班、组织有关人员赴欧洲进行考察访问、相继组织开展实地调研工作，[1]通过多种形式、多种途径，扎实开展综合研究和专题调研，为规划方案的编制起草奠定了坚实的基础。《珠江三角洲地区改革发展规划纲要》的编制历程更是“声势浩大”，来自国务院39个部委、国务院及各部委的13个直属单位和行业协会，共180多人组成国家调研团队，团队分成17个调研小组，调研领域涵盖了经济社会发展和体制改革的各个方面，调研地点包括珠江三角洲地区9市及粤东、粤西、粤北等地共15个地级以上市。调研组所到之处，听汇报、走企业、看现场，共组织召开了各种座谈会122场，实地考察企业、项目地点260多个，各地各部门提交的汇报参阅材料超百套。国家调研组完成了15份专题调研报告，总字数超过10万字。深入的调研，全面摸清了珠三角的家底，为《珠江三角洲地区改革发展规划纲要》的编制打下了扎实的基础。[2]《鄱阳湖生态经济区规划》在制定过程中，设立了十大前期研究课题，面向国内外公开招标。[3]通过招标的方式，引进人才储备充足、人员素质较高的科研单位参与区域规划的基础研究，为制定出完善的规划方案提供智力支撑。

（三）区域规划取得显著经济效益

良好的经济效益是区域发展规划追求的一个重要目标，在

---

〔1〕参见国家发改委地区司区域规划处：“长江三角洲地区和京津冀都市圈区域规划工作进展情况”，载http://dqs.ndrc.gov.cn/qygh/200508/t20050830_40385.html，访问日期：2017年9月1日。

〔2〕参见陈韩晖、吴哲：“独家解密《纲要》编制历程”，载《南方日报》2008年12月19日。

〔3〕参见“《鄱阳湖生态经济区规划》大事记”，载http://jiangxi.jxnews.com.cn/system/2009/12/22/011273157.shtml，访问日期：2017年9月1日。

传统的唯经济发展的观念模式下甚至是最为重要的目标，但也只有尊重自然规律、符合经济发展趋势的区域规划，才能加速区域经济的发展。在过去的几年中，我国一些重大区域规划的实施显著地加速了区域经济的增长。

例如，天津滨海新区在规划前发展一直都不温不火，区域发展政策实施后发展一日千里，2011 年，其产值占整个天津产值的 54%，增长速度连续五年居全国第一。北部湾规划使其从空中楼阁变为了实实在在的繁华，经济增长速度在 2011 年高出广西 2%~3%。皖江城市带产业转移示范区在规划实施中，实现了从“中部拖后腿”到多项指标超过排在中部第一的湖南、湖北的转变。〔1〕又如，《中原经济区规划（2012~2020 年）》于 2012 年通过国务院正式批复，在区域规划的带动下，2011 年至 2014 年，安徽省列入规划的皖北五市一县一区人均地区生产总值由 16 310 元提高到 21 663 元，服务业增加值比重由 30.4%提高到 31.6%，城镇居民人均可支配收入、农民人均纯收入分别由 17 611 元、5651 元提高到 22 450 元、8798 元，城镇化率由 37.9%提高至 42.2%；淮北食品、亳州现代中医药、宿州轻工业、蚌埠电子信息、阜阳专用车、淮南煤化工等主导产业培育成效明显，2014 年分别完成产值 189 亿、800 亿、556 亿、364 亿、130 亿、120 亿元，对地方经济的带动作用进一步增强；商合杭铁路、郑徐高铁淮北联络线、引江济淮工程、淮水北调工程、新建民航机场等一系列重大基础设施项目建设加快推进。〔2〕由此可见，区域规划对区域经济的增长起到了巨大的带动作用，

〔1〕 参见“范恒山：区域经济规划成效”，载 http://finance.sina.com.cn/emba/news/20111111/174310801058.shtml，访问日期：2017 年 9 月 1 日。

〔2〕 参见徐文华：“安徽：中原经济区规划显成效”，载《中国经济导报》2015 年 10 月 20 日。

经济效益在规划实施当中得到了实现。

三、区域规划在实现科学性方面存在的问题

虽然我国的区域规划在科学性探索历程中取得了一定的成效，但由于区域规划理论的研究十分薄弱，区域规划有关法律规范不健全，制度规定不是十分完善，现实中区域规划在科学性方面也存在诸多问题，在一定程度上影响了其作用的发挥。

（一）区域社会建设方面规划不足

区域规划是为实现一定地区范围的开发和建设目标而进行的总体部署。[1]在全面统筹区域发展的思路下，区域规划的内容不仅仅包括经济建设，还应当涵盖社会建设。然而，从目前各地的规划来看，无论是从规划文本的内容来说，还是就规划实施的重点而言，经济建设都当之无愧地坐上了最高的地位，教育、医疗、居住环境、就业和社会保障等社会建设的内容则只能坐在相对次一等的位置。

这种过度注重经济建设、忽视社会事业的区域规划，必然导致区域发展的片面性，经济发展了，地区产值总量上去了，但人们的生活水平并没有得到较大的提高，甚至还会产生出一些新的社会问题，比如教育资源发展不均衡，医疗卫生服务结构不优化，住房与居住环境建设发展滞后。这就导致发展缓慢的地区公共产品、公共服务供给不足，人们都争相涌向资源较好的地区，进而又给后者带来新的社会问题。

（二）区域一体化发展协调不力

科学的区域规划应当是将区域内部各地区当作一盘棋来整体谋划，做到全盘考虑，区域内部是一个统一市场，生产要素

---

〔1〕 胡序威：《区域与城市研究》，科学出版社 1998 年版，第 83 页。

能够自由流动，而不是把区域内部的各个单元的发展简单叠加。然而，从现在一些区域规划的实施情况来看，区域一体化进程往往是区域规划当中难度最大、实施效果最不理想的部分，区域内各行政区域在规划实施上常常各自为政，抢占利益，致使重复建设现象突出。下面，本书将以关于长江三角洲一体化发展情况作为一个典型案例：

2007年是长三角一体化被分别写入上海、江苏、浙江三地"十一五"规划的第二年，然而，一体化进程却并没有三地政府先前预计的那样进展迅速。相反，在一些领域，一体化进程甚至已经陷入停滞状态。原计划的长三角地区一卡通用却并没有实现，仅有上海、苏州、无锡、杭州和宁波几个城市，实现了有限的一卡通用，即单向互通。例如，上海的卡可以在杭州用，杭州的卡却不能在上海用。〔1〕在港口建设方面，长三角地区更是呈现出一片混乱局面，港口内部布局的抢位之争几度烽烟四起。浙江、江苏、上海分别以宁波舟山港、苏州港、上海洋山港为立足点，以深水资源、经济腹地为目标，展开了区域内部资源的争夺战。〔2〕

（三）规划制定参与主体范围不广

新区域主义是关于区域一体化政府间合作的一种理论。所谓新区域主义就是要在政府、社区组织、企业组织及非营利性组织之间，建立跨区域政策性伙伴关系。〔3〕新区域主义提倡多边谈判和协作治理的理念，通过代表不同利益的多元主体多层次的分工协作，实现多层治理，满足多重价值的要求。在新区

〔1〕参见张晓晖："长三角一体化遇阻利益分割"，载《经济观察报》2007年1月15日。

〔2〕参见张岩铭："长三角港口群'抢位之争'烽烟再起"，载《中国经营报》2005年8月1日。

〔3〕李煜兴：《区域行政规划研究》，法律出版社2009年版，第61页。

域主义的观点看来，区域规划的制定参与主体应当是多方的。

目前各地的区域规划都是以政府为主导，呈现出政府“一家独大”的特征。从区域规划的目标确定，到区域规划的实施，决策权限由政府绝对掌控。虽然很多规划在制定期间都存在多种途径的意见征集，但并没有就此形成稳定的制度体系，社会各界的参与范围和途径由政府主导确定，社会参与是否能对规划结果产生约束效力也没有相应的法律规范。

(四) 对市场机制的重视不够

政府与市场是调节资源配置的两种不同的机制，二者相辅相成、相互补充。科学的区域规划应当让市场机制在资源配置中充分发挥基础性的作用，只有在市场失灵的时候才由政府进行干预，以实现社会公共利益。

实践中很多区域规划实际上扭曲了政府与市场的正常关系。一方面，政府的力量有时没有用在适当之处。在一些争夺本行政区域利益、事关本部门绩效的地方，政府力量往往很活跃，由此常导致资源过度集中，利用效率不高甚至出现浪费的结果；而在教育、医疗、社会保障等社会建设以及资源环境保护领域，行政权力的作用又往往处于缺位状态。另一方面，市场机制却常常遭遇人为的破坏与阻挠，市场主体在国家的差别化政策面前受到不平等对待。例如，国家的许多补贴都投入到国有企业当中，使私有制的民营企业处于天然的劣势地位。

区域规划缺少对市场机制的应有重视在很大程度上是受历史观念的制约。在我国，历史上曾经实行高度集中的计划经济体制，市场的因素被完全排挤和抵制，行政权力在社会经济各个方面大行其道。区域规划至今并未完全摆脱这种单方命令的强制性思维观念和作为方式的影响。

第二节　区域规划制定中的公众参与

公众参与作为现代民主政治的一种新型理论与实践，在20世纪五六十年代产生于西方国家，90年代开始传入我国，如今已经成为我国政治生活中众多领域活动的一种常态。关于公众参与的概念，我国学者从不同角度进行过界定。本书所讲的区域规划制定中的公众参与，是指在区域规划的制定过程中，公民和社会组织通过各种途径，向区域规划的制定主体提供信息、发表意见、表达利益诉求的行为。

一、公众参与的理论基础及现实意义

（一）公众参与的理论基础

1. 多元主义理论

多元主义最早起源于近代的西方国家。一般而言，多元主义意味着随着时代的不断发展，社会不再是一个单一的格局，利益出现分化，经济模式、社会意识、文化形态呈现出多样性，对各种不同的存在应予以尊重，对多元的价值应给予包容，并且不同的个体应有多样的选择。20世纪以来，其发展成了多元主义民主理论，这一理论认为现代社会是多元的社会，民主政治应该是多元主体通过"多元竞争（讨价还价）"，达成"价值趋中（妥协）"的政治。[1]就政策制定过程而言，多元主义尤其强调不同的利益主体组建多重竞争性的利益集团，通过利益集团来表达各自的利益倾向，实现自己的利益诉求。国家在制定政策时也往往不得不与各方利益主体协商。受多元主义的

---

〔1〕 施雪华主编：《政治科学原理》，中山大学出版社2001年版，第889页。

影响，1962年，美国的规划理论家戴维多夫（Paul Davidoff）提出了社会发展规划中的“倡导性规划”理论，提倡规划要将城市社会各方面的要求、价值判断和愿望结合在一起，在不同群体之间进行充分的协商，为今后各自的活动进行预先协调，最后通过一定的法律程序形成规范他们今后活动的“契约”。〔1〕

多元主义理论对于区域规划制定中的公众参与而言具有以下两方面的意义：

第一，要重视区域内部的多样性。多彩多样的个体、丰富精彩的世界，这是我们所居住的星球的本来面目。一个区域也一样，虽然同一个区域有很多共同之处，但其中的差异性是无论如何也无法抹去的。例如，京津冀作为一个一体化发展的区域，内部差别就特别大：北京凭借首都的区位优势汇聚了各方资源，金融、文化等高端产业聚集，而相邻的河北则以重工业为主导，环保压力巨大，产业结构转型受困。因此，我们在制定区域规划时就必须对区域内部的差异有清醒的认识，忽视其中的多样性就是没有认清客观事实，必然无法制定出科学的规划方案。

第二，要为不同利益的表达创造条件。生活在同一片蓝天下的公民享有平等的参与权是现代政治文明的基本要求。因此，在区域规划制定中要扩大公众参与的地域范围，丰富公众参与的方式和手段，让广大公众都有机会参与，尤其是要保障经济条件较差、参与能力较低的少数群体的参与权利。忽视任何一部分群体的利益表达都是不科学的、不民主的，不符合平等的法治思想。

2. 人民主权思想

人民主权思想产生于反对封建专制的资产阶级革命中。启

---

〔1〕 孙施文、殷悦：“西方城市规划中公众参与的理论基础及其发展”，载《国外城市规划》2004年第1期。

蒙思想家洛克首先提出，生命权、自由权和财产权是每个人生而具有的自然权利。为了保障社会安全和自然权利，人民授权组成政府。当政府的行为违背了人民的意志时，人民有权将统治者的权力收回。随后，卢梭在《社会契约论》中系统阐释了人民主权思想：国家主权属于全体人民，国家的一切权力来源于人民的委托，人民是国家权力的拥有者，并且这种主权是不可转让、不可代表的。因此，在卢梭看来国家主权应当由人民直接行使。其后众多的思想家对人民主权学说进行了拓展和实践运用。我国政治制度的构建虽与西方有较大差异，但也充分体现了人民主权的思想。我国《宪法》第 2 条明确规定，中华人民共和国的一切权力属于人民。在我国，人民是国家的主人，人民行使权力的方式是通过选举人大代表组成国家权力机关，再由人民代表大会产生其他国家机关，行使国家权力。

人民主权思想对区域规划的公众参与有以下两方面的启示：

第一，确保人民在区域规划制定中享有主人翁地位。人民是国家的主人，国家权力归根结底为人民所享有。区域规划是运用国家权力对区域发展做出安排，公众参与制定区域规划就是人民行使自己享有的权利，管理国家事务、管理经济文化事业、管理社会事务，因此，人民应当在区域规划中享有主体地位。另一方面，区域规划与人民生活息息相关，自己的事情自己最清楚要如何安排，要充分发扬人民的主人翁精神，发挥公众对公共事务的积极作用。

第二，公众参与区域规划制定的方式可以多种多样。人类历史发展到今天，人民行使国家权力的形式多种多样，既有直接的，也有间接的；既有选举代表式的，也有参与协商型的。因此，公众参与区域规划的方式可以而且应当是多种多样的，既可以是直接行使参与权的公开征求意见，也可以通过选举产生代表参与。

3. 参与式民主理论

代议制民主是一种人民通过投票选出自己的代表，被选出的代表组成代议机关，行使国家权力，制定公共政策，管理社会事务的间接民主形式。代议制民主具有广泛适用的优越性。英国约翰·密尔说："理想上最好的政府形式是代议民主制政府。"[1]美国潘恩也曾说："把代议制和民主制结合起来，就可以获得一种能够容纳和联合一切不同利益的不同大小的领土与不同数量的人口的政府体制。"[2]而且在一定意义上，代议制几乎是大型国家唯一现实可行的模式，因此，近现代民主国家普遍采用这种组织形式。然而，代议制对民主的积极作用也是有限的，普通民众对民主生活的参与主要集中于政治代表的选举环节，一旦选举完成，人民参与机会便会极大地减少，直到下一轮周期性选举的到来。现代的代议制政治越来越排斥民众的政治参与，越来越沦为精英政治、官僚政治、寡头政治，从而也就越背离民主的原则。[3]

代议制民主的危机迫使人们再次思考民主的运行方式，古老的参与式民主重新回归人们的视线，发展成为当代参与式民主理论。参与式民主与代议制中公民的有限参与不同，强调公民广泛直接参与到政治活动中，参与讨论社会事务，共同作出行政决策，从而解决公共问题，而不仅仅是在政治选举中参与投票。"凡生活受到某项决策影响的人，就应该参与那些决策的

---

〔1〕［英］约翰·密尔：《代议制政府》，汪瑄译，商务印书馆 1982 年版，第 37 页。

〔2〕［美］潘恩：《潘恩选集》，马清槐译，商务印书馆 1981 年版，第 246 页。

〔3〕陈炳辉、韩斯疆："当代参与式民主理论的复兴"，载《厦门大学学报（哲学社会科学版）》2008 年第 6 期。

制定过程。"〔1〕20世纪后期，以参与式民主为基础，同样强调公众参与的协商民主理论获得了重大的发展，通过互动、协商、对话、合作以达成共识成为一种新型的民主范式。

20世纪60年代至70年代新公共行政运动兴起，它主张民主行政，强调公民参与，将公众参与从政治领域扩展到行政领域，参与式行政作为新兴的行政法治理念迅速崛起。参与式行政的核心是通过将公众和各类社会成员纳入行政过程，形成PPP机制，促进行政的民主化、理性化、科学化和规范化，提升行政活动的公开、公平、公正和效率。〔2〕行政相对人平等地参与到行政活动中，成为行政活动的主体，对公共行政事务发表意见、提出诉求。

参与式民主理论可以为区域规划提供两方面的启发：

首先，通过扩大公民参与的规模和深度来扩展民主。一般而言，参与规划的公众规模越大，参与的深度越深，越能反映出区域规划的民主性。因此，在区域规划制定中应当将公众参与的阶段提前，实现从规划启动到规划实施的全过程参与；探索公众参与的新途径、新渠道，充分借用互联网高速快捷的趋势，开拓网络参与的新模式；在公众参与的讨论范围上不设限制，让公众享受参议议题不设门槛的自由。

其次，注重保障利害关系人参与决策的权利。与一般的公众相比，区域规划对利害关系人的影响更为直接、更为深刻。在一些关键的环节中，如果缺少他们的参与，主体便是不完整的；没有他们的声音，程序便是不正当的。例如，在特定问题

---

〔1〕［美］约翰·奈斯比特：《大趋势——改变我们生活的十个新方向》，梅艳译，中国社会科学出版社1984年版，第161页。

〔2〕莫于川："公众参与潮流和参与式行政法制模式——从中国行政法民主化发展趋势的视角分析"，载《国家检察官学院学报》2011年第4期。

的听证会当中，利害关系人应当作为听证的一方参加。如果行政权力在听证代表的产生上施加影响，使参会的代表不能充分代表公众的意见，如此制定出台的规划将缺乏公共性，其科学性也将难以保障。

4. 正当程序原则

正当程序原则起源于英国古老的“自然公正原则”，一般来讲，后者有两项基本的要求：任何人都不得做自己案件的法官，任何人在受到不利处分前都有权获得陈述和申辩的机会。正当程序原则作为行政法基本原则之一，散发着程序正义的浓厚气息，该原则主要包含行政公开原则、公正原则和参与原则。以启动方式为依据，行政公开可以分为主动公开和依申请公开。行政公开的内容除依法保密的以外，应当包括行政行为的依据、过程和结果的公开。行政公正要求行政主体不因行政相对人身份、民族、性别和宗教信仰的不同而区别对待。行政活动中，工作人员存在利害关系可能影响公正的，应当回避。参与原则要求尽可能为行政相对人提供参与行政活动的机会，保障行政相对人获得通知权、陈述申辩权、申请权，并且对其所做的陈述应当认真对待，对合理的意见应当听取。

2004年国务院印发的《全面推进依法行政实施纲要》要求，行政机关实施行政管理，除涉及国家秘密和依法受到保护的商业秘密、个人隐私外，应当公开，注意听取公民、法人和其他组织的意见；要严格遵循法定程序，依法保障行政管理相对人、利害关系人的知情权、参与权和救济权。

正当程序原则对区域规划领域的公众参与制度有下列要求：

第一，保障公众的知情权、参与权、表达权。公众知情权是获得区域规划相关信息的权利，保障公众的知情权是公众参与的基础，只有在知情的情况下，公众才能更为有效地参与决策。因此，要大力推进区域规划信息公开制度的建设。保障公众的参与权、表达权，就要保障公众通过各种途径和形式参与的机会，包括公示、意见征集、座谈会、论证会、听证会、发放问卷等途径和方式。

第二，以正当程序促进区域规划实质问题的解决。程序本身具有自身的价值，同时也有促进实体正义的工具性价值。通过正当程序，不同思想、观点、主张、看法的人们汇聚一处，通过自由充分的对话、交流，平等地享有表达权、话语权，在商谈过程中相互了解、相互协调，最后达成妥协，促进区域规划实质问题的解决。

（二）公众参与的现实意义

1. 保障人民群众的合法权益

从参与主体的角度来看，公众参与的最大现实价值在于保障人民群众的合法权益，这是公众参与制度的权益保障作用。发展和维护人民群众的利益是行政法最核心的价值追求，也是区域规划最终的价值落脚点。公众参与保障人民群众的合法权益表现在以下三个方面：一是参与的过程本身即满足了公众日益高涨的公民政治参与诉求。公众参与到区域规划的制定之中，就是在行使自己的参与权、表达权，对政治生活参与的需求在一定程度上得到了满足。二是通过参与，公众的意见可能将对区域规划的结果产生影响，从而实现自己的规划愿望，维护自己的合法权益。三是通过参与，公众的自由、个性得到锻炼、发展。在参与的过程中，我们每个人的自由都得到了发扬，我们的个人价值获得了实现，朝着塑造积极公民的方向又迈进了一步。

2. 监督国家公共权力依法运行

监督国家公共权力依法运行是全面推进依法治国、建设法治政府的必然要求。法治政府是一个透明、责任、公平、有效的政府，建设法治政府就要使行政权力的运行更加透明、负责、公平、高效。监督国家公共权力依法运行还是现实情况的客观要求。行政权力扩张是世界历史发展中的一个真实写照。在当下的我国，行政权力也有膨胀、扩大的趋势，因此，必须加大对国家公权力运行的监督力度，规范国家公权力的运行空间。

区域规划是政府行政权力作用的一种较为新颖的方式，公众参与区域规划的编制形成了对政府部门的一种监督制约。在完善区域规划有关程序的效力机制情况下，公众参与形成的意见将成为行政机关决策的重要参考，决策主体不得随意对待公众的意见，由此便形成了社会公众权利对国家权力的监督制约。

3. 构建政府与公民的新型关系

"公民权利与政府权力的关系问题是宪政民主的核心问题。西方思想史上的自由主义宪政论者把二者的对立绝对化，由此陷入二元对立的思维范式。"〔1〕在这种思维范式之下，政府与公民时时刻刻处于一种紧张的关系当中，二者对立越来越大，合作越来越少。在推动政府治理转型的旗号下，人们越来越多地寄希望于建立一个双向互动的合作机制，以实现政府与公民的双赢。在区域规划中引入公众参与，能使多元的力量在互动交流中互相妥协退让，最终达成一定程度的政治共识。此时，"公民权利和政府权力在理性引导下，形成一种相互妥协、和谐发展的关系结构，实现了正和博弈"。政府在这一过程中巩固了规划决策的民主正当性，增加了决策的被认可度，公众则通过参与实现了自己的政治诉求，维护了自身的合法权益。

---

〔1〕 王振亚、张志昌："超越二元对立：公民权利与政府权力新型关系探析"，载《陕西师范大学学报（哲学社会科学版）》2005年第6期。

4. 提高区域规划的民主性和科学性

民主性的本质特征是广泛听取社会公众意见，从最大多数人的最根本利益出发，选择最具有民意基础的决策方案。科学性的本质属性是始终严格地以客观存在的事实为根据，遵循事物运行的客观规律。民主与科学既有区别又相互联系。关于两者的关系，万里曾经指出："所谓决策科学化，首先就要民主化，没有民主化，不能广开思路、广开言路，就谈不上尊重知识、尊重人才、尊重人民的创造智慧、尊重实践经验，就没有科学化。反过来说，所谓决策民主化，必须有科学的含义，有科学的程序和方法，否则只是形式的民主，而不是真正的民主。"〔1〕

公众参与区域规划，能够平衡参与各方的利益，增强规划方案的公共性、民主性，有助于提升区域规划的可接受性，化解区域规划的合法性危机，为区域规划提供合法性、正当性的基础。同时，广泛的民主性有利于促进科学性的实现，有助于强化区域规划的科学性，提高区域规划的质量，从而实现人类善治和科学发展目标的结合。

二、公众参与的立法与实践

（一）公众参与的法律保障

1. 区域规划立法中的公众参与

由于我国目前对区域规划的理论研究还十分薄弱，实践中，专门针对区域规划法治化制定的规范性文件还十分有限。在中央立法层面上，2005 年国务院发布的《关于加强国民经济和社会发展规划编制工作的若干意见》要求对区域规划编制建立社

〔1〕 万里：《万里文选》，人民出版社 1995 年版，第 521 页。

会参与和论证制度。2015 年 7 月 4 日，国家发展和改革委员会印发了《国家级区域规划管理暂行办法》，该部规范性文件成为国家发改委首次出台的关于国家级区域规划的管理办法，对区域规划的立项管理、规划编制、审批实施、评估修订工作进行了规范，对实现国家级区域规划的规范化、制度化具有非常重要的意义。上述规定为区域规划制定过程中的公众参与机制奠定了良好的基础，主要表现在以下几个方面：

（1）关于参与主体的规定。参与主体是指区域规划制定过程中能够参与决策的个人或者组织。按照《关于加强国民经济和社会发展规划编制工作的若干意见》的规定，区域规划编制至少应当听取下列主体的意见：本级人民政府有关部门和下一级人民政府以及其他有关单位、个人的意见，本级人民代表大会、政治协商会议有关专门委员会的意见，一般社会公众的意见，不同领域专家的论证意见。

（2）关于参与事项的规定。参与事项是指区域规划制定中公众有机会参与讨论的内容。现有规定对参与事项作出了详细的规定，而且范围广泛：一是区域规划本身涉及事项的参与。《关于加强国民经济和社会发展规划编制工作的若干意见》规定，编制规划前，必须认真做好基础调查、信息搜集、课题研究以及纳入规划重大项目的论证等前期工作，及时与有关方面进行沟通协调。《国家级区域规划管理暂行办法》第 10 条规定："编制国家级区域规划应当认真做好数据收集、实地调研、信息分析、专题研究等基础性工作，深入论证规划涉及的发展目标、功能定位、区域布局、资源环境承载力、重大项目、政策措施、特定事项等重大问题。"二是区域规划相关的环境评价、风险评估的参与。第 14 条规定："国家级区域规划编制过程中，应当依法进行环境影响评价、社会稳定风险评估等，并在规划中予以阐述，或纳入规划编制说明一并上报。”由此可见，社会公众还将可能参与区域规划的环境影响评价、社会稳定风险评估等事项。

（3）关于参与程序的规定。对公众参与的程序规定体现在：一是一般公众参与程序。《关于加强国民经济和社会发展规划编制工作的若干意见》明确要求要建立健全规划编制的公众参与制度，编制规划要充分发扬民主，广泛听取意见。《国家级区域规划管理暂行办法》第12条规定：“国家级区域规划编制单位可采取多种形式广泛征求社会各界意见，提高规划编制的公开性和透明度。除涉及国家秘密的外，规划编制部门应当公布规划草案或者举行听证会，听取公众意见。”二是专家论证程序。《关于加强国民经济和社会发展规划编制工作的若干意见》要求区域规划实行编制规划的专家论证制度，在规划编制过程中认真听取由不同领域专家组成的专家委员会的意见，规划草案形成后要组织专家进行深入论证。《国家级区域规划管理暂行办法》第13条规定：“国家级区域规划编制应当认真听取专家意见，充分发挥专家咨询作用。规划草案形成后，组织专家进行论证。规划经专家论证后，应当由专家出具论证报告。”另外，2006年4月国家发改委在《关于区域规划的若干问题》中，以指导意见的形式指出，编制好区域规划应建立相对稳定的专家队伍。

（4）关于参与结果的规定。社会公众的参与到底能不能发挥作用，将在多大程度上产生影响，这些问题与参与活动的组织者如何对待公众意见有很大关系。为了督促组织单位认真对待公众意见，让社会公众的参与真正发挥作用，《关于加强国民经济和社会发展规划编制工作的若干意见》要求规划编制说明要载明规划编制过程，征求意见和规划衔接、专家论证的情况以及未采纳的重要意见和理由；未经专家论证的规划，不得报请批准和公布实施。《国家级区域规划管理暂行办法》明确规定了公众参与结果报告制度，其第16条规定："规划编制单位在提交规划草案时，应当报送规划编制说明和论证报告以及法律、行政法规规定的其他材料。规划编制说明应当阐明规划编制过程、征求意见和规划衔接、专家论证意见以及未采纳的重要意见及理由等。"据此规定，规划草案报送审批时，应当同时说明征求意见过程和专家论证意见，对于未采纳的重要意见应当说明未采纳的理由。

在地方性规范层面上，目前有些地方制订了一些区域规划相关的管理规定，这些规范大致可以分为三类：①包含在国民经济和社会发展规划编制工作的规范当中。例如，吉林省人民政府发布了《关于加强国民经济和社会发展规划编制工作的意见》，其中对区域规划编制的公众参与作了规定。②关于区域规划编制和实施监督管理的一般性地方规范。这类规范在辖区内对区域规划的编制、实施、监管和修订具有一般性的效力，对区域规划的全过程都适用。例如，《宁波市余慈区域规划管理办法》和《武汉市国民经济和社会发展专项规划与区域规划管理办法》即属此类。③关于某一区域规划实施的地方性规范。这类规范旨在切实加强对已经获批的区域规划的组织实施工作，只对某一特定的区域规划的实施活动产生效力，并非可以普遍适用于区域规划从制定到实施全过程的规范。这类规范典型的是《广东省珠江三角洲城镇群协调发展规划实施条例》。考察区域规划制定中的公众参与制度，主要以前两类规范为对象进行分析。

首先，关于规定在国民经济和社会发展规划编制工作规范中的公众参与，本书选取了七个地方的规定，摘取其中有关公众参与的条款，得到表格如下：

	国民经济和社会发展规划编制工作规范中的公众参与规定
嘉兴市	扩大规划公众参与。要采取多种形式保障公民、法人和其他组织参与规划编制过程和了解规划内容的权利。发展规划纲要和其他重要规划正式送审前，应预先听取人大、政协的意见，并征询社会公众意见。与人民生活密切相关的空间规划、专项规划，在草案初步形成后，除需要保密的之外，可采取听证、公示等适当形式，为社会公众参与规划编制开辟畅通的渠道。 健全规划专家论证制度。有条件的地方可建立规划咨询专家库，根据工作需要分类设立规划咨询专家委员会，组织开展规划咨询、论证、评估等活动。发展规划纲要和重要规划在送审前应组织专家论证，其中市级重要规划由市规划协调办提请市咨询委主持论证并提出审议意见，努力形成规范化的规划决策咨询机制。
四川省	充分发挥专家的作用，实行规划编制专家论证制度，提高规划的科学性。规划编制过程中应认真听取专家的意见，规划草案形成后，要组织专家进行深入论证。规划经专家论证后，应当由专家出具论证报告。 规划编制部门在提交规划进行审定时，应当报送规划编制说明、征求意见和规划衔接情况、专家论证报告、意见采纳情况和未采纳理由以及法律、行政法规规定需要报送的其他有关材料，同时，应明确公布事项，即全文公布、删去涉密内容后公布和不公布。
自贡市	强化专家论证。充分发挥专家的作用，实行规划编制专家论证制度，提高规划的科学性。由市发改委负责组织建立专家库，对全市的重点规划进行指导和评议。各编制单位在规划编制过程中应认真听取专家意见，规划草案形成后，要组织专家进行深入论证。规划经专家论证后，应当由专家出具论证报告。
内蒙古	实行公众参与和专家论证制度。为提高规划的科学性，要充分发扬民主，采取召开座谈会、通报会、听证会等形式，广泛征求社会各界意见。要组建由不同领域专家组成的规划专家咨询审议委员会或专家咨询审议组等，认真听取专家意见。各级各类规划在送审前必须进行专家论证或由专家和相关部门进行联合审查。规划经专家论证和联合审查后，须由专家出具论证报告。未经论证和审查的规划，不予批准和公布实施。

续表

呼和浩特市	各类规划在编制过程中要广泛征求意见，要充分发扬民主，采取召开座谈会、通报会、听证会等形式，听取社会各界意见。应视不同情况，征求本级人民政府有关部门和下一级人民政府以及其他有关单位、个人的意见。 市总体规划草案送市人民政府审定前，要认真听取本级人民代表大会、政治协商会议有关专门委员会的意见，接受指导。 各类规划在编制过程中要认真听取专家的意见，市人民政府编审委员会要组建由不同领域专家组成的规划专家委员会，组织开展规划咨询、论证、评估等活动，各类规划在送审前必须进行专家论证。 市总体规划、区域规划、重点专项规划由市人民政府编审委员会办公室组织专家论证，一般专项规划由主管部门组织论证。规划论证时专家人数一般不少于7人，具有高级职称的专家应不少于60%。规划经专家论证后，应当由专家出具论证报告。未经专家论证的规划，不得报请批准和公布实施。
辽宁省	建立编制规划专家论证制度。省发展改革委、各市政府发展改革部门要分别组建由不同领域专家组成的规划专家委员会，并在总体规划、专项规划、区域规划编制过程中认真听取专家委员会的论证意见。规划形成后，要组织专家进行深入论证。规划经专家论证后，应当由专家出具论证报告。
武汉市	规划编制单位在拟订规划草案前，应当做好基础调查、信息搜集、重大问题研究以及需要纳入规划的重大项目论证等前期工作。 规划编制单位应当将专项规划、区域规划草案送相关单位征求意见，进行衔接协调；被征求意见单位应当在规定期限内以书面形式反馈衔接协调意见。 规划编制单位应当组织专家对专项规划、区域规划草案进行论证。 专项规划、区域规划草案在报送审批前，规划编制单位应当公示规划草案，公示期不得少于7天，并通过召开座谈会、听证会等形式，广泛听取社会公众的意见。 发展改革部门对未按照规定进行衔接协调、专家论证、征求意见和环境影响评价的专项规划、区域规划草案，不予受理。 发展改革部门应当重点从以下方面对专项规划、区域规划草案进行审查：……（四）意见和建议采纳情况。

在所有这些地方的国民经济和社会发展规划编制管理办法当中，惠州市的规定尤其值得关注，因为与其他地方相比，惠州市对公众参与规定得相当详细。以下是《惠州市国民经济和社会发展规划编制管理办法》的相关规定：

第23条　规划编制必须认真做好基础调查、信息搜集、课题研究以及重大项目的论证等工作，采取多种形式广泛听取各方面意见。

第24条　规划草案形成后，应当送相关单位征求意见，被征求意见单位应当在规定期限内以书面形式反馈意见。

第28条　规划编制部门根据衔接结果报告对规划文本草案进行修编后，应报请同级发展改革部门组织论证。

第29条　发展改革部门应在规划编制部门提出召开论证会议申请30天内组织召开论证会议。论证会议由发展改革部门主持，邀请相关专家、相关行业主管部门以及规划编制部门、规划编制单位等相关人员参加，并由论证专家组出具论证报告。

论证报告应全面、客观、公正，由论证专家组组长签字确认。

第30条　论证专家组一般不少于5人，……

论证专家组以市政府专家库相关专家为主（县、区级以下规划论证，该县、区籍专家1人以上），本市外相关专家不少于2人。论证专家组专家由发展改革部门在市政府专家库和本市外专家库相关专家中随机抽取。

第31条　规划编制部门应根据论证报告对规划文本草案进行修编。

论证报告与衔接结果报告相冲突的，由发展改革部门进行协调并形成协调意见，协调不成的应报同级人民政府决定。

第32条　规划编制部门应当采取多种形式保障公民、法人和其他组织参与规划编制过程和了解规划内容的权利。经论证、修编的规划文本草案，规划编制部门必须在其门户网站、同级政府门户网站及本区域内主要报刊上公示，公开征求社会公众意见。对涉及重大社会公共利益或者可能对人民生活、生态环境产生重大影响的专项发展规划，应当召开听证会。

公示期限不少于30天。公示必须向公众提供电子邮箱、固定电话、传真、邮寄地址等意见反馈渠道。

第33条　公示期满后，规划编制部门对公众意见认为合理且应对规划文本草案进行修编的，应形成修编意见。规划编制单位应根据规划编制部门的修编意见对规划文本草案进行修编。

规划编制部门对公众意见集中、反应强烈、但认为不宜修改的问题应通过原公示网站和报刊进行详细解释。

其次是专门针对区域规划编制和实施管理的地方性规范，这类规范数量不多，本书选取了湖南省长株潭、浙江省和宁波市余慈三个地方的规定，梳理公众参与条款如下：

地方性规范	公众参与条款
《湖南省长株潭城市群区域规划条例》	第10条　区域规划由省人民政府组织专家评审，征求社会各界意见，报请省人民代表大会常务委员会审议，报国务院批准。
浙江省发改委《关于关于加强我省区域规划工作的若干意见》	区域规划编制过程中，应充分征求区域相邻地区以及区域内企事业单位、社会团体和公众的意见。 由省发改委牵头建立区域规划咨询审议委员会。咨询审议委员会由政府部门、企业界、学术界、中介机构和其他社会团体的代表组成，负责区域规划的咨询、论证和规划批准前审议、实施后评估等活动。

续表

地方性规范	公众参与条款
《宁波市余慈区域规划管理办法》	第 11 条第 3 款　余慈区域规划协调监督机构应当依法将拟订的余慈区域规划向社会公告，并采取论证会、听证会等方式征求社会公众、专家和有关部门的意见。 第 19 条　确定余慈区域内禁止开发区域、限制开发区域范围内的建设项目和具有区域性重大影响的建设项目应当征询公众和专家意见。征询意见可以采取听证会、论证会、座谈会或者通过新闻媒体、政府网站等方式。

2. 城市规划立法中的公众参与

目前，我国还有大量关于规划的法律依据规定在《城乡规划法》《环境保护法》《环境影响评价法》及相关的配套规定当中，这些相关领域的立法将为区域规划制定中的公众参与提供积极的借鉴意义。早在 1980 年原国家建设委员会颁布的《城市规划编制审批暂行办法》(已失效) 就规定了“编制城市规划，必须充分发挥专业技术人员的作用。在编制过程中，要采取展览会、座谈会、调查会等多种形式，听取有关部门和人民群众的意见”。这在规章层面上提出了城市规划编制中公众参与的整体法律要求。

1991 年的《城市规划编制办法》规定：“编制城市规划应当进行多方案比较和经济技术论证，并广泛征求有关部门和当地居民的意见。”相比之下，2005 年新的《城市规划编制办法》则规定得更为全面、更为详细。其中第 6 条规定：“编制城市规划，应当坚持专家领衔、公众参与、科学决策的原则。”第 14 条规定：“在城市总体规划的编制中，对于涉及资源与环境保护、区域统筹与城乡统筹、城市发展目标与空间布局、城市历史文化遗产保护等重大专题，应当在城市人民政府组织下，由相关领域的专家领衔进行研究。”第 16 条规定：“在城市总体规划报送审批前，城市人民政府应当依法采取有效措施，充分征求社会公众的意见。在城市详细规划的编制中，应当采取公示、征询等方式，充分听取规划涉及的单位、公众的意见。对有关意见采纳结果应当公布。”第 17 条第 2 款规定：“城市详细规划调整，应当取得规划批准机关的同意。规划调整方案，应当向社会公开，听取有关单位和公众的意见，并将有关意见的采纳结果公示。”可见，修改后的《城市规划编制办法》不仅将公众参与作为原则进行了规定，还明确了必须由专家研究论证的事项，要求公示公众意见的采纳情况，整个公众参与程序更具有操作性和互动性。

首次在法律层面上规定规划领域公众参与的程序的是 2007 年全国人大常委会通过的《城乡规划法》。该法第 26 条规定：“城乡规划报送审批前，组织编制机关应当依法将城乡规划草案予以公告，并采取论证会、听证会或者其他方式征求专家和公众的意见。公告的时间不得少于三十日。组织编制机关应当充分考虑专家和公众的意见，并在报送审批的材料中附具意见采纳情况及理由。”为了落实《城乡规划法》，各地方还颁布了大量相配套的法规、规章和其他规范性文件。例如，上海市除了《上海市城乡规划条例》之外，还专门制定了《上海市制定控制性详细规划听取公众意见的规定（试行）》，详细规定了公众参与城市规划的工作程序、方式、公众意见的研究处理等。

（二）公众参与的实践探索

公众参与不仅是一种民主理论，更应当是一种制度实践，因为公众参与最重要的价值最终体现在与人民群众直接相联系的实践当中。通过考察公众参与的实际运作情况，我们可以窥探出现实区域规划中公众参与的特点以及存在的问题。

1. 参与主体

从以往的实践来看，区域规划制定中公众参与的主体主要有以下几类：

（1）专家。专家参与区域规划论证的最常见形式是组成专家咨询组。专家因具备丰富深厚的专业知识，能为规划方案的科学性提供强大的技术支持，已经成为区域规划制定中不可缺少的重要参与主体。例如，在《京津冀协同发展规划纲要》编制过程中，专家咨询委员会充分发挥咨询论证作用，为明确功能定位、编制规划纲要提供了重要的智力支撑。〔1〕又如，在长三角和京津冀都市圈两个地区的区域规划编制工作中，启动阶段确定工作方案时听取了专家的建议；随后成立了由若干位具有较深研究资历的专家组成的咨询组，负责对研究大纲、重点领域、研究成果等进行咨询、论证；再者举办了区域规划工作研讨班，邀请了国内相关领域著名的专家，就区域规划的有关问题进行专门的演讲，安排专门的时间供大家进行讨论和交流；等等。〔2〕

（2）公众。此处的公众是指除专家之外的普通社会公众。公众参与区域规划制定的组织形式多种多样：一种是最常见的以普通公民个人的身份参与，如以个人名义参加听证会、参与意见征集活动；另一种是按社会相关行业、领域或者地区，以代表的身份参与，比较常见的有规划地区居民代表、开发商、基层组织代表、人大代表、政协委员、相关行业人员。如《粤东城镇群协调发展规划》公众咨询组的组成人员中，就有来自

---

〔1〕“京津冀协同发展领导小组办公室负责人就京津冀协同发展有关问题答记者问”，载《人民日报》2015 年 8 月 24 日。

〔2〕参见国家发改委地区司区域规划处：“长江三角洲地区和京津冀都市圈区域规划工作进展情况”，载 http://dqs.ndrc.gov.cn/qygh/200508/t20050830_40385.html，访问日期：2017 年 9 月 1 日。

广大基层组织、各行业组织的代表。

2. 参与阶段

一般而言，区域规划的制定过程又可以分为编制工作启动前的基础研究、规划草案的初拟、意见征询、规划草案的修订等几个阶段。实践中，公众开始参与的阶段有的在编制工作启动前的基础研究阶段，有的则在规划草案的意见征询阶段。不过因为不同阶段的任务重点不一样，基础研究阶段的主要目标是论证确定区域规划的发展目标、功能定位，而意见征询阶段则涉及从目标定位、区域布局，到重大项目、政策措施等规划方案全部内容的讨论，因而不同阶段参与的主体也有侧重。从实践来看，专家一般很早就会参与，如在刚开始启动的京津冀协同发展规划的基础调研中，专家咨询委员会就深入实际调查研究并参与论证京津冀区域的功能定位。普通公众参与的时间多数在规划编制的中后期，通常在规划实施中建立起公众参与和民主监督机制，如珠江三角洲地区改革发展规划把普通公众参与的机会重点放在规划实施环节。

3. 参与事项

参与事项揭示了区域规划制定中公众参与的广度和深度。以《粤东城镇群协调发展规划》的编制为例，从现有的公开资料来看，公众参与讨论的事项有：对未来的发展期望、地区的优劣势及发展特色等问题，地区产业发展、区域合作、城市定位、交通、公共服务、环保及其相关问题等议题，在规划初步成果完成后提出新的发展方向和发展诉求。[1]又如，京津冀和长三角区域规划制定中，国家发改委向社会征集意见的范围包括：①区域整体功能定位；②城镇体系建设布局；③交通、能

---

〔1〕 参见郑泽爽："区域规划公众参与的实践与探索——从粤港澳三地的公众参与案例谈起"，载《2011年中国城市规划年会论文集》。

源等基础设施布局；④产业分工与空间布局；⑤水土资源开发、利用与保护；⑥生态环境保护与治理；⑦科教文卫资源整合与人力资源开发；⑧促进区域发展的政策体系；⑨区域规划实施的保障机制；⑩其他需要解决的跨省区重大问题。[1]上述个案的实践表明，公众参与的事项范围可以很广泛，大到区域发展定位等宏观问题，小到与公众生活息息相关的问题。

4. 参与方式

从我国区域规划制定实践看，公众参与的主要方式有以下几种：

（1）座谈会。座谈会在我国是公众与行政机关沟通交流的一种常见形式，也是公众直接参与区域规划制定的最重要形式。座谈会作为一种集体访问的方法，将众多的调查对象集中在一起进行灵活、开放和深入地面对面讨论，容易触发灵感，有时能产生滚雪球效应，同时程序方便、步骤简单，不仅适合专家也适合普通公众参加。在区域规划制定实践中，座谈会几乎成了必不可少的参与方式。例如，编制《粤东城镇群协调发展规划》时，两个阶段的公众咨询都采取了座谈会的形式。然而，座谈会的实效也受很多因素的影响，参加的人数毕竟有限，与会代表如何产生，参会人员能否真正代表广大民众的心声，这些都是实践中饱受非议之处。

（2）论证会。论证会有时也被称为专家咨询会、专家评审会，是我国重大行政决策过程中保证决策科学性经常运用的一项制度。专家运用其掌握的专业知识，对区域规划的专业技术问题发表意见，论证规划方案的科学性、可行性。随着社会分工程度的深化，专业技术知识的作用越来越重要，专家论证在

---

〔1〕“国家发改委征集京津冀和长三角区域规划建言”，载 http://www.fj.xinhuanet.com/news/2006-05/09/content_ 6926814.htm，访问日期：2017 年 9 月 1 日。

区域规划中的地位也越来越重要。现实中很多区域规划的编制都是由专业的科研机构完成的，这样实际上实现了专家的全程把脉，并且规划草案初步拟定后，往往还会有参与规划编制外的专家进行审查论证。

（3）问卷方式。问卷调查是一种传统的调查研究方法。填写问卷既适合定性问题也适合定量问题，在时间和地点上没有太多的限制，但是问卷方式无法进行追问，缺少互动交流的可能性。另外，纸质问卷的传统参与方式需要大量的人力去发放或邮寄并进行整理。对于小范围内的区域规划决策而言，问卷调查可以发挥一定的作用，如在编制《粤东城镇群协调发展》时就采用过由代表向公众发放问卷，但当区域规划涉及大范围大规模的决策时，传统问卷参与方式正逐渐丧失其优势。

（4）网络方式。信息技术的发展方便了人们的生活，也为公众参与区域规划的制定拓宽了渠道，通过互联网为规划编制献计献策渐趋成为一种主要的形式。网络参与方式通常不设置门槛，区域范围内外的网民都可直接参与，扩大了参与群体的基数，也有利于提高公众参与的效率。网络参与常见的有建言献策栏目专题、网络问卷、电子邮件等公开征集意见形式。如在京津冀和长三角区域规划研制时，为了充分听取社会各界对区域规划的意见和建议，进一步提高区域规划的公众参与度，国家发改委特在其门户网站主页“建言献策”栏目开辟了“京津冀都市圈和长江三角洲地区区域规划建言献策”专题，自2006年4月18日起至6月30日期间，面向全社会征求意见和建议。〔1〕

（5）其他方式。实践中，公众参与规划制定的方式可谓多

〔1〕“国家发改委征集京津冀和长三角区域规划建言”，载 http://www.china.com.cn/txt/2006-05/09/content_ 6203720.htm，访问日期：2017年9月1日。

种多样，除了上述几种方式之外，还存在诸如听证会、电话访问、采访和访谈、写信、举办展览、报告会、实地参观考察、大众传媒等多种方式与途径。

5. 参与效果

公众参与最终能够产生什么样的效果，在很大程度上决定着公众参与的积极性，这也是关系到区域规划科学性的关键问题之一。倘若区域规划编制主体有意让公众参与流于形式，不真正听取公众的意见，那么广大人民群众的智慧和心声便无法反映至规划当中，区域规划的公共性和科学性将难以得到有效保障。实践中，有的做法将征求得到的公众意见整理对外公布，如国家发改委曾经在其网站分 55 批公布了网民对京津冀都市圈区域规划的建言，分两批公布了网民对长三角区域规划的建议。此种做法至少表明征集者已经了解掌握了公众的意见。更多的做法是将公众的合理意见直接写进规划草案，但对外没有作出针对性的回应，尤其是对于未采纳的重要意见未对公众说明未采纳的理由，缺少了制定主体与公众之间的双向沟通与交流，以至于普通大众很难知晓哪些意见被采纳，哪些没有被采纳。

三、公众参与的现状检讨

（一）公众参与存在的问题

1. 参与主体缺乏代表性

参与主体是公众参与至关重要的组成部分之一。现今我国区域规划制定中公众参与呈现出“万马齐喑”的场面，与实践中参与主体事实上受到诸多限制有很大关系。公众参与主体存在的问题主要表现在以下两方面：

第一，参与公众和专家有时不能真正起到普遍代表的作用。从上述的分析中我们可以看出，座谈会和论证会是公众参与区域规划的两种很重要的方式，而在这两种参与途径中最重要的主体分别是普通公众代表和专家代表。市民参与的基础是利益，是通过听证会寻求自身利益被公共过程吸收的可能性，而专家的基础是专业知识，其所追求的是规划结果的科学性和技术合理性。[1]然而，从以往的一些公众参与实施情况中我们可以看到，普通的公众代表在很多时候并不能代表大多数人民的真实想法，与会专家有时也不能坚持科学真理，从而使得我国区域规划的公众参与频繁出现公共性和专家理性的缺失。

第二，普通民众参与往往缺乏有效的组织化。在以互联网开辟“建言献策”栏目方式公开征求意见的情况下，普通公众一般都是以公民个人的身份参与，单个主体的意见能对区域规划制定者产生多大的影响是一个未知的问题。在以听证会、座谈会形式参与的情形中，关于公众代表的产生，实践中的做法通常是先允许公民自由报名，然后会议组织者根据报名人员的身份以及拟表达的意见，确定参会的名单。由此产生的公众代表，所表达的意见常常只是个人的一己之见，众多的普通百姓因没有被有效组织起来而导致其声音被分散化解了，无法通过正常的渠道传递到决策者那里。因此，各地的各种听证会也经常走向形式主义的归宿，成为区域规划充当民主正当性的外衣。

2. 公众参与积极性不高

目前，实践中对于区域规划的制定过程，公众参与的热情并没有想象得那么高，很多时候除了一些相关单位、本领域的专业人员以外，普通百姓对参与制定规划的积极性明显不高。在不少普通群众看来，与自身有关的只是区域规划的结果，至于区域规划如何编制、区域政策怎样制定都与自己无关，这些

---

〔1〕 参见朱芒：“论我国目前公众参与的制度空间——以城市规划听证会为对象的粗略分析”，载《中国法学》2004 年第 3 期。

都是政府部门、专家学者的事情，与其多一事还不如少一事。公众参与积极性不高的现象还同参与效果不明显紧密联系在一起，公众的参与对规划结果产生不了影响会削减公众的参与热情。

3. 公众参与权无法律保障

在过去近十年的时间里，区域规划在我国遍地开花，但与此相关的国家层面的法律法规却一直未能出台。直到 2015 年 7 月，国家发改委才出台了《国家级区域规划管理暂行办法》，以部门规范性文件的形式对区域规划编制、审批、实施、监管等各个环节进行了规范。但细究起来，该规范也存在一些不足之处，影响了其实际作用的发挥。

首先，关于公众参与的规定较为原则。该《国家级区域规划管理暂行办法》第 12 条规定："国家级区域规划编制单位可采取多种形式广泛征求社会各界意见，提高规划编制的公开性和透明度。除涉及国家秘密的外，规划编制部门应当公布规划草案或者举行听证会，听取公众意见。"在没有进一步的细则规定出台之前，由于缺少公众参与的程序性规范，《国家级区域规划管理暂行办法》所体现的原则、精神恐怕难以在现实中得到切实、严格的遵守，相关的制度规定可能流于形式，不能真正发挥其应有的效用。其次，缺少法律责任的相关规定。《国家级区域规划管理暂行办法》没有规定法律责任的内容，对于未按照要求开展意见征求工作的规划至多也就是不予以批准，由此容易造成公众参与的随意性。再者，相关规范的效力位阶偏低。目前区域规划的规定还只停留在其他规范性文件当中，缺少更高级别的规范进行规定。效力级别过低会直接造成相关制度的权威不足，强制约束效力十分有限。

公众正当的参与权利得不到法律保障，正常的参与途径不畅通，会导致利益表达需求与制度供给不足的矛盾经常爆发，进而致使规划的制定与实施遇阻。

4. 相关信息公开不充分

区域规划公众参与信息公开不充分主要表现在两个方面：

第一，用于辅助规划制定的信息公开情况不理想。公众参与需要基于一定的背景知识，而现实规划中大量参考资料被政府当成内部信息，一般公众根本无从获知，从而对公众参与规划方案的制定造成障碍，而一旦到了规划结果公布之时，却又经常暴露出不能令人满意之处。此时的信息公开成了对规划成果的介绍和宣传，而非吸收公众的意见形成具有广泛民意基础的规划方案，参与的公众仅仅是在规划决策之后被动地学习规划方案。

第二，公众参与过程的信息公开不充分。公开公众参与过程的信息对于监督参与过程具有十分重要的意义，但是政府垄断相关信息几乎还是一种常态。听证会、座谈会参与人员的产生标准和程序，公众代表的个人情况，决策者对听证结果的处理依据、采纳情况以及不被采纳的原因，这些信息的公开情况往往无法达到人们的预期。相伴而生的通常是对决策者听取意见的诚意的质疑，对公众代表意见表达真实性的不信任，以及对整个公众参与机制运行有效性的怀疑。

5. 公众参与效果不明显

“公众参与的核心在于其有效性，通常表现为参与者的心理上的‘成就感’和参与者对政策的实际影响。”[1]通过观察可以发现，现实中公众参与的效果并非想象中那么显著，公众参与特别缺乏成就感，参与行动对规划的实际影响非常有限。

---

〔1〕 王锡锌：《公众参与和行政过程——一个理念和制度的分析框架》，中国民主法制出版社2007年版，第69页。

参与者心理的满足感其实很容易实现，有时，决策者的一个回应即足以使其心理产生满足感。我国当前区域规划公众参与成就感低说明了缺乏必要的意见反馈机制。要不要正面回应？如何回应公众的意见？由于立法缺少硬性的制度规定，决策者受懒政观念的影响往往采取不作为的姿态。由此，参与者的心灰意冷在所难免。参与行动对规划结果难以产生实质影响也会制约公众参与制度有效性的实现。目前，我国在对待公众意见的处理程序上尚无明确、具体的规定，收集到的公众意见有何法律效力不明确，全凭决策者的自由裁量。

（二）问题产生的原因探析

1. 行政理念更新慢

每一个历史时期都存在与其适应的特定行政理念。在我国传统文化中，皇帝的权威授命于上天，皇权的行使与百姓的参与几乎没有任何联系。改革开放之前，我国经济基础讲究公有制的一家独大，经济体制是权力高度集中的计划经济体制。与此相对应的是，在行政管理中，公权力拥有绝对的权威，“权力行政”理念占据了主要地位。改革开放以来，我国经济社会形态发生了巨大变化，对行政权力的观念也产生了深刻影响，“服务行政”理念获得普遍认同。近几年来，民主协商的新型治理方式受到了学界越来越多的关注，也在一些实践中得到了推崇。然而，由于各方面的原因，在区域规划领域，传统的行政理念仍然存在，由此便形成了行政主导的公众参与模式。在该模式下，公众参与的制度设计都是围绕着行政公权力做出安排，对广大公众一方缺少应有的重视。

2. 法律规定不完善

当前，区域规划公众参与存在的问题很多都与法律规范不完善有直接的关系。公众代表的遴选程序规范缺少，导致代表遴选的不公平与代表性欠缺，因而，我们经常在听证会上看见各种“听证专业户”。听证记录的法律效力没有明确的定位，常常可以看见听证会也开了，意见也都记录了，但最终广大人民的呼声还是没有被采纳。法律责任机制缺失让公众参与的整套制度游走在无法彻底贯彻的边缘。

域外一些发达国家的立法可以为我们提供很好的参考。例如，德国从宏观的联邦土地利用规划、州域规划，经过中观的区域规划，到微观的市镇建设规划，每个层次规划都有相应的法律和条例指导，从上到下构成了一个完整的规划法律体系，充分体现了规划的强制性和约束性。德国规划从制定到实施始终贯彻公众参与的理念。有关法律明确规定：“在制定空间规划计划时必须有公众的参加或者参与”；“在负责空间规划的联邦部内部必须建立一个咨询委员会”。各类规划设计方案在议会最终审批前，都要对市民公示，广泛吸引公众参与，积极征求广大公众的意见。〔1〕

3. 社会组织不发达

美国著名学者亨廷顿曾说：“政治发达社会与政治不发达社会的分水岭就是各自拥有组织的数量、规模和效率，这是一目了然的。如果社会和经济变革破坏或摧毁了人们结社的传统基础，获得高水平的政治发展便依赖于人们形成新的结社的能力。”〔2〕区域规划的制定与实施也是一个政治过程，利益的组织化对公众参与规划的制定具有很重要的积极意义。在当前我国公众参与区域规划情境下，正如亨廷顿所说的，存在的问题是

---

〔1〕 参见成媛媛：“德国城市规划体系及规划中的公众参与”，载《江苏城市规划》2006年第8期。

〔2〕［美］塞缪尔·亨廷顿：《变化社会中的政治秩序》，王冠华等译，生活·读书·新知三联书店1989年版，第29页。

"创建组织"，即能够有效地将公众利益组织起来的社会组织还没有发展起来。

据统计，截至2014年底，全国共有社会组织60.6万个，社会团体31万个。[1]但在这些组织团体当中，专注区域规划的为数不多，大多是一些科研院所、研究单位，而真正能够组织社会公众以表达利益诉求的更是少数甚至恐怕没有。究其原因，其主要与我国对社会组织的严厉管控政策有关。

社会组织不发达带来的常常是公众利益分散，利益表达无法实现，因为分散的个体永远是弱小的，只有将分散的力量组织起来，才能对区域规划的制定产生影响。

4. 公民权利被漠视

我国《宪法》第2条规定，中华人民共和国的一切权力属于人民，人民依照法律规定，通过各种途径和形式，管理国家事务，管理经济和文化事业，管理社会事务。[2]法国《人权宣言》曾在序言中写道："不知人权、忽视人权或蔑视人权，是公众不幸和政府腐败的唯一原因。"[3]区域规划中，在封闭式自我意识的影响下，规划的制定常常由少数领导拍板决策，几乎与公众分离。制定者片面地追求"宏伟政绩"工程，只对上级负责，向上级交差，轻视了公众的作用，对公众的知情权、表达权、监督权没有基本的尊重，导致公众完全没有发挥到作用。

第三节　区域规划的程序机制

区域规划的科学性涉及很多技术问题，行政机关在编制过

---

〔1〕"民政部发布2014年社会服务发展统计公报"，载http://www.mca.gov.cn/article/zwgk/mzyw/201506/20150600832371.shtml，访问日期：2017年9月1日。

〔2〕参见《中华人民共和国宪法》第2条。

〔3〕何勤华主编：《外国法制史》，清华大学出版社2008年版，第77页。

程中享有广泛的自由裁量权，要从实体法上对其进行规范存在着诸多困难。“计划法治化的实现更大程度上取决于程序保障，以公开、民主为原则的程序规制成为计划法治的核心。”〔1〕如果有科学的程序作保障，很多缺乏科学论证的规划完全可以避免，因此，从行政程序角度设计对区域规划科学性的法律保障机制成了较为可行的选择。总的来说，应当以法律的形式将科学的规划程序确立起来，以制度规范保证区域规划的科学性，并应特别重视建立和完善我国区域规划信息公开制度、公众参与制度、专家论证制度、风险评估制度、责任追究机制和追踪评价制度。

一、信息公开制度

公开是行政权力运行应当遵循的一项基本原则，是衡量一个国家政治文明程度的重要指标。行政公开，指将行政权力运行的依据、过程和结果向相对人和公众公开，使相对人和公众知悉。〔2〕信息公开对促进区域规划的科学性具有重要的意义。首先，信息公开是公众参与制定区域规划的基础。区域规划是一项具有宏观性、综合性的行政计划行为，一般公众对相关信息的了解只能通过政府获知。这种在信息获取上对政府的高度依赖性决定了政府必须更加有所作为，要通过各种形式将法律规定的保密事项以外的信息向社会公开，保障公民的知情权，公众才能在了解真实情况的基础上，参与区域规划的制定，以保证区域规划的科学群策群力。其次，信息公开有利于防止决

〔1〕 马怀德主编：《行政程序立法研究：〈行政程序法〉草案建议稿及理由说明书》，法律出版社 2005 年版，第 360 页。

〔2〕 应松年主编：《行政程序法立法研究》，中国法制出版社 2001 年版，第 463 页。

策者的恣意行为。信息公开能够使广大人民群众知悉行政权力运行的过程，增强区域规划的透明度，奠定公众行使监督权的基础，促进区域规划相关部门工作职能到位和行为规范，改进工作作风和工作方法，减少甚至避免行政的恣意，降低区域规划的随意性，提高其科学性。

在我国，信息公开已经有了原则性的规定，并成了一些领域行政机关的法定义务。2004 年国务院《全面推进依法行政实施纲要》提出，行政机关实施行政管理，除涉及国家秘密和依法受到保护的商业秘密、个人隐私的外，应当公开，注意听取公民、法人和其他组织的意见；要完善行政决策程序，除依法应当保密的以外，决策事项、依据和结果要公开，公众有权查阅。《行政许可法》《行政处罚法》等法律对行政许可、处罚等领域的公开也作了明确规定。例如，《行政许可法》第 40 条规定："行政机关作出的准予行政许可决定，应当予以公开，公众有权查阅。"2008 年《政府信息公开条例》实施，对政府信息的公开作出了一般性的规范。尽管取得了一些成就，但到目前为止，专门对区域规划的公开进行规定的法律还没有出台，只有《国家级区域规划管理暂行办法》第 18 条规定了"国家级区域规划印发实施后，有关部门和地方应当依法及时、准确地公开信息。……"可见，我国区域规划方面的信息公开制度还不健全，需要进一步完善。

（一）公开的事项

建立和完善区域规划信息公开制度，应当公开的事项有以下几个方面：

（1）区域规划基础调查的公开。区域规划的基础调查研究是确定规划目标、拟制规划方案的基础，具有非常重要的参考作用。在规划启动的前期阶段，往往有一个区域发展的现状调查和资料收集的过程，包括收集有关的背景资料、资源情况、环境状况，有关影响区域社会经济发展各种条件、各种要素的基础性资料。这些资料为公众参与区域规划奠定了基础，在不违反有关法律的情况下，应当尽量向社会公开。公开的信息还应当满足准确、完整的要求，不能为了特定目的而有所选择地公开，并应当于信息形成之后就及时公之于众，给予公众充分的时间查阅、研究。

（2）区域规划拟订方案的公开。区域规划的拟订方案是规划的一个阶段性成果，也是接下来决策者与公众要讨论的主要对象。因此，只有将拟订方案主动公之于众，才能保障公众的知情权，为公众有效参与和接受社会监督创造条件，才能摒弃神秘主义倾向，避免区域规划的决策者闭门造车。拟订方案的公开具体应当包括规划方案的文本草案、拟采取的措施，以及意见反馈的途径、期限等。在方式上可以采取集中展示的形式，并提前公告。例如，可借鉴《德国行政程序法》第 73 条的规定，需至少提前一周就行政规划拟订方案的展示事宜以当地惯用的方式公告，公告的主要内容包括展示的时间、地点、提出异议的期限以及逾期提出异议的法律后果等。〔1〕

（3）区域规划公众参与的公开。公众参与过程不透明是当前各种意见征集广受诟病之处。要改变这种局面，首先要在程序上做到全过程的公开透明。区域规划听证会、座谈会除了公开召开的时间、地点，还应当公开会议参加人的个人基本情况、要讨论的主要议题；公开听证会、座谈会的会议内容，与会人员发言情况；公开决策者对意见的采纳情况。采取其他形式参与规划制定的，应当公开公众意见的整体情况、采纳与否及其

〔1〕 王青斌：《行政规划法治化研究》，人民出版社 2010 年版，第 165 页。

理由。

（4）区域规划确定结论的公开。区域规划方案经过批准即成为具有相应效力的决定。根据法治的公开性要求，区域规划确定之后只有向社会公布，人们才能产生稳定的预期，提前规划自己的行为，做好生活生产的安排。同时，在区域规划方案公开后的一定期限内，有利害关系的人申请公开作出区域规划时的相关资料的，区域规划的决定机关应当提供相关信息。

（二）公开的对象

公开的对象是指区域规划的信息应当向哪些人公开。这是一个信息公开覆盖范围的问题，回答这一问题即要回答谁有权获得区域规划的信息。为了保障公众的知情权，区域规划信息至少应当在利益可能受到影响的区域范围内公开，如果是属于国家级的区域规划，则应当向全国范围公开，让全国的公众都能够获得。

（三）公开的方式

信息公开应当具备便利性及可获得性，因而确定公开的方式需从这两方面入手。借鉴国际国内通行的做法，公开方式应由主动公开和依申请公开构成。主动公开可以采用政府网站、新闻发布会、报刊、电视、广播等便于公众知晓的方式，依申请公开应当满足申请人对形式的合理要求。

二、公众参与制度

区域规划事关整个区域的未来发展，关系到区域内部居民的生存发展，属于重大决策的事项，因而，首先应当通过立法将公众参与制度设定为区域规划的必经程序。通过上一节的分析，我们可以看出，我国区域规划的公众参与存在主体缺乏代表性、公众参与积极性不高、参与权无法律保障、参与效果不明显等问题。针对这些问题，我国有必要在以下几个方面完善区域规划的公众参与制度。

（一）参与的主体

为了使决策者能倾听更多公众的意见，以及使公众意见得到更有效的表达，我国应当从三方面进行改造：一是要扩大参与的公众范围。通过创新参与的形式，尽可能保证不同文化程度、不同知识背景、不同行业领域、不同地理范围的公民都有便利的参与渠道，在思想上树立全民参与的理念，在技术上为更多的公众参与创造条件，在事实上保证广大公众的参与可能性。二是要提高利益的组织化程度。公众利益的组织化可以通过结社，也可以通过非结社的方式来实现。打通前者的道路，就要保障公民宪法赋予的结社自由权利，改革现有社会团体登记双层许可的体制，放宽社团的成立条件，降低民间组织的设立门槛。在体制上预留允许公民利益组织化表达式的机会，让公众在实践当中锻炼、培养参与公共生活的能力。三是要完善听证会、座谈会代表的选拔程序。改变目前的行政主导模式，淡化行政权力的影响力，打破当前政府对代表产生的垄断格局。可以借鉴民事诉讼中诉讼代表人的产生程序，先由公众推选代表人，无法产生时由组织者在报名人员中提出人选与公众协商，仍无法产生时才由组织者单方确定代表人。而对于专家的选择，可以建立相应的专家库，从中随机抽取一定数量的专家参加论证。

（二）参与的时间

公众参与区域规划的机会与规划引入公众参与的阶段有关，公众参与得越早，公众意见影响区域规划的可能性就越大。在时间上保障公众的参与权利，就要在区域规划启动之时就倾听公众的意见，从规划启动到规划方案的确定，全过程增加公众参与的机会，让公众参与伴随规划的始终，以广泛的民主性促进区域规划的科学性。如果公众参与仅仅停留在区域规划草案的编制阶段，则压缩了公众行使参与权、监督权的空间。实践中已有一些区域规划做得比较好。例如，在2004年《京津冀都市圈区域规划》启动之初，国家发改委就成立了专家咨询组对规划进行前期综合研究和专题研究；规划编制启动前，国家发改委在其官方网站向公众开放了70天。这些积极的做法为区域规划的科学性提供了有力的程序保障。

（三）参与的事项

公众参与的事项范围越广越有利于公众意见的表达，但因不同的参与方式可供讨论的范围事实上会有所不同。通过互联网公开征求意见的，参与事项在范围上不应当有任何限制，公众应当有权对所有问题发表自己的意见。采取座谈会、听证会等方式的，如果对规划涉及的所有事项进行逐一讨论，将会浪费有限的人力、物力、财力，与其面面俱到，不如将有限的资源集中到特定问题上，解决关涉公众利益的重大问题，例如区域的发展定位、产业发展、交通布局、公共服务、环境保护等议题。

（四）参与的方式

公众参与的方式应当具备多样性，因为不同的参与方式能够满足不同人群的需要，多种多样的方式同时并存能够最大程度地实现制度供给，回应公众日益高涨的参与需求。在信息化高度发达的今天，政府在运用传统的座谈会、听证会、公示展览、实地走访等形式时，也要加大新型网络渠道的开发力度。健全公众参与的方式，对于一些常见的重要参与途径，有必要从立法上进一步完善。例如，听证的主持人应当由相对中立的第三人充当，以增强听证双方的对抗性，引导听证会向准司法化的方向迈进。

（五）参与的效力

参与结果能产生怎样的效力直接关系整个公众参与制度成败，如果决策者不认真对待公众的意见，根本不听取合理的建议，那么公众参与将是一个摆设，对区域规划的科学化无任何助益。要强化公众参与的效果，首先应当在立法上明确规定听取意见的强制性，对于应当听取公众意见而没有听取的区域规划草案，一律不得提交批准机关审议。其次要建立公众意见反馈机制。参与式行政要求行政机关保障公众的参与权利，也要对公众意见认真对待、作出回应。在制度构建上，则要建立完善公众意见的整理、反馈、回应机制。其内容包括：首先，行政机关要对公众提出的各种意见进行分门别类的归纳、整理；其次，对于有价值的合理意见，应当采纳，并在意见回应时说明采纳情况，对于没有采纳的应当说明理由；最后，行政机关应将公众参与的情况和听取、回应情况整理为书面材料，按照政府信息的方式进行公开。〔1〕

三、专家论证制度

区域规划是一项很综合的系统工程，涉及很多专业的技术问题，这些专业问题不是政治家凭借经验智慧就能解决的，也不是基于社会公众产生的公共性所能化解的，而必须由专业知识来对症下药。专家参与区域规划不是以个人利益为基础，而是要完全出于公心，运用自己掌握的专业学识参与进来，因此，专家论证对于区域规划科学性具有重要的保障作用。

区域规划领域的专家论证制度在我国还是一项正在成长、

---

〔1〕 参见栗燕杰：《行政决策法治化探究》，中国法制出版社 2011 年版，第 144 页。

尚未成熟的制度。在行政立法领域，专家论证早已经被确立为一个基本的程序。如《行政法规制定程序条例》第 22 条第 1 款规定："行政法规送审稿涉及重大利益调整的，国务院法制机构应当进行论证咨询，广泛听取有关方面的意见。论证咨询可以采取座谈会、论证会、听证会、委托研究等多种形式。"[1]但在行政决策方面专家论证制度的建立还较为滞后。党的十六大要求完善专家咨询制度，实行决策的论证制和责任制，防止决策的随意性；十七大提出推进决策科学化、民主化，完善决策信息和智力支持系统；十八届四中全会强调健全依法决策机制，把专家论证确定为重大行政决策法定程序。在这种精神的引导下，我国很多地方都出台了相应的规范性文件，有的地方还就此制定了专项规定。《国家级区域规划管理暂行办法》第 13 条规定："国家级区域规划编制应当认真听取专家意见，充分发挥专家咨询作用。规划草案形成后，组织专家进行论证。规划经专家论证后，应当由专家出具论证报告。"由此正式在规范层面上将国家级区域规划领域的专家论证制度确定下来。

（一）保证专家的中立性

关于专家论证，实践中出现的最大问题是在强大的行政权力面前，专家的独立性、公正性难以得到保证。专家咨询论证理应是以客观事实为依据，运用专业知识，提供中立的科学咨询。然而在立法没有明确专家权利义务、没有相应保障制度的情况下，现实中一些专家已丧失其独立自主的品质，或者依附于强大的行政部门，或者依附于其他利益团体。要切实落实专家论证制度，必须防止专家论证流于形式，特别是要防止专家成为行政机关的"喉舌"。因此，应采取措施保证专家地位的独

---

〔1〕 参见《行政法规制定程序条例》第 22 条。

立性，使专家的意见不受不正当因素的干扰。[1]

要解决专家独立性缺失的问题，首先要理顺专家与政府部门的关系。专家应回归咨询的本身职能，专家只是作为咨询的机构，为决策制定提供专业建议，与行使决定权的决策机关理应是一种相互独立、互相平等的关系，两者各自独立平等地行使自己的职权。其次，要在体制上作出专家独立运行的安排。一方面，可以建立专家库，在需要咨询专家的时候，从数据库里面随机地抽取一定数量的专家，防止事先特意挑选专家，以咨询专家产生的随机性来避免其受人为的干扰。另一方面，要建立专家中立的保障措施，保证其独立、自由地发表自己的意见，而不受外在因素的影响。

（二）专家论证的内容

专家论证主要是对拟订方案或者多个可供选择的方案进行必要性、可行性和均衡性的论证。

1. 必要性论证

必要性论证是指论证被讨论的事项是否需要行政权力进行干预，是否有必要写进区域规划当中，以及针对某个问题是否有必要采取规划中拟定的方案。区域规划虽然是综合性的规划，必须注重系统协调性，但也没必要覆盖各个领域、事无巨细面面俱到，否则其会因为涉及面过广而重点不突出、目标不明确，而无法彻底贯彻落实。很多问题因市场经济而产生，留给市场去解决反而更为有效，因此，就无需政府运用行政权力去进行规划，也就没必要写进区域规划当中。行政权力的运行还应当遵从比例原则，所采取的手段首先必须是有必要的，对目标的达成具有不可替代性，存在多个能够实现法律目的的行为方式

---

〔1〕 王青斌："论行政规划的程序控制"，载《国家行政学院学报》2009年第6期。

时，应当选择对公民权利自由侵害最小的方式。区域规划作为一种行政权力的运行方式，所采取的方案也应当满足必要性的原则，因此，必须进行必要性的分析论证。

2. 可行性论证

科学的区域规划必定是在现实条件下具有实施可能性的，不具有可行性的规划方案，其预期的目标不可能实现，因此，可行性是区域规划专家论证的一个重要方面。一项区域规划方案要真正具备相当的可行性，必须同时符合政治、经济、技术、行政、法律五个方面的可行性，即区域规划方案应当满足社会需求，获得政治上的足够支持，能够获取实施所必需的经济资源，包括一般性的资金和特殊性的人力、物力、经济环境、信息等资源，在技术上以及管理手段上具备可行性，有关行政部门足以承担区域规划方案的执行工作，以及满足合法性要求，具有法律保障。[1]

3. 均衡性论证

均衡原则又称法益相称性原则，是指行政主体所采取的为达成行政目的所必要的手段，不能给相对人权益带来超过行政目的之价值的损害，即行政手段对相对人权益的损害必须小于该行政目的所实现的社会公共利益。[2]规划方案的实施有可能会给私人权益造成损害，例如，规划对河流的上游进行开发，完全可能给下游的水域资源、流域环境带来一定程度的损失。区域规划是一个行政过程，在这一过程中必须进行公共利益与私人利益、行政权力与公民权利的价值衡量。因此，需要由具

〔1〕 参见王青斌：《行政规划法治化研究》，人民出版社 2010 年版，第 174~177 页。

〔2〕 张树义主编：《行政法学》（第 2 版），北京大学出版社 2012 年版，第 34 页。

备特定知识背景的专家对规划方案进行全面的评估，作出价值判断，选择最优化的规划方案。

四、风险评估制度

风险评估是指与公众利益密切相关的重大决策在出台或者审批前，对可能产生的社会、经济、环境等方面的影响开展系统的调查，进行科学的预测、分析和评估，制定应对可能风险的预案和对策。区域规划的制定与实施，是关乎国家利益、区域发展、社会稳定和人民幸福的大事，任何方面的风险失控都有可能造成无法挽回的重大损失，给社会公众的利益带来严重损害。在规划的过程中开展风险评估，有利于提前预测和预防规划将产生的风险，夯实区域规划的科学基础，对于促进科学规划、优化规划方案具有重要的意义。

2010 年，《国务院关于加强法治政府建设的意见》提出，要完善行政决策风险评估机制，凡是有关经济社会发展和人民群众切身利益的重大政策、重大项目等决策事项，都要重点进行社会稳定、环境、经济等方面的风险评估，通过舆情跟踪、抽样调查、重点走访、会商分析等方式，对决策可能引发的各种风险进行科学预测、综合研判，确定风险等级并制定相应的化解处置预案。要把风险评估结果作为决策的重要依据，未经风险评估的，一律不得作出决策。自此，重大决策风险评估制度的建设在全国范围推进。

（一）风险评估的主体

区域规划的风险评估由谁来评估，可能会影响评估结果的科学性和可信度。一方面，鉴于风险评估工作需要专业知识的力量，行政决策者很难具备全面的、足够的专业素质，由具备专业知识的专家进行评估较为合适。另一方面，专家组成的专业机构相对独立于行政机关，对于保障评估结果的科学性有重要意义，可以避免由决策者来评估会受先入为主思想的影响。因此，决策主体可以通过招标委托的方式，将区域规划的风险评估项目外包给具有相应条件的社会机构。按此方式，既可充分发挥专家的专业智慧，又可以精简行政机关的事务，使其集中力量应对行政性的事务。

（二）风险评估的内容

建立区域规划风险评估制度，应当建立包括社会稳定风险评估、环境风险评估、经济风险评估在内的风险评估制度。社会稳定风险评估是针对区域规划的重大决定、重大项目等可能引发的社会稳定方面的风险进行的分析、预测。社会稳定风险具有复杂性、综合性的特点，带有一定的不确定性，因此更需要事前进行预测和防范。国内有些地方在招商引资、引进项目时没有经过科学的评估，结果发生了一些重大的群体性抗议事件，此教训足以引人深思。环境风险评估是指对区域规划实施可能造成的破坏自然环境的风险进行预测。环境风险具有系统性、复发性，有时还会造成不可恢复的灾难性后果。例如，在河流上游开发水资源，牵一发而动全身，不仅会影响当地的气候、生态、环境、地质，还将深刻影响中下游的水土、生物、农业、航运等。经济风险评估是量测区域规划对经济生产经营影响的大小。区域规划基本都包含对区域产业发展的政策、对区域资源的规划配置等，因此必然会对国民经济、居民生产生活产生影响。评估经济风险就是要预测不利的影响有多大，防范并降低可能带来的损失。

（三）风险评估的程序

区域规划风险评估的主要程序包括：①深入调查研究。调查研究是做任何决策的第一步，只有充分听取了各方的意见，多方收集信息数据，掌握了区域的基本情况，才能做好预测。②全面分析论证。在了解实情的基础上，综合运用科学的工具方法，进行全面分析和论证。③预测风险等级。根据前面的分析研判，初步预测区域规划的风险大小，确定风险等级。④设计应急预案。如果风险在可承受、可控制的范围之内，则应准备风险防范的应急方案。⑤作出评估报告。这是评估主体应做的最后一步，之后应组织专业人员进行评审，评审通过之后即可确认评估结论。

（四）评估结果的效力

区域规划风险评估结果具有怎样的效力，应当根据不同的风险等级分别对待。中央办公厅、国务院办公厅于 2012 年发布的《关于建立健全重大决策社会稳定风险评估机制的指导意见（试行）》具有一定的参考意义。其中规定：“重大决策须经决策机关领导班子会议集体讨论决定，社会稳定风险评估结论要作为重要依据。评估报告认为决策事项存在高风险，应当区别情况做出不实施的决策，或者调整决策方案、降低风险等级后再行决策；存在中风险的，待采取有效的防范、化解风险措施后，再做出实施的决策；存在低风险的，可以做出实施的决策，但要做好解释说服工作，妥善处理相关群众的合理诉求。”〔1〕

五、追踪评价制度

虽然区域规划在批准公布之后具有一定的确定性，但由于一般规划有效期较长，在规划实施的过程中，社会经济情况必然会发生变化，原先制定的区域规划不一定能适用新情况、新形势，这就需要建立一套实施后的追踪评价机制，对区域规划

〔1〕 参见《中央办公厅、国务院办公厅关于建立健全重大决策社会稳定风险评估机制的指导意见（试行）》第 7 项。

的实施效果进行评估，即规划实施后的追踪评价制度。追踪评价对保持区域规划的持续适应性具有重要的意义，能够随时发现规划的不合时宜之处，从而及时进行变更或者废止，纠正区域规划实施过程中的偏差。如果不及时地作出调整，原先合理的规划也将随背景的变化而变得不科学，甚至会造成社会公众的利益损失，阻碍社会经济的发展进步。

（一）追踪评价的主体

追踪评价属于对区域规划实施效果的考察，由于规划实施效果涉及不确定的群体，仅由专家凭借专业知识无法完成，因此需要坚持开放的评价体系，建立相关利益主体广泛参与的评价机制，允许潜在的可能受影响的人群参与，应当组成由有关行政机关、专家学者、人大代表、政协委员、社会公众、利害关系人等联合的评价主体。其中，要特别保障利益相关者的参与权利，既可以主动邀请利害关系人代表组成评估团队，参与评估过程，也可以采取座谈或者研讨的方式，或者派专人走访等进行民意调查，对区域规划的实施情况进行评估。

（二）追踪评价的内容

实践中，有些地方制定实施的重大行政决策实施情况后评价制度可以为此提供有益借鉴。如《揭阳市人民政府重大行政决策实施情况后评价制度》第6条规定："决策后评价主要围绕以下内容开展：(一) 决策的实施结果与决策既定目标的一致性；(二) 决策实施的成本、效益分析；(三) 决策带来的正负面影响；(四) 决策实施在实施对象中的接受程度；(五) 决策实施与经济社会发展方向的符合程度；(六) 决策实施带来的近期效益和长远影响；(七) 主要经验、教训、措施和建议等。"区域规划追踪评价也可以以此为主要评价的内容。

（三）追踪评价的结果

追踪评价应当形成评价报告，并在对规划实施评价报告审议后，形成对规划继续实施、调整或废止的最终决定。区域规划符合发展要求的，要继续实施；规划批准时的依据已发生重大变化、条件已发生重大改变或出现其他直接影响规划实施的情况时，应当适时对规划方案进行调整；一旦发现规划不能满足现实需求并且无法经修改适用，则应及时终止。

六、责任追究机制

保障区域规划的科学性，需要有一种外在的动力驱使规划的决策者。法律责任就是这样一种外在的力量，它像一把悬在头上的利剑，决策者一旦满足了追究责任的要件，无情的利剑就将掉落下来。为了减少区域规划决策者的失误，增强其在规划制定和实施过程中的历史责任感，需要对规划过程中的法律责任追究机制进行明确。

（一）责任构成要件

区域规划法律责任的构成要件一般有以下几个方面：

1. 客观要件

责任构成的客观要件是区域规划的决策主体的客观行为，包括积极的作为方式和消极的不作为方式。前者如决策者主动干涉评估机构的独立评估，对专家进行威逼利诱，以使其屈从于自己的意志。后者如不按照规定公开相关的信息，对应当听取意见的没有听取，不按要求进行可行性的论证。

2. 主观要件

责任构成的主观要件与责任的归责原则密切相关。行政责任常见的归责原则有过错责任原则、无过错责任原则、违法责任等。那么，区域规划中的法律责任采何种归责原则最为恰当呢？我们认为，无过错责任和违法责任原则虽然有利于控制行政权力和保护行政相对人权利，但都过于严厉，会导致行政权力过于拘谨，政府将不堪重负，在当前的现实环境中不具有普遍适用性。采用过错责任中的过错推定原则比较可取，在这种归责原则下，如果区域规划的决策主体不能证明自己不存在主观过错（既不存在故意也不存在过失），那么法律将推定行政机关具有过错。

3. 损害后果

区域规划错误的损害后果是指决策主体的客观行为造成的不利后果，分为消极的损害后果和积极的损害后果。前者主要表现为规划的目标没有实现，投入其中的资源被浪费了；而后者是不仅目标没有实现，还产生了积极的损失，如扩大了环境受破坏的范围、对公众的合法权益造成了损失。

（二）责任主体

责任主体解决的是责任由谁承担的问题。按照现代法治责任自负的一般原则，违法行为人应该对自己的违法行为负责，即“谁行为，谁负责”。根据这一原理，在区域规划责任追究中应当确立“谁主管、谁负责，谁决策、谁负责”的原则，即问题在哪个环节出现，该环节的负责人应当承担相应的责任。对于前一环节出现了违法行为，后一个环节理应发现而没有发现或者已经发现了但没有纠正，而是继续按规划程序进行的，由前后两个环节的责任人共同承担连带责任。

在责任的落实上，对外应由区域规划的决策机关承担，对内应按照过错的大小，向决策者追究相应的个人责任。

（三）责任形式

责任形式主要有三大类，其中最严厉的是刑事责任。我国《刑法》第397条规定：“国家机关工作人员滥用职权或者玩忽职守，致使公共财产、国家和人民利益遭受重大损失的，处三年以下有期徒刑或者拘役；情节特别严重的，处三年以上七年以下有期徒刑。本法另有规定的，依照规定。国家机关工作人员徇私舞弊，犯前款罪的，处五年以下有期徒刑或者拘役；情节特别严重的，处五年以上十年以下有期徒刑。本法另有规定的，依照规定。”根据《刑法》的规定，如果违法行为严重到犯罪的程度，应当以滥用职权罪或者玩忽职守罪追究责任人的刑事责任。第二大类责任是行政责任，如罢免、责令辞职、引咎辞职等。第三类是给造成直接物质损失的相对人给予国家赔偿。

（四）责任追究程序

责任追究程序的启动应当采用国家启动与利益损失的相对人启动相结合的模式。刑事责任与行政责任以国家启动为主，个人启动为辅。对于规划失误并损害私人利益的行为，应当赋予利益受损失的个人请求国家赔偿，提起行政诉讼的权利。

要规范行政责任的处理程序。正当合理的处理程序应当包含这几个方面：立案、调查取证、听取陈述申辩、作出处理决定、决定送达，通过正当的程序保障责任人的权利。同时，应当保障责任人权利救济渠道的有效畅通，受处分后应有申诉救济的机会。

第六章

区域规划的实施保障机制

法律的生命在于实施，如果执行不力，法律再完善也是一纸空文。法律如此，规划同样如此，制定得再科学的区域规划，如果不能得到贯彻实施，也将毫无意义。因此，构建和完善区域规划的实施机制显得尤为必要。为保障区域规划的实施，至少应当构建和完善下文中所述及的制度。

第一节　利益补偿机制

区域规划的重要作用是协调和促进区域的共同发展，避免区域内部的恶性竞争。但不可否认，在区域发展过程中，为了实现区域公共利益的最大化，势必需要区域内部相互之间的协调甚至妥协，如为了更好地保护水资源，势必需要流域上游的区域在产业布局上作出相应的调整，不能发展会污染水域的行业。在区域内部部分地域做出了牺牲的情况下，应当有相应的补偿机制，否则必然会影响这些地域的积极性，甚至会违背区域规划的初衷，出现为了自身地域的利益而置其他地方的利益于不顾的情况。

一、利益补偿机制的理论基础

在区域主体间构建利益补偿机制，主要基于以下理论的支撑：

（1）公平负担平等理论。公平负担理论是补偿机制以及赔偿机制的重要学说，该学说被广泛认可。该学说认为，政府的活动是为了公共利益而实施的，其成本应由社会全体成员平均分担。合法的公务行为给公民、组织的合法权益造成的损失，实际上是受害人在一般纳税负担以外的额外负担，这不应由受害人个人承担，而应当平等地分配于社会全体成员，其分配方式是国家以全体纳税人缴纳的金钱来补偿受害人所蒙受的损失，进而在全体公民和受害者之间重新恢复平衡机制。〔1〕20 世纪 30 年代以后，东京大学法学部教授田中二郎先生将始创于西方的这一学说引进日本，并以此为基础奠定了日本关于国家补偿的法理学基础。〔2〕该学说也得到了其他国家的认可，如美国最高法院的布莱克法官在“Armstrong v. United States 案”中指出，《宪法》第 5 条修正案规定的“不给予补偿，私有财产不得充作公用”的意义就在于，防止政府强制公民个人去独自承担应当由社会全体担负的公共负担。〔3〕该学说以法律的基本范畴“权利-义务”作为出发点，强调“权利、义务”的对等性，而如果不对政府行为的受害人予以补偿，则违反了法律的基本精神——公平，因而强调应给予政府行为的受害人以补偿。

（2）特别牺牲理论。该学说的倡导者是德国行政法学的鼻祖——奥托·迈耶。该学说认为，随着社会经济的发展，国家机能与日俱增，国家公法上的活动损害公民权利的现象时常发

〔1〕参见马怀德：《国家赔偿法的理论与实务》，中国法制出版社 1994 年版，第 40~42 页。

〔2〕马怀德：《国家赔偿法的理论与实务》，中国法制出版社 1994 年版，第 42 页。

〔3〕See Michael A. Heller and James E. Krier, “Deterrence and Distribution in the Law of Takings”, *Harvard Law Review*, Volume 112, March 1999, p. 1000.

生，而国家必须实现安全、秩序、公道、自由与福利等目的，故无法终止其活动。所以，要求人民忍受各种可能的牺牲乃为必然，但出于公平正义的要求，这种牺牲必须公平。若有不公平情形，片面令人民承担，则必须由国库予以补偿。[1]该学说强调了在私益与公益之间的关系方面，私益应该在公益需要的情况下作出让步，但私益所做出的“特别牺牲”并不符合“公平正义”的要求，因而应该在私益为公益而做出“特别牺牲”时给予私益补偿。

事实上，公平负担理论和特别牺牲理论不仅可以作为行政补偿以及行政赔偿的理论基础，同样也可以作为政府间补偿机制的构建基础。在区域内部，为了区域的共同发展和区域利益的最大化，应当由获益的区域主体对做出了相应牺牲的主体给予相应的补偿。

二、需要进行利益补偿的情形

在下列情况下，需要在区域内部由获益主体对受损的主体进行利益补偿。

（1）生态补偿。生态环境是一个复杂的系统，区域间环境会相互影响。一个区域间的污染会随着地下水、降雨、空气流通等自然因素影响到其他区域生态环境。保护生态环境，是区域规划的重要内容。生态环境的保护和改善需要不同地域主体的共同努力。除此之外，为了更好地保护生态，通常需要对区域内部的部分地域的发展做出相应的限制，如在水域的上游不能发展可能污染水源的化工产业。一旦上游地区的排污污染了河流，下游也会饱受水域污染的伤害。此外，为了改善空气质

〔1〕 曹竞辉：《国家赔偿法立法与案例研究》，三民书局 1988 年版，第 9 页。

量，也必然需要对区域内部污染空气的产业进行限制甚至取缔等。因此，为了更好地保护和改善生态环境，需要对做出牺牲的主体给予相应的补偿。

（2）资源补偿。经济和社会的发展离不开资源的利用和消耗，而在自然资源的占有方面，不同地域之间存在着差别。如部分地域水资源丰富，而有些地域的水资源匮乏。在矿产资源方面亦是如此。为了区域的共同发展，也为了更好地调动资源输出地域的积极性，应当在资源利用领域构建利益补偿机制，对资源输出主体给予相应的补偿。

三、利益补偿的实现机制

区域规划中的利益补偿机制，可以通过以下两种方式实现：一是纵向的利益补偿。我国纵向的利益补偿机制主要是通过财政转移支付的形式实现的，具体形式包括体制补助、专项补助、税收返还、公式化补助等。[1]二是横向的利益补偿机制。横向的利益补偿机制主要体现为政府之间的横向转移支付，即在区域内部由获益的主体向做出牺牲或贡献的主体给予一定的补偿。补偿的方式既可以是直接的财政资金的转移支付，也可以通过间接的方式实现，如通过项目合作、投资等方式实现。

在区域的发展进程中，经常是纵向的利益补偿和横向的利益补偿交织在一起的。通过利益补偿机制，不仅可以充分调动财力转出地区和财力转入地区的积极性和主动性，而且能够更好地实现区域的均衡发展。

---

〔1〕 参见高萍、陈宝林："对完善我国财政转移支付制度的探讨"，载《财政与发展》2005 年第 3 期。

第二节　政府间协议机制

政府间协议是不同地方的行政机关之间签订的协议，广泛适用于交通、能源、贸易、投资、旅游、环境保护等领域。此类协议的本质是一种对等性的行政契约。[1]政府间协议以各方自愿为前提，对于规范区域主体间的合作、推动区域发展、落实区域规划具有重要作用。

一、政府间协议对于落实区域规划的意义

区域规划仅仅是一种蓝图，是对区域未来的发展做出的部署和安排。要实现这种部署和安排，就离不开区域主体间的合作。如《京津冀协同发展规划》中，内容之一就是实现交通一体化，而实现这一目标，则离不开京津冀政府间的合作。在合作中，各方通常会选择通过协议将各自的权利义务予以明确和规定。在我国的区域规划实施过程中，协议的表现形式可以是多样的，既可以表现为“协议”“章程”“意向书”“议定书”，也可以表现为“纪要”“方案”甚至“计划”等。

政府间协议是一种具有持续性和稳定性的制度化的合作机制。因为协议具有约束力和强制性，因而通过签订政府间协议，可以让区域主体间的合作具有持续性和稳定性，不会因为人事更迭等因素的影响而让区域主体间的合作处于一种临时性和不稳定性的状态。此外，由于协议能够明确各方的权利义务，因此可以减少因为权利义务不明确而导致的区域主体间的纠纷，从而能够更好地促进区域规划的落实。

---

〔1〕 参见叶必丰：“长三角经济一体化背景下的法制协调”，载《上海交通大学学报（哲学社会科学版）》2004 年第 6 期。

二、政府间协议的缔结

政府间协议的缔结通常应当包括谈判、草拟和签署三个环节。

(1) 谈判。协议是缔约各方的合意行为，而谈判是实现各方合意所不可缺少的环节。通常而言，如果只是在两个主体间达成协议，谈判的难度相对较小。但如果协议涉及的主体较多，通过谈判达成合意的难度就会增加。

(2) 草拟。在通过谈判达成了合意的基础上，需要草拟协议。协议既可以由一方单独草拟，也可以共同草拟。

(3) 签署。在经过了谈判和协议的草拟之后，需要协议各方签署协议才能使协议生效。通常而言，协议需要法定代表人的签字并加盖公章。如果协议内容中涉及的事项属于重大行政决策的范畴，还应由协议主体通过相应的程序后才能签署，如由有关部门对重大决策进行合法性审查、听取公众意见和进行专家论证，并由行政首长进行集体讨论等。经各方签署后的协议具有法律效力，协议各方应当严格遵守。

第三节　政府间纠纷解决机制

一、区域规划实施中的政府间纠纷

在区域规划的实施过程中，区域内的政府之间产生矛盾和冲突几乎是不可避免的。这些矛盾与冲突的表现形式可能是对区域行政规划目的、目标和具体任务存在分歧，也可能是对区域行政规划具体的实施方法和措施等存在争议。问题的实质则是区域行政规划实施过程中，政府之间的职权、职责之间的冲突与矛盾。[1]

从行政规划实施中的政府间矛盾和纠纷的向度来看，其主要包括两种：一是纵向的政府间的纠纷，即在上级政府和下级政府之间的纠纷；二是横向的政府间的纠纷，即在相互之间不具有领导关系的政府间的纠纷。政府之间纠纷的实质乃是政府间在事权以及财权上的纠纷。在我国，上下级政府之间虽然也可能存在着矛盾和纠纷，但根据我国的法律规定，下级政府需服从上级政府，依据《地方各级人民代表大会和地方各级人民政府组织法》第59条的规定，地方政府的职权包括“执行本级人民代表大会及其常务委员会的决议，以及上级国家行政机关的决定和命令，规定行政措施，发布决定和命令”以及“改变或者撤销所属各工作部门的不适当的命令、指示和下级人民政府的不适当的决定、命令”。因而，在我国，上下级政府之间的矛盾的解决途径就是下级政府服从上级政府。不过这种“解决机制”也存在不合理之处，不仅可能忽略甚至还会损害下级政府的正当“权益”，而且可能会导致下级政府的消极应对甚至抵抗。与纵向的政府间的纠纷的已有解决机制不同，我国横向的政府间的纠纷解决机制缺乏相应的法律规定。

二、政府间纠纷解决机制的完善

就我国目前横向的政府间的纠纷而言，实践中一旦产生了纠纷，主要是通过以下几种途径解决：一是协商解决，即由地方政府之间协商解决。在区域规划的实施中，地方政府签订协议以落实规划的现象十分普遍，而在产生矛盾和纠纷之后，通过协商解决也是最为常见的解决路径。这一解决途径具有十分

〔1〕 李煜兴：《区域行政规划研究》，法律出版社2009年版，第151页。

明显的优势。因为是彼此之间共同协商、妥协的结果，因此一旦达成一致，解决方案较易被纠纷各方接受。当然，这一解决方式的弊端也是显而易见的。因为缺乏第三方的参与以及缺乏强制力，纠纷双方通常较难达成一致的方案，而且纠纷的解决过程一般比较长。二是由上级政府介入解决。相较于协商解决机制，由上级政府解决下级政府之间的纠纷显然更具效率。但就解决行政规划实施中的政府间的纠纷而言，上级政府介入解决也存在法律依据不足的问题，因为无论是《宪法》还是《地方各级人民代表大会和地方各级人民政府组织法》，都没有明确赋予上级政府解决下级政府纠纷的职权。如我国《宪法》第 89 条所赋予的国务院的职权中包括“改变或者撤销各部、各委员会发布的不适当的命令、指示或者规章”以及“改变或者撤销地方各级国家行政机关不适当的决定和命令”，但这种“改变和撤销”权实质上是一种监督权，并不是纠纷解决权。在实践中，上级政府在介入下级政府间的纠纷之后，更多的还是通过协调的方式予以解决，较少进行强制性的裁决。

就完善政府间的纠纷解决机制而言，除了前述的解决机制外，还应在条件成熟的情况下引入司法机制，以保障纠纷解决的公正性。当然，司法机制的改变也是一个较为漫长的过程，短期之内，司法机制尚难以成为政府间纠纷的解决机制。相对于司法机制，在现有实践的基础上进一步完善由上级政府裁决的机制无疑更具有可行性。“行政机关相互间的这种权限争议是行政内部的纷争，不属于法律上的争讼，理应在行政机关内部来解决问题。”〔1〕而要完善当前由上级政府裁决的机制，至少可以从明确裁决权限、受理机构、裁决方式等方面进行。

---

〔1〕 杨建顺：《日本行政法通论》，中国法制出版社 1998 年版，第 725 页。

参考文献

一、工具书

1. 《辞海》编辑委员会编:《辞海》(上、下卷),上海辞书出版社 1999 年版。
2. 《辞海》编辑委员会编:《辞海》,上海辞书出版社 1989 年版。
3. 中国社会科学院语言研究所词典编辑室编:《现代汉语词典》,商务印书馆 2002 年版。
4. 《辞源》编辑委员会编:《辞源》(上册),商务印书馆 1983 年版。
5. 《汉语大词典》编辑委员会编:《汉语大词典》(第 4 卷)(海外版),三联书店(香港)有限公司、汉语大词典出版社联合出版社 1990 年版。
6. 《中国大百科全书》编辑委员会编:《中国大百科全书·政治学卷》,中国大百科全书出版社 1992 年版。

二、著作

(一)国内

1. 《马克思恩格斯选集》(第 3 卷),人民出版社 1972 年版。
2. 沈宗灵主编:《法理学》,高等教育出版社 1994 年版。
3. 李龙主编:《法理学》,武汉大学出版社 1996 年版。
4. 李龙主编:《人本法律观研究》,中国社会科学出版社 2006 年版。
5. 张文显:《法理学》,高等教育出版社、北京大学出版社 1999 年版。
6. 张文显、李步云主编:《法理学论丛》(第 2 卷),法律出版社 2000 年版。
7. 张文显:《法哲学范畴研究》(修订版),中国政法大学出版社 2001

年版。
8. 夏勇:《中国民权哲学》，生活·读书·新知三联书店 2004 年版。
9. 季卫东:《法治秩序的建构》，中国政法大学出版社 1999 年版。
10. 苏力:《法治及其本土资源》，中国政法大学出版社 1998 年版。
11. 孙笑侠:《法律对行政的控制——现代行政法的法理解释》，山东人民出版社 1999 年版。
12. 孙笑侠:《程序的法理》，商务印书馆 2005 年版。
13. 卓泽渊:《法的价值论》，法律出版社 1999 年版。
14. 徐亚文:《程序正义论》，山东人民出版社 2004 年版。
15. 董炯:《国家、公民与行政法：一个国家——社会的角度》，北京大学出版社 2001 年版。
16. 龚祥瑞:《比较宪法与行政法》，法律出版社 2003 年版。
17. 周叶中主编:《宪法》，高等教育出版社、北京大学出版社 2001 年版。
18. 张千帆:《西方宪政体系》（上、下册），中国政法大学出版社 2001 年版。
19. 王名扬:《法国行政法》，中国法制出版社 1995 年版。
20. 王名扬:《美国行政法》（上、下册），中国法制出版社 1995 年版。
21. 张尚鷟主编:《走出低谷的中国行政法学》，中国政法大学出版社 1991 年版。
22. 罗豪才主编:《行政法论丛》（第 8 卷），法律出版社 2005 年版。
23. 罗豪才主编:《行政法论丛》（第 9 卷），法律出版社 2006 年版。
24. 应松年主编:《比较行政程序法》，中国法制出版社 1999 年版。
25. 应松年主编:《行政程序法立法研究》，中国法制出版社 2001 年版。
26. 应松年主编:《行政法学新论》，中国方正出版社 2004 年版。
27. 应松年主编:《外国行政程序法汇编》，中国法制出版社 2004 年版。
28. 应松年主编:《当代中国行政法》，中国方正出版社 2005 年版。
29. 应松年主编:《行政法与行政诉讼法》，法律出版社 2005 年版。
30. 姜明安主编:《行政法与行政诉讼法》，北京大学出版社、高等教育出版社 2005 年版。
31. 姜明安主编:《行政执法研究》，北京大学出版社 2004 年版。

32. 姜明安:《行政诉讼法学》，北京大学出版社 2001 年版。
33. 方世荣主编:《行政法与行政诉讼法学》，人民法院出版社、中国人民公安大学出版社 2003 年版。
34. 马怀德主编:《行政诉讼法原理》，法律出版社 2003 年版。
35. 马怀德:《国家赔偿法的理论与实务》，中国法制出版社 1994 年版。
36. 马怀德主编:《行政程序立法研究:〈行政程序法〉草案建议稿及理由说明书》，法律出版社 2005 年版。
37. 马怀德主编:《行政法与行政诉讼法》，中国法制出版社 2000 年版。
38. 叶必丰:《行政法学》(修订版)，武汉大学出版社 2003 年版。
39. 叶必丰:《行政法的人文精神》，北京大学出版社 2005 年版。
40. 杨解君等:《依法行政论纲》，中共中央党校出版社 1998 年版。
41. 杨解君主编:《行政诉讼法学》，法律出版社 2000 年版。
42. 杨解君、肖泽晟:《行政法学》，法律出版社 2000 年版。
43. 杨解君:《走向法治的缺失言说——法理、行政法的思考》，法律出版社 2001 年版。
44. 杨解君主编:《行政法学》，中国方正出版社 2002 年版。
45. 胡肖华:《行政诉讼基本理论问题研究》，湖南人民出版社 1999 年版。
46. 林莉红:《中国行政救济理论与实务》，武汉大学出版社 2000 年版。
47. 林莉红:《行政诉讼法学》，武汉大学出版社 2001 年版。
48. 周佑勇主编:《行政许可法的理论与实务》，武汉大学出版社 2004 年版。
49. 周佑勇:《行政法原论》(第 2 版)，中国方正出版社 2005 年版。
50. 周佑勇:《行政法基本原则研究》，武汉大学出版社 2005 年版。
51. 崔卓兰主编:《行政法学》，吉林大学出版社 1998 年版。
52. 皮纯协:《行政程序法比较研究》，中国人民公安大学出版社 2000 年版。
53. 杨寅:《中国行政程序法治化——法理学与法文化的分析》，中国政法大学出版社 2001 年版。
54. 杨建顺:《日本行政法通论》，中国法制出版社 1998 年版。
55. 陈新民:《中国行政法学原理》，中国政法大学出版社 2003 年版。

56. 陈新民:《德国公法学基础理论》(上、下册), 山东人民出版社 2001 年版。
57. 城仲模:《行政法一般原则研究》(二), 三民书局 1997 年版。
58. 刘莘主编:《诚信政府研究》, 北京大学出版社 2007 年版。
59. 张步洪编著:《行政法前沿问题报告》, 中国检察出版社 2003 年版。
60. 冯凯、高志新主编:《中国行政程序法: 起草资料汇编》, 中信出版社 2004 年版。
61. 王克稳:《经济行政法基本论》, 北京大学出版社 2004 年版。
62. 章剑生:《行政程序法基本理论》, 中国政法大学出版社 2003 年版。
63. 蔡定剑主编:《公众参与: 风险社会的制度建设》, 法律出版社 2009 年版。
64. 湛中乐:《现代行政过程论——法治理念、原则与制度》, 北京大学出版社 2005 年版。
65. 陈贵民:《现代行政法的基本理念》, 山东人民出版社 2004 年版。
66. 余凌云:《行政自由裁量论》, 中国人民公安大学出版社 2005 年版。
67. 莫于川:《行政指导要论——以行政指导法治化为中心》, 人民法院出版社 2002 年版。
68. 王万华:《行政程序法研究》, 中国法制出版社 2000 年版。
69. 王学辉等:《行政权研究》, 中国检察出版社 2002 年版。
70. 浙江大学公法与比较法研究所编:《公法研究》(第 4 卷), 中国政法大学出版社 2005 年版。
71. 杨伟东:《行政行为司法审查强度研究——行政审判权纵向范围分析》, 中国人民大学出版社 2003 年版。
72. 袁曙宏主编:《全面推进依法行政实施纲要读本》, 法律出版社 2004 年版。
73. 陈泉生:《可持续发展与法律变革》, 法律出版社 2000 年版。
74. 王太高:《行政补偿制度研究》, 北京大学出版社 2004 年版。
75. 张越:《英国行政法》, 中国政法大学出版社 2004 年版。
76. 张国清:《和谐社会研究: 从政治学到政治科学》, 人民出版社 2006 年版。

77. 徐国栋:《民法基本原则解释——成文法局限性之克服》,中国政法大学出版社 1997 年版。
78. 陈友华、赵民:《城市规划概论》,上海科学技术文献出版社 2000 年版。
79. 李传军:《管理的终结——服务政府兴起的历史与逻辑》,中国人民大学出版社 2007 年版。
80. 许文惠、张成福、孙柏瑛:《行政决策学》,中国人民大学出版社 1997 年版。
81. 夏书章主编:《行政管理学》,中山大学出版社 2003 年版。
82. 耿毓修、黄均德主编:《城市规划行政与法制》,上海科学技术文献出版社 2002 年版。
83. 韩晶编著:《区域规划理论与实践》,知识产权出版社 2011 年版。
84. 李芸:《都市计划与都市发展》,东南大学出版社 2002 年版。
85. 殷洁:《区域经济法论纲》,北京大学出版社 2009 年版。
86. 翁岳生编:《行政法(2000 年)》(上、下册),中国法制出版社 2002 年版。
87. 翁岳生教授祝寿论文集:《当代公法理论》,月旦出版公司 1993 年版。
88. 城仲模主编:《行政法之一般法律原则》(二),三民书局 1997 年版。
89. 法治斌:《人权保障与司法审查》,月旦出版公司 1994 年版。
90. 刘宗德:《行政法基本原理》,学林文化事业有限公司 1998 年版。
91. 罗传贤:《行政程序法论》,五南图书出版公司 2000 年版。
92. 陈新民:《行政法学总论》,三民书局 2000 年版。
93. 汤德宗:《行政程序法论》,元照出版公司 2000 年版。
94. 叶俊荣:《珍惜宪法时刻》,元照出版公司 2000 年版。
95. 蔡茂寅:《行政程序法实用》,学林文化事业有限公司 2001 年版。
96. 李建良、林和民:《行政法入门》,元照出版公司 2004 年版。
97. 廖义男教授祝寿论文集编辑委员会:《新世纪经济法制之建构与挑战》,元照出版公司 2002 年版。
98. 曹竞辉:《国家赔偿法立法与案例研究》,三民书局 1988 年版。
99. 张载宇:《行政法要论》,汉林出版社 1997 年版。

100. 李煜兴:《区域行政规划研究》，法律出版社 2009 年版。
101. 孙兵:《区域协调组织与区域治理》，上海人民出版社、格致出版社 2007 年版。
102. 何渊:《区域性行政协议研究》，法律出版社 2009 年版。
103. 谢识予编著:《经济博弈论》，复旦大学出版社 2014 年版。
104. 张维迎:《博弈论与信息经济学》，格致出版社、上海三联书店、上海人民出版社 2012 年版。
105. 王锡锌:《公众参与和行政过程——一个理念和制度的分析框架》，中国民主法制出版社 2007 年版。
106. 张树义主编:《行政法学》（第 2 版），北京大学出版社 2012 年版。

（二）国外

1. [古希腊] 亚里士多德:《政治学》，吴寿彭译，商务印书馆 1965 年版。
2. [德] 平特纳:《德国普通行政法》，朱林译，中国政法大学出版社 1999 年版。
3. [德] 哈特穆特·毛雷尔:《行政法学总论》，高家伟译，法律出版社 2000 年版。
4. [德] 汉斯·J. 沃尔夫、奥托·巴霍夫、罗尔夫·施托贝尔:《行政法》（第 1、2 卷），高家伟译，商务印书馆 2002 年版。
5. [德] 卡尔·拉伦茨:《法学方法论》，陈爱娥译，商务印书馆 2003 年版。
6. [德] 弗里德赫尔穆·胡芬:《行政诉讼法》，莫光华译，刘飞校，法律出版社 2003 年版。
7. [德] 奥托·迈耶:《德国行政法》，刘飞译，商务印书馆 2002 年版。
8. [日] 室井力主编:《日本现代行政法》，吴微译，中国政法大学出版社 1995 年版。
9. [日] 和田英夫:《现代行政法》，倪健民译，中国广播电视出版社 1993 年版。
10. [日] 南博方:《日本行政法》，杨建顺、周作彩译，中国人民大学出版社 1988 年版。
11. [日] 盐野宏:《行政法》，杨建顺译，法律出版社 1999 年版。

12. ［法］孟德斯鸠：《论法的精神》，张雁深译，商务印书馆 1987 年版。
13. ［美］E. 博登海默：《法理学——法哲学与法律方法》，邓正来译，中国政法大学出版社 1999 年版。
14. ［美］理查德 · 波斯纳：《法律的经济分析》，蒋兆康译，中国大百科全书出版社 1997 年版。
15. ［美］乔治 · 弗雷德里克森：《公共行政的精神》，张成福等译，中国人民大学出版社 2003 年版。
16. ［美］理查德 · B. 斯图尔特：《美国行政法的重构》，沈岿译，商务印书馆 2002 年版。
17. ［美］杰瑞 · L. 马肖：《行政国的正当程序》，沈岿译，高等教育出版社 2005 年版。
18. ［美］欧内斯特 · 盖尔霍恩、罗纳德 · M. 利文：《行政法和行政程序概要》，黄列译，中国社会科学出版社 1996 年版。
19. ［美］约翰 · M. 利维：《现代城市规划》，张景秋等译，中国人民大学出版社 2003 年版。
20. ［美］庞德：《通过法律的社会控制——法律的任务》，沈宗灵译，商务印书馆 1984 年版。
21. ［美］汤玛斯 · 戴伊：《权力与社会——社会科学导论》，柯胜文译，桂冠图书股份有限公司 2000 年版。
22. ［美］伯纳德 · 施瓦茨：《行政法》，徐炳译，群众出版社 1986 年版。
23. ［美］哈罗德 · J. 伯尔曼：《法律与宗教》，梁治平译，生活 · 读书 · 新知三联书店 1991 年版。
24. ［英］霍布斯：《利维坦》，黎思复等译，商务印书馆 1985 年版。
25. ［英］A. J. M. 米尔恩：《人的权利与人的多样性——人权哲学》，夏勇、张志铭译，中国大百科全书出版社 1995 年版。
26. ［英］科特威尔：《法律社会学导论》，潘大松等译，华夏出版社 1989 年版。
27. ［英］马丁 · 洛克林：《公法与政治理论》，郑戈译，商务印书馆 2002 年版。
28. ［英］卡罗尔 · 哈洛、理查德 · 罗林斯：《法律与行政》（上、下），杨伟东等译，商务印书馆 2004 年版。
29. ［英］威廉·韦德：《行政法》，徐炳等译，中国大百科全书出版社 1997 年版。
30. ［希］波朗查斯：《政治权力与社会阶级》，叶林等译，中国社会科学出版社 1993 年版。
31. ［印］M. P. 塞夫：《德国行政法——普通法的分析》，周伟译，五南图书出版公司 1991 年版。
32. ［奥］凯尔森：《法与国家的一般理论》，沈宗灵译，中国大百科全书出版社 1996 年版。
33. ［苏联］普列汉洛夫：《马克思主义的基本问题》，张仲实译，人民出版社 1957 年版。
34. ［澳］欧文·E. 休斯：《公共管理导论》（第 2 版），彭和平等译，中国人民大学出版社 2001 年版。
35. ［韩］金东熙：《行政法Ⅰ》（第 9 版），赵峰译，中国人民大学出版社 2008 年版。
36. ［美］文森特·奥斯特罗姆：《美国联邦主义》，王建勋译，上海三联书店 2003 年版。
37. Michael A. Heller and James E. Krier, "Deterrence and Distribution in the Law of Takings", *Harvard Law Review*, Volume 112, March 1999.
38. Timothy Endicott, "Question of Law", *The Law Quarterly Review*, Sweet & Maxwell , London, Vol. 114, April 1998.
39. Michael D. Bayles, *Principles of Law*, by Reidel Publishing Company, 1987.
40. Bernard Schwartz, *Administrative Law*, Little Brown and Company, 1976.
41. Peter Leyland, Terry Woods and Janetta Harden, *Textbook on Administrative Law*, London: Blackstone Press Limited, 1994.
42. Michael J. Allen et al. , *Cases and Materials on Constitutional and Administrative Law* (Sixth Edition), London: Blackstone Press Limited, 1990.
43. David Stott and Alexandra Felox, *Principles of Administrative Law*, London: Cavendish Publishing Limited, 1997.
44. Seede Smith et al. , *Principles of Judicial Review*, London: Sweet & Maxwell,

1999.
45. Latif Al-kassir, "Administrative Planning", *University of Baghdad*, 1964.

三、文章

(一) 期刊文章

1. 罗豪才、宋功德:"行政法的失衡与平衡",载《中国法学》2001 年第 2 期。
2. 姜明安:"行政补偿制度研究",载《法学杂志》2001 年第 5 期。
3. 马怀德:"论听证程序的基本原则",载《政法论坛》1998 年第 2 期。
4. 杨解君:"'双服务'理念下现代行政之变革——服务行政的解读和提升",载《行政法学研究》2004 年第 3 期。
5. 朱新力:"论行政诉讼中的事实问题及其审查",载《中国法学》1999 年第 4 期。
6. 周佑勇:"作为过程的行政调查——以一种新的研究范式为观察",载《法商研究》2006 年第 1 期。
7. 周佑勇:"行政法的正当程序原则",载《中国社会科学》2004 年第 4 期。
8. 周佑勇、王青斌:"论行政规划",载《中南民族大学学报(社会科学版)》2005 年第 1 期。
9. 石佑启、王贵松:"行政信赖保护之立法思考",载《当代法学》2004 年第 3 期。
10. 胡锦光:"论对行政规划的法律控制",载《郑州大学学报(哲学社会科学版)》2006 年第 1 期。
11. 郑成良:"权利本位说",载《政治与法律》1989 年第 4 期。
12. 黄学贤:"行政计划比较研究",载《东吴法学》1999 年第 0 期。
13. 杨临宏:"关于行政计划的法律思考",载《云南大学学报(法学版)》2004 年第 4 期。
14. 沈促衡:"西方法哲学利益观述评——兼论利益在法学理论研究中的意义",载《当代法学》2003 年第 5 期。
15. 陈睿:"论行政计划及其法律控制",载《湖南省政法管理干部学院学报》2000 年第 2 期。
16. 苏苗罕："行政计划诉讼问题研究"，载《行政法学研究》2004 年第 3 期。
17. 骆梅英："行政计划的法律控制研究"，载《重庆大学学报（社会科学版）》2005 年第 2 期。
18. 高薇："德国的区域治理：组织及其法制保障"，载《环球评论》2014 年第 2 期。
19. 王迪："行政改革的新视角：行政管理可持续发展"，载《江西行政学院学报》1999 年第 3 期。
20. 韩志会："日本行政计划述评"，载《黑龙江政法管理干部学院学报》1999 年第 3 期。
21. 朱建忠："程序对行政计划的法律控制"，载《甘肃理论学刊》2004 年第 5 期。
22. 程宏："浅论行政计划"，载《唯实》2004 年第 7 期。
23. 冯俊："城市规划中的公权与私权"，载《法制日报》2004 年 2 月 5 日。
24. 胡建淼、邢益精："公共利益概念透析"，载《法学》2004 年第 10 期。
25. 余建忠："政府职能转变与城乡规划公共属性回归——谈城乡规划面临的挑战与改革"，载《城市规划》2006 年第 2 期。
26. 朱文兴、朱咏涛："对行政成本居高的经济学分析"，载《国家行政学院学报》2004 年第 3 期。
27. 崔运武、高建华："服务行政理念及其基本内涵"，载《学术探索》2004 年第 8 期。
28. 徐双敏、梅继霞："降低乡镇行政成本的体制性制约因素研究"，载《中国行政管理》2005 年第 8 期。
29. 曾祥瑞："简述日本行政法中的行政计划与行政指导"，载《黑龙江省政法管理干部学院学报》1999 年第 4 期。
30. 高秦伟："行政计划及其法律规制"，载《理论探索》2003 年第 5 期。
31. 朱建忠："行政计划之正当程序"，载《湖州师范学院学报》2004 年第 6 期。

32. 林明锵："行政计划法论"，载《台大法学论丛》2006 年第 3 期。
33. 廖义男："计划确定程序规范之探讨"，载《1998 年上海东亚行政法研究会第三届年会暨行政程序法国际研讨会论文集》。
34. 刘宗德："现代行政与计划法制"，载《政大法学评论》1992 年总第 45 期。
35. 朱新力、苏苗罕："行政计划论"，载《公法研究》2005 年第 1 期。
36. 谭宗泽："行政法治建设的检讨与反思——可持续发展理念缺失略谈"，载《行政法学研究》2007 年第 2 期。
37. 黄艳："美国的区划"，载《北京规划建设》1998 年第 5 期。
38. 吕志奎："州际协议：美国的区域协作性公共管理机制"，载《学术研究》2009 年第 5 期。
39. 李远："联邦德国区域规划的协调机制"，载《城市问题》2008 年第 3 期。
40. 陈承新："德国行政区划与层级的现状与启示"，载《政治学研究》2011 年第 1 期。
41. 刘彩虹："区域委员会：美国大都市区治理体制研究"，载《中国行政管理》2005 年第 5 期。
42. 李宜强："城市合同：法国区域治理的经验与启示"，载《城市问题》2012 年第 7 期。

（二）学位论文

1. 李凌波："行政规划研究——原理探究与实证分析"，北京大学 2004 年博士学位论文。
2. 陈光："我国区域立法协调机制研究"，山东大学 2011 年博士学位论文。
3. 郑艳："行政计划研究"，浙江大学 2002 年硕士学位论文。
4. 黄海华："行政计划理论初探"，苏州大学 2003 年硕士学位论文。
5. 李占华："行政计划确定程序制度研究"，苏州大学 2004 年硕士学位论文。
6. 张威："美国区域规划协会研究"，华东师范大学 2008 年硕士学位论文。
7. 董萱："区域行政规划制度研究"，山西大学 2011 年硕士学位论文。

附录一：

珠江三角洲地区改革发展规划纲要

（2008~2020年）

目 录

（一）推进核心技术的创新和转化

（二）强化企业自主创新主体地位

（三）构建开放型的区域创新体系

（四）深化国家与地方创新联动机制

（五）加强自主创新环境建设

五、推进基础设施现代化

（一）建设开放的现代综合交通运输体系

（二）构建清洁安全可靠的能源保障体系

（三）建设人水和谐的水利工程体系

（四）构建便捷高效的信息网络体系

六、统筹城乡发展

（一）提高城乡规划和建设管理水平

（二）加强农村基础设施建设

（三）促进城乡基本公共服务均等化

（四）建立以城带乡、以工补农新机制

七、促进区域协调发展

（一）发挥中心城市的辐射带动作用

（二）优化珠江口东岸地区功能布局

（三）提升珠江口西岸地区发展水平

（四）推进珠江三角洲区域经济一体化

（五）带动环珠江三角洲地区加快发展

八、加强资源节约和环境保护

（一）节约集约利用土地

（二）大力发展循环经济

（三）加大污染防治力度

（四）加强生态环境保护

九、加快社会事业发展

（一）优先发展教育
（二）完善医疗卫生服务
（三）健全住房保障体系
（四）完善就业和社会保障体系
（五）建设和谐文化
十、再创体制机制新优势
（一）创新行政管理体制
（二）深化经济体制改革
（三）推进社会管理体制改革
（四）推进民主法制建设
（五）充分发挥经济特区的改革开放先行作用
十一、构建开放合作新格局
（一）提升开放型经济水平
（二）推进与港澳更紧密合作
（三）提升对台经贸合作水平
（四）深化泛珠江三角洲区域合作
（五）加强与东盟等国际经济区域的合作
十二、规划实施的保障机制
（一）加强组织领导
（二）加强统筹协调
（三）加强监督检查

前 言

珠江三角洲地区是我国改革开放的先行地区，是我国重要的经济中心区域，在全国经济社会发展和改革开放大局中具有突出的带动作用和举足轻重的战略地位。改革开放以来，在党中央、国务院的正确领导下，珠江三角洲地区锐意改革，率先开放，开拓进取，实现了经济社会发展的历史性跨越，为全国改革开放和社会主义现代化建设做出了重大贡献。当前，国内外经济形势发生深刻变化，珠江三角洲地区正处在经济结构转型和发展方式转变的关键时期，进一步的发展既面临严峻挑战，也孕育着重大机遇。在改革开放30周年之际，从国家战略全局和长远发展出发，为促进珠江三角洲地区增创新优势，更上一层楼，进一步发挥对全国的辐射带动作用和先行示范作用，特制定珠江三角洲地区改革发展规划纲要。

本规划纲要的规划范围是，以广东省的广州、深圳、珠海、佛山、江门、东莞、中山、惠州和肇庆市为主体，辐射泛珠江三角洲区域，并将与港澳紧密合作的相关内容纳入规划。规划期至2020年。

本规划纲要是指导珠江三角洲地区当前和今后一个时期改革发展的行动纲领和编制相关专项规划的依据。

一、加快珠江三角洲地区改革发展的重要意义

（一）四十年改革发展的成就

改革开放四十年来，珠江三角洲地区充分发挥改革“试验田”的作用，率先在全国推行以市场为取向的改革，较早地建立起社会主义市场经济体制框架，成为全国市场化程度最高、市场体系最完备的地区；依托毗邻港澳的区位优势，抓住国际产业转移和要素重组的历史机遇，率先建立开放型经济体系，成为我国外向度最高的经济区域和对外开放的重要窗口；带动广东省由落后的农业大省转变为我国位列第一的经济大省，经济总量先后超过亚洲“四小龙”的新加坡、我国香港地区和我国台湾地区，奠定了建立世界制造业基地的雄厚基础，成为推动我国经济社会发展的强大引擎；人口和经济要素高度聚集，

城镇化水平快速提高，基础设施比较完备，形成了一批富有时代气息又具岭南特色的现代化城市，成为我国三大城镇密集地区之一；城乡居民收入水平大幅提高，覆盖城乡的社会保障体系初步形成，教育、科技、文化、卫生、体育等各项社会事业迅速发展，公共服务体系基本建立。珠江三角洲地区已经站在了一个新的更高的历史起点上。珠江三角洲地区改革发展的巨大成就雄辩地证明，发展是硬道理，改革开放是发展中国特色社会主义、实现中华民族伟大复兴的必由之路。

（二）面临的挑战和机遇

在经济全球化和区域经济一体化深入发展，尤其是当前国际金融危机不断扩散蔓延和对实体经济的影响日益加深的背景下，珠江三角洲地区的发展受到严重冲击，国际金融危机的影响与尚未解决的结构性矛盾交织在一起，外需急剧减少与部分行业产能过剩交织在一起，原材料价格大幅波动与较高的国际市场依存度交织在一起，经济运行困难加大，深层次矛盾和问题进一步显现。主要是：产业层次总体偏低，产品附加值不高，贸易结构不够合理，创新能力不足，整体竞争力不强；土地开发强度过高，能源资源保障能力较弱，环境污染问题比较突出，资源环境约束凸显，传统发展模式难以持续；城乡和区域发展仍不平衡，生产力布局不尽合理，空间利用效率不高；社会事业发展相对滞后，人力资源开发水平、公共服务水平和文化软实力有待进一步提高；行政管理体制、社会管理体制等方面的改革任务仍然繁重，改革攻坚难度越来越大。另一方面，珠江三角洲地区也面临着重大机遇。国际产业向亚太地区转移的趋势不会改变，亚洲区域经济合作与交流方兴未艾，中国-东盟自由贸易区进程加快；我国仍处在重要战略机遇期，工业化、信息化、城镇化、市场化、国际化深入发展，粤港澳三地经济加快融合，经济发展具有很强的后劲；特别是经过改革开放三十年的发展，珠江三角洲地区积累了雄厚的物质基础，经济实力、区域竞争力显著增强，这些都为珠江三角洲地区加快改革发展提供了有利条件和广阔空间。

（三）重要意义

在新形势下，推进珠江三角洲地区加快改革发展，充分发挥自身优势，着力解决突出问题，变压力为动力，化挑战为机遇，把国际金融危机带来的不利影响降到最低程度，加快推动经济社会又好又快发展，既是该地区转变经济发展方式的必然选择，也是我国当前保持经济增长的迫切要求和实现科学发展的战略需要。加快珠江三角洲地区的改革发展，有利于推进珠江三角洲地区经济结构战略性调整，增强经济发展的动力和活力；有利于提高我国的综合实力、国际竞争力和抵御国际风险的能力，更好地参与国际经济合作与竞争；有利于辐射和带动环珠江三角洲和泛珠江三角洲区域的经济发展，促进形成优势互补、良性互动的区域经济发展新格局；有利于贯彻“一国两制”方针，保持港澳地区长期繁荣稳定；有利于深化体制机制创新，为建立实现科学发展的体制机制探索新路径、提供新经验。

二、总体要求和发展目标

（一）指导思想

高举中国特色社会主义伟大旗帜，以邓小平理论和“三个代表”重要思想为指导，深入贯彻落实科学发展观，进一步解放思想，坚持改革开放，努力争当实践科学发展观的排头兵。着力构建现代产业体系，加快发展方式转变，率先建立资源节约型和环境友好型社会；着力推进科技进步，增强自主创新能力，率先建立创新型区域；着力解决民生突出问题，促进城乡区域协调发展，率先构建社会主义和谐社会；着力深化体制改革，勇于推进体制机制创新，率先建立完善的社会主义市场经济体制；着力加强与港澳合作，扩大对内对外开放，率先建立更加开放的经济体系。要把解决当前问题与谋划长远发展结合起来，保持珠江三角洲地区经济平稳较快发展，为保持港澳地区长期繁荣稳定提供有力支撑，为我国改革开放和社会主义现代化建设做出新的更大贡献，率先建成全面小康社会和基本实现现代化。

（二）战略定位

探索科学发展模式试验区。赋予珠江三角洲地区发展更大的自主权，支持率先探索经济发展方式转变、城乡区域协调发展、和谐社会建设的新途径、新举措，走出一条生产发展、生活富裕、生态良好的文明发展道路，为全国科学发展提供示范。

深化改革先行区。继续承担全国改革“试验田”的历史使命，大胆探索，先行先试，全面推进经济体制、政治体制、文化体制、社会体制改革，在重要领域和关键环节率先取得突破，为实现科学发展提供强大动力，为发展中国特色社会主义创造新鲜经验。

扩大开放的重要国际门户。坚持“一国两制”方针，推进与港澳紧密合作、融合发展，共同打造亚太地区最具活力和国际竞争力的城市群。创新国际区域合作机制，全面提升经济国际化水平，完善内外联动、互利共赢、安全高效的开放型经济体系。

打造世界先进制造业和现代服务业基地。坚持高端发展的战略取向，建设自主创新新高地，打造若干规模和水平居世界前列的先进制造产业基地，培育一批具有国际竞争力的世界级企业和品牌，发展与香港国际金融中心相配套的现代服务业体系，建设与港澳地区错位发展的国际航运、物流、贸易、会展、旅游和创新中心。

建设成为全国重要的经济中心。综合实力居全国经济区前列，辐射带动能力进一步增强，形成以珠江三角洲为中心的资源互补、产业关联、梯度发展的多层次产业圈，建设成为带动环珠江三角洲和泛珠江三角洲区域发展的龙头，成为带动全国发展更为强大的引擎。

（三）发展目标

当前和今后一段时间，必须充分估计形势的严峻性和复杂性，坚定信心，迎难而上，把保持经济平稳较快发展作为首要任务，抓紧落实中央关于扩大内需的各项部署。要结合珠江三角洲地区的实际，大力改善民生和启动最终消费需求，大力拉动民间投资，大力促进外贸出口，形成促进经济增长的合力。

到2012年，率先建成全面小康社会，初步形成科学发展的体制机制，使产业结构明显升级，自主创新能力明显增强，生态环境明显优化，人民生活明显改善，区域城乡差距明显缩小，区域一体化格局初步形成，粤港澳经济进一步融合发展。人均地区生产总值达到80 000元，服务业增加值比重达到53%；城乡居民人均收入比2007年显著增长，平均期望寿命达到78岁，社会保障体系覆盖城乡，人人享有基本公共服务；城镇化水平达到80%以上；每新增亿元地区生产总值所需新增建设用地量下降，单位生产总值能耗与世界先进水平的差距明显缩小，环境质量进一步改善。

到2020年，率先基本实现现代化，基本建立完善的社会主义市场经济体制，形成以现代服务业和先进制造业为主的产业结构，形成具有世界先进水平的科技创新能力，形成全体人民和谐相处的局面，形成粤港澳三地分工合作、优势互补、全球最具核心竞争力的大都市圈之一。努力使人均地区生产总值达到135 000元，服务业增加值比重达到60%；城乡居民收入水平比2012年翻一番，合理有序的收入分配格局基本形成；平均期望寿命达到80岁，实现全社会更高水平的社会保障；城镇化水平达到85%左右，单位生产总值能耗和环境质量达到或接近世界先进水平。

三、构建现代产业体系

促进信息化与工业化相融合，优先发展现代服务业，加快发展先进制造业，大力发展高技术产业，改造提升优势传统产业，积极发展现代农业，建设以现代服务业和先进制造业双轮驱动的主体产业群，形成产业结构高级化、产业发展集聚化、产业竞争力高端化的现代产业体系。

（一）优先发展现代服务业

支持珠江三角洲地区与港澳地区在现代服务业领域的深度合作，重点发展金融业、会展业、物流业、信息服务业、科技服务业、商务服务业、外包服务业、文化创意产业、总部经济和旅游业，全面提升服务业发展水平。支持广州市、深圳市建设区域金融中心，构建多层次的资本市场体系和多样化、比较完善的金融综合服务体系。支持符合条件的优质企业上市融资，扩大直接融资比重。培育具有国际竞争力的金融控股集团，尽快在深圳证券交易所推出创业板，完善代办股份转让系统，支持建设广东金融高新技术服务区。大力发展金融后台服务产业，建设辐射亚太地区的现代金融产业后援服务基地。发展一批具有国际影响力的专业会展，扩大中国（广州）进出口商品交易会、中国（深圳）国际高新技术成果交易会、中国（珠海）国际航空航天博览会、中国（广州）中小企业博览会、中国（深圳）国际文化产业博览交易会的国际影响力，打造世界一流的会展品牌。推进白云空港、宝安空港、广州港、深圳港等一批枢纽型现代物流园区建设，完善与现代物流业相匹配的基础设施，带动广东建设世界一流的物流中心。建设以珠江三角洲地区为中心的南方物流信息交换中枢，进一步确立珠江三角洲地区的国际电子商务中心地位。着力发展外包服务业，到2012年，培育2个~3个国家级国际服务外包基地城市，形成较为完整的国际服务业外包产业链。支持发展研究设计、营销策划、工程咨询、中介服务等第三方专业服务机构，促进科技服务业和商务服务业发展。加快发展人力资源服务业，扶持一批立足本地、辐射全国、具有国际竞争力的人力资源服务机构，促进人力资源合理流动和有效配置。培育一批创意产业集群，加快建设珠江三角洲国家级软件和动漫产业基地。大力发展总部经济，鼓励国内外大型企业以及有影响力的中介服务机构在珠江三角洲地区设立总部或分支机构。建设全国旅游综合改革示范区，建成亚太地区具有重要影响力的国际旅游目的地和游客集散地。到2020年，现代服务业增加值占服务业增加值的比重超过60%。

（二）加快发展先进制造业

充分利用现有基础和港口条件，重点发展资金技术密集、关联度高、带动性强的现代装备、汽车、钢铁、石化、船舶制造等产业，坚持走新型工业化道路。加快发展装备制造业，在核电设备、风电设备、输变电重大装备、数控机床及系统、海洋工程设备5个关键领域实现突破，形成世界级重大成套和技术装备制造产业基地。加快发展以自主品牌和自主技术为主的汽车产业集群，打造2家~3家产值超千亿元的特大型汽车制造企业，建设国际汽车制造基地。发展大功率中低速柴油机等船舶关键配套装备，打造产能千万吨级的世界级大型修造船基地和具有现代化技术水平的海洋工程装备制造基地。以宝钢重组韶钢、广钢为契机，建设现代化的千万吨级湛江钢铁基地。集约发展石化产业，集中力量在深水港口条件好、环境承载能力相对较大的沿海地区，依托条件较好的现有企业，高标准建设2个~3个千万吨级炼油、百万吨级乙烯炼化一体化工程，力争形成世界先进水平的特大型石油化工产业基地。支持发展通用飞机制造产业，壮大新能源汽车产业。大力培育精细化工、医药等产业，提升规模和水平，形成新的经济增长点。到2020年，实现先进制造业增加值占工业增加值的比重超过50%。近期，要适度控制新增产能，加快结构调整，为长远发展奠定基础。

（三）大力发展高技术产业

坚持全面提升与重点突破相结合，突出自主创新和产业集聚，培育壮大新兴产业，建成全球重要的高技术产业带。着力发展高端产业和产业链高端环节，加快提升高技术产业核心竞争力。引导生产要素向优势地区、产业基地和产业园区集聚，促进形成产业特色鲜明、配套体系完备的高技术产业群。重点发展电子信息、生物、新材料、环保、新能源、海洋等产业。电子信息领域重点发展软件及集成电路设计、新型平板显示、半导体照明、新一代宽带无线移动通信、下一代互联网、数字家庭等产业，促进数字视听产品转型升级，提升通信设备在全球的竞争优势，建设现代信息产业基地。生物领域重点加强干细胞、转基因、生物信息等关键技术和重要产品研制，大力发展生物医学、生物育种等产业。新材料领域重点发展新型电子材料、特种功能材料、环境友好材料和高性能结构材料等。环保领域着力发展环保技术与装备、环境服务产业等。新能源领域重点发展风能、太阳能等清洁能源。海洋领域重点发展海洋生物、海洋资源综合利用等。围绕重点领域实施高技术产业化重大专项，加大对高技术产业化项目的支持力度。推进高新技术产业开发区“二次创业”，重点加快广州科学城（北区）和深圳高新技术产业带建设，加快科研、标准化与科技成果产业化三同步步伐，把广州、深圳国家高新技术产业开发区建设成为全国领先的科技园区。到 2012 年，培育形成 3 个~5 个产值规模超千亿元的新兴产业群，重点打造 3 家~5 家销售收入达千亿元、具有全球影响力的跨国企业。到 2020 年，高技术制造业增加值占工业增加值的比重达 30%。

（四）改造提升优势传统产业

实施改造提升、名牌带动、以质取胜、转型升级战略，做优家用电器、纺织服装、轻工食品、建材、造纸、中药等优势传统产业，提高产业集中度，提升产品质量，增强整体竞争力。积极采用高新技术、先进适用技术和现代管理技术改造提升优势传统产业，推动产业链条向高附加值的两端延伸。以提高产业链配套能力、增加产品附加值为重点，加大研发投入，强化工艺设计，提高技术装备水平，大力发展环保、节能、高附加值产品，推动优势传统产业向品牌效益型转变。加快优势传统产业组织结构调整，打造一批具有知名品牌的龙头企业。发挥龙头企业、名牌产品和驰名商标的带动作用，打造佛山家电和建材、东莞服装、中山灯饰、江门造纸等具有国际影响力的区域品牌，做大做强产业集群。提高优势出口产品的技术含量和附加值，提高自主品牌出口产品比重。提高产业准入门槛，促进资源型低端产业逐步退出，淘汰落后产业和落后生产能力。

（五）积极发展现代农业。

按照高产、优质、高效、生态、安全的要求，加快转变农业发展方式，优化农业产业结构，建立具有岭南特色的都市型、外向型现代农业产业体系，率先实现农业现代化。稳定粮食面积，建设标准农田，实施优质稻产业工程，确保现有粮食生产能力不下降、粮食安全保障能力不降低。加强蔬菜、水产和畜禽等鲜活农产品基地建设，突破农产品保鲜加工和流通瓶颈，建设具有国际竞争力的园艺产业带和农产品现代物流体系。加强基本农田保护区建设，改造水利灌溉设施，加强良种繁育和动植物防疫等基础设施建设，不断优化农业设施装备结构，健全农业社会化服务体系。推进农业科技创新和成果转化，提高科技对农业的贡献率，高标准建成若干个国家级现代农业园区。完善农村集体土地股份合作制，推进农业产业化、规模化、集约化经营，提高劳动生产率和土地产出率。全力推进农业标准化，建立健全“从田头到餐桌”的农产品及食品良好生产规范、质量安全监督管理体系及产品可追溯制度。强化农业支持保护体系，增强农业抗风险能力。加强农业国际合作，拓展珠江三角洲外向型农业的广度和深度，增强国际竞争力和可持续发展能力。

（六）提升企业整体竞争力。

通过淘汰一批落后企业，转移一批劳动密集型企业，提升一批优势企业，培育一批潜力企业，推动企业组织结构调整。大力推进企业信息化，切实提高企业管理水平。当前，要综合运用各种有效手段，帮助困难企业渡过难关，同时鼓励和支持优势企业围绕主业实施行业并购和重组，形成一批拥有自主知识产权和世界级品牌、具有国际竞争力的大企业。发挥大企业在产业链中的核心作用，带动中小企业发展，形成以大企业为龙头、中小企业专业化配套的协作体系。到2012年，实现年主营业务收入超百亿元企业达到100家以上，其中超千亿元企业8

家左右，世界名牌产品数量翻一番。到2020年，年主营业务收入超千亿元企业达到20家左右，世界名牌产品达到20个左右。

四、提高自主创新能力

完善自主创新的体制机制和政策环境，构建以企业为主体、以市场为导向、产学研结合的开放型区域创新体系，率先建成全国创新型区域，成为亚太地区重要的创新中心和成果转化基地，全面提升国际竞争力。

（一）推进核心技术的创新和转化

围绕现代产业发展的需求，着力抓好关键领域的引进消化吸收再创新和集成创新，积极推进原始创新，加快创新成果转化，实现产业技术跨越式发展。重点开展电子信息、生物与新医药、先进制造、新材料、节能与新能源、环保与资源综合利用、现代农业等关键领域的自主创新，掌握一批行业核心和共性技术。实施产业前沿技术重大攻关计划，开展关键领域联合科技攻关，实施节能减排与可再生能源、创新药物的筛选与评价、下一代互联网、新一代移动通信等自主创新重大专项，支持产学研合作和区域联合承担国家重大科技专项。加强大学科技园、科技成果孵化器和中试基地建设，新建一批创新成果产业化基地，组织实施高技术产业化示范工程，支持国家重大创新成果在珠江三角洲地区转化。大力发展技术评估、产权交易、成果转化等科技中介服务机构，构建技术转移平台，促进创新成果转化。力争到2012年，年发明专利申请量达600件/百万人口，在一些重点领域自主创新接近或达到世界先进水平。到2020年，基本实现由“广东制造”向“广东创造”转变。

（二）强化企业自主创新主体地位

引导创新要素向企业集聚，鼓励企业加大研发投入，强化本土企业在自主创新中的主体地位。支持探索促进自主创新的政策举措，鼓励率先建立和完善增强企业自主创新能力的政策体系。完善企业自主创新激励机制，全面落实企业研发费用税前加计扣除等自主创新优惠政策，加大创新产品的政府采购力度。支持企业与全国高等院校、科研院所共建高水平的技术研发机构和人才培养机构，组建企业技术中心，共同承担国家重大科技项目。加强行业公共技术平台和创新服务体系建设，为企业自主创新提供公共服务支撑。培育一批创新能力强、经济效益好的创新型企业，重点支持打造50家国家级和10家世界领先的创新型龙头企业。

（三）构建开放型的区域创新体系

加强区域合作与国际合作，完善区域创新布局，加强创新能力建设，构建开放融合、布局合理、支撑有力的区域创新体系。深化粤港澳科技合作，建立联合创新区，支持联合开展科技攻关和共建创新平台。规划建设深港创新圈，加强穗港产学研合作，加快国家创新型城市建设，形成以广州–深圳–香港为主轴的区域创新布局。支持广州国家级开发区开展创新发展模式试验。实施企业国际合作创新试点，鼓励企业设立境外研发机构，积极承接跨国公司研发中心转移。完善创新平台的运行管理机制，建立健全科研设备和科技信息开放共享制度，强化创新平台的公共服务功能。加快建设深圳国家高技术产业创新中心、华南新药创制中心、广州国际生物岛等重大创新平台。到2012年，建成具有现代运行管理机制的国家重点实验室、工程中心、工程实验室等100家创新平台。到2020年，形成较为完善的区域性国际化创新体系。

（四）深化国家与地方创新联动机制

国家有关部门与广东省联合开展自主创新综合试验，积极推进协调管理、考核评价、科技体制等方面的体制机制改革，促进国家与地方创新资源的高效配置和综合集成，上下联动凝聚创新合力。设立省部产学研合作重大科技项目，实施“产学研合作综合示范企业”行动计划和省部企业科技特派员行动计划。支持国家重点高校、科研院所与珠江三角洲地区联合，组建100个左右省部产学研技术创新联盟，共建一批高水平的研究型大学、科研机构、重大创新平台和省部产学研合作示范基地。支持在珠江三角洲地区布局建设国家重大科技基础设施、重要科研机构和重大创新能力项目，积极推进中国科学院与广东省自主创新战略合作，加快建设散裂中子源、南方深海海洋科技创新基地、中科院广州生命健康研究院、中国华南超级计算中心、中科院广州工业技术研究院、中科院深圳先进技术研究院等共建项目。

（五）加强自主创新环境建设

加强自主创新投入、知识产权保护、人才等支撑体系建设。优化整合财政资源，加大财政投入。完善创新创业融资环境，积极发展知识产权质押、租赁融资和创业投资，探索组建服务自主创新的新型金融组织，开展科技保险试点。实施知识产权和技术标准战略，加大知识产权保护和应用力度，支持开展行业、国家和国际标准的制定工作。支持开展工业设计人员等职业能力评价认证体系试点。创新人才引进、培养、评价、任用、表彰激励和服务保障机制，实施高端人才引进计划和培养工程，发挥“中国留学人员广州科技交流会”等人才引进平台的作用，建设一支高层次、国际化的优秀人才队伍。到2012年，研究与发展经费支出占地区生产总值的比重达2.5%，研发人员总量达28万人左右。到2020年，形成要素完备、支撑有力、开放包容的自主创新环境。

五、推进基础设施现代化

按照统筹规划、合理布局、适度超前、安全可靠的原则，紧紧抓住当前扩大内需的战略机遇，加快交通、能源、水利和信息基础设施建设，推进区域基础设施一体化发展，提高保障水平，实现基础设施现代化。

（一）建设开放的现代综合交通运输体系

大力推进交通基础设施建设，形成网络完善、布局合理、运行高效、与港澳及环珠江三角洲地区紧密相连的一体化综合交通运输体系，使珠江三角洲地区成为亚太地区最开放、最便捷、最高效、最安全的客流和物流中心。尽快建成珠江三角洲城际轨道交通网络，完善区内铁路、高速公路和区域快速干线网络，增强珠江口东西两岸的交通联系。重点建设环珠江三角洲地区高速公路、中山至深圳跨珠江口通道、港珠澳大桥、深港东部通道、广深港高速铁路、沿海铁路、贵州至广州铁路、南宁至广州铁路，以及广州、深圳、佛山、东莞城市轨道交通等重大项目。加强城市公共交通基础设施及广州、深圳、珠海等交通枢纽建设，完善区域公交网络。提高珠江三角洲高等级内河航道网的现代化水平，有效整合珠江口港口资源，完善广州、深圳、珠海港的现代化功能，形成与香港港口分工明确、优势互补、共同发展的珠江三角洲港口群体。加快广州白云国际机场扩建，巩固其中心辐射地位并提高国际竞争力，扩容改造深圳宝安机场，提升其服务水平，将其发展为大型骨干机场。加强珠江三角洲民航机场与港澳机场的合作，构筑优势互补、共同发展的机场体系。到 2012 年，珠江三角洲高速公路通车里程达 3000 公里，轨道交通运营里程达 1100 公里，港口货物吞吐能力达 9 亿吨，集装箱吞吐能力达 4700 万标箱，民航机场吞吐能力达8000万人次；到2020年，轨道交通运营里程达2200公里，港口货物吞吐能力达14亿吨，集装箱吞吐能力达7200万标箱，民航机场吞吐能力达1.5亿人次。

（二）构建清洁安全可靠的能源保障体系

统筹区域内外能源基础设施建设，以电力建设为中心，构建开放、多元、清洁、安全、经济的能源保障体系，满足珠江三角洲地区经济社会发展需要。加快开展前期工作，规模化发展核电，延伸核电产业链，推进核电自主化，把广东建成我国重要的核电基地和核电装备基地。优化发展火电，在沿海沿江建设一批环保型骨干电厂，在珠江三角洲区内负荷中心建设支撑电源，统筹推进区域热电冷联供和清洁发电示范工程。合理配置广东省内电源和“西电东送”外区电源，确保电网安全稳定运行。进一步完善珠江三角洲电网和跨区域输电通道，构建电力安全体系及应急处置体系，提高电网抗灾害能力和电力减灾应急能力。在符合国家重点油气项目战略规划布局的前提下，加快油气基础设施建设及LNG接收站建设，统筹推进油气管网一体化，建设区域石油流通枢纽和交易中心。稳步推进能源储备工程，建设石油储备基地和大型煤炭中转基地。加强国内外能源合作，多渠道开拓能源资源。积极开发新能源和可再生能源，重点建设风力发电场和太阳能利用工程。到2020年，建成供应能力强、结构优、效率高的现代能源保障体系。

（三）建设人水和谐的水利工程体系

加快推进水利基础设施建设，完善水利防灾减灾工程体系，优化水资源配置，强化水资源保护和水污染治理，确保防洪安全、饮水安全、粮食安全和生态安全，建立现代化水利支撑保障体系。重点推进北江乐昌峡、湾头、大藤峡水利枢纽建设，实施景丰联围、江新联围、中顺大围等重要江海堤围加固达标工程以及防洪排涝工程，加快病险水库除险加固。继续实施珠江河口整治工程，统筹协调珠江流域防洪工程标准，完善防洪防潮抗旱指挥系统和防御超标准洪水预案建设。建立省部合作珠江三角洲中小尺度气象灾害监测预警中心。继续加强江河治理和水生态保护的基础设施建设，加快水文、水资源和水环境实时监控系统建设。建立合理高效的水资源配置和供水安全保障体系，重点推进广州西江引水、珠海竹银水源等水资源调蓄工程建设，加强珠江流域水资源统一管理，实施西江上游骨干水库和东江三大水库的联合调度，保障珠江三角洲及港澳地区的供水安全。加强农业、工业和生活节水工作，提高水资源利用效率。到 2020 年，广州、深圳市市区防洪防潮能力达到 200 年一遇，其他地级市市区达到 100 年一遇，县城达到 50 年一遇，重要堤围达到 50 年～100 年一遇；供水水源保证率在大中城市达 97%以上，一般城镇达 90%以上，水源水质均达到水功能区水质目标。

（四）构建便捷高效的信息网络体系

按照构建“数字珠江三角洲”的总体要求，突破区划、部门、行业界限和体制性障碍，加大信息基础设施建设力度，加快部署新一代移动通信网络，分区域、按步骤推进无线宽带城市群建设，构建“随时随地随需”的珠江三角洲信息网络。统筹信息网络规划、建设和管理，率先推进电信网、互联网和广播电视网“三网融合”，促进网络资源共享和互联互通。建设南方现代物流公共信息平台，率先发展“物联网”，推进基础通信网、应用网和射频感应网的融合。建设政府信息资源共享平台，构建信息安全保障体系。统筹珠江三角洲基础地理信息资源的开发利用。到 2012 年，互联网普及率和家庭宽带普及率分别达 90%和 65%以上，无线宽带人口覆盖率达 60%左右。到 2020

年，珠江三角洲地区进入全球信息化先进水平行列。

六、统筹城乡发展

按照城乡规划一体化、产业布局一体化、基础设施建设一体化、公共服务一体化的总体要求，着力推进社会主义新农村建设，完善和提升城市功能，率先形成城乡一体化发展新格局。

（一）提高城乡规划和建设管理水平

切实加强统筹城乡的规划布局，建设与经济发展水平相适应的现代化城乡示范区，打造具有岭南特色的宜居城乡。建立以主体功能区规划为基础，国民经济和社会发展规划、土地利用规划及城乡规划相互衔接的规划体系。合理划定功能分区，明确具体功能定位，改变城乡居民区与工业、农业区交相混杂的状况，优化城乡建设空间布局。按照一体化的要求，统筹编制城乡规划，加强配套设施建设，改善农村人居环境。因地制宜改造城中村、拆除空心村、合并小型村，加快推进城乡新社区建设。加强城乡非农产业空间布局的统一规划，优化农村产业结构，统筹城乡产业发展。探索城乡统一规划、统一建设、统一管理的新机制，提高城乡规划建设管理水平。提高规划制定的公开性、透明性和群众参与度，推进规划编制和实施的法制化进程。

（二）加强农村基础设施建设

提高城乡基础设施建设一体化水平，着力加强农村基础设施建设。大力推进农村饮水安全工程，提高农村供水保证率和质量安全水平。提高农村公路建设等级和标准，健全农村公路管护机制，完善农村路网体系，加快农村出行公交化步伐，2020年建成覆盖城乡、方便快捷的公交客运网络。加快农村现代物流基础设施建设，鼓励城市商贸流通企业向农村延伸，健全城乡连锁经营体系。推进建设农村清洁、经济的能源体系，进一步健全城乡统一供电网络，推广农村沼气、生物质清洁燃料、太阳能等可再生能源技术，实现农村居民普遍用上清洁经济能源目标。实施农村清洁工程，加快建设农村垃圾、污水集中处理系统，实现农村废弃物和人畜粪便无害化处理，改善农村卫生条件和人居环境。

（三）促进城乡基本公共服务均等化

统筹教育、卫生、文化、社会保障等公共资源在城乡之间的均衡配置，把社会事业建设的重点放在农村。全面提高财政保障农村公共事业水平，加快建立城乡统一的公共服务制度，健全以常住人口为目标人群的公共服务体系，率先实现基本公共服务均等化。完善农村义务教育经费保障机制，严把农村教师准入关，建立教师退出机制，提高农村教育师资水平，促进城乡义务教育均衡发展。加强面向农村的职业教育培训。加强农村医疗卫生基础设施建设，全面改善农村预防保健和医疗救治条件，完善新型农村合作医疗制度，着力构建城乡一体的公共卫生服务体系、医疗服务体系、医疗保障体系和药品供应保障体系。加强农民工权益保护，逐步实现农民工子女就学、公共卫生等公共服务与城镇居民享有同等待遇。统筹城乡就业，加快建立城乡一体的人力资源市场和公平竞争的就业制度。加快建立与经济社会发展水平相适应、城乡统筹的社会保障体系。健全农村养老保险制度，切实做好被征地农民的就业培训和社会保障工作。大力发展农村社会福利和慈善事业，建立制度相对统一、待遇标准有别的城乡居民最低生活保障制度，逐步提高最低生活保障标准和补助水平，完善农村五保供养、灾民和孤儿救助政策，全面提高社会福利整体水平。大力推进农村公共文化设施建设，以社区和乡村基层文化设施为基础，完善城乡公共文化服务体系。加强农村基层组织建设，提高城乡社会管理一体化水平。

（四）建立以城带乡、以工补农新机制

建立健全财政、金融等支农政策体系，完善城乡对口支援机制，逐步形成以城带乡、以工补农新机制。完善财政支农保障机制，实现各级财政支农投入增长幅度高于经常性收入增长幅度。调整政府投资、土地出让收益和耕地占用税新增收入使用结构，大幅度提高用于“三农”的比例。加快发展适合农村特点的新型金融机构（组织）和以服务农村为主的地区性金融机构，推进农村信贷担保机制和农村信用体系建设，扩大政策性农业保险覆盖面，积极支持开展水稻、生猪、渔业、森林保险。到2020年建成资本充足、运行安全、功能完善的农村金融体系。加强城市对农村教育、医疗卫生、文化等领域的对口支援，增强城市对农村，二、三产业对农业的带动作用。

七、促进区域协调发展

按照主体功能区定位，优化珠江三角洲地区空间布局，以广州、深圳为中心，以珠江口东岸、西岸为重点，推进珠江三角洲地区区域经济一体化，带动环珠江三角洲地区加快发展，形成资源要素优化配置、地区优势充分发挥的协调发展新格局。

（一）发挥中心城市的辐射带动作用

广州市要充分发挥省会城市的优势，增强高端要素集聚、科技创新、文化引领和综合服务功能，进一步优化功能分区和产业布局，建成珠江三角洲地区一小时城市圈的核心。优先发展高端服务业，加快建设先进制造业基地，大力提高自主创新能力，率先建立现代产业体系。增强文化软实力，提升城市综合竞争力，强化国家中心城市、综合性门户城市和区域文化教育中心的地位，提高辐射带动能力。强化广州佛山同城效应，携领珠江三角洲地区打造布局合理、功能完善、联系紧密的城市群，将广州建设成为广东宜居城乡的“首善之区”，建成面向世界、服务全国的国际大都市。深圳市要继续发挥经济特区的窗口、试验田和示范区作用，增强科技研发、高端服务功能，强化全国经济中心城市和国家创新型城市的地位，建设中国特色社会主义示范市和国际化城市。

(二) 优化珠江口东岸地区功能布局

以深圳市为核心，以东莞、惠州市为节点的珠江口东岸地区，要优化人口结构，提高土地利用效率，提升城市综合服务水平，促进要素集聚和集约化发展，增强自主创新能力，面向世界大力推进国际化，面向全国以服务创造发展的新空间，提高核心竞争力和辐射带动能力。着力建设深圳通信设备、生物工程、新材料、新能源汽车等先进制造业和高技术产业基地。加快东莞加工制造业转型升级，建设松山湖科技产业园区。积极培育惠州临港基础产业，建设石化产业基地。珠江口东岸地区要加快发展电子信息高端产品制造业，打造全球电子信息产业基地。大力发展金融、商务会展、物流、科技服务、文化创意等现代服务业，推进产业结构优化升级，构建区域服务和创新中心。

(三) 提升珠江口西岸地区发展水平

以珠海市为核心，以佛山、江门、中山、肇庆市为节点的珠江口西岸地区，要提高产业和人口集聚能力，增强要素集聚和生产服务功能，优化城镇体系和产业布局。珠海要充分发挥经济特区和区位优势，加快交通基础设施建设，尽快形成珠江口西岸交通枢纽，增强高端要素聚集发展功能和创新发展能力，提升核心竞争力，提高发展带动能力，建成现代化区域中心城市和生态文明的新特区，争创科学发展示范市。加快建设珠海高栏港工业区、海洋工程装备制造基地、航空产业园区和国际商务休闲旅游度假区。重点发展佛山机械装备、新型平板显示产业集聚区和金融服务区，中山临港装备制造、精细化工和健康产业基地，江门先进制造业重点发展区，肇庆传统优势产业转型升级集聚区。珠江口西岸地区要规模化发展先进制造业，大力发展生产性服务业，做大做强主导产业，打造若干具有国际竞争力的产业集群，形成新的经济增长极。

（四）推进珠江三角洲区域经济一体化

珠江三角洲地区九市要打破行政体制障碍，遵循政府推动、市场主导，资源共享、优势互补，协调发展、互利共赢的原则，创新合作机制，优化资源配置。要制定珠江三角洲地区一体化发展规划。探索建立有利于促进一体化发展的行政管理体制、财政体制和考核奖惩机制。在省政府的统一领导和协调下，建立有关城市之间、部门之间、企业之间及社会广泛参与的多层次合作机制。以广州佛山同城化为示范，以交通基础设施一体化为切入点，积极稳妥地构建城市规划统筹协调、基础设施共建共享、产业发展合作共赢、公共事务协作管理的一体化发展格局，提升整体竞争力。推进城市规划一体化，优化珠江三角洲城市群的空间结构布局。加快建设珠江三角洲城际快速轨道交通系统，推进高速公路电子联网收费，撤除普通公路收费站，减少高速公路收费站，建立统一的综合交通运输体系。统筹推进能源基础设施一体化，形成统一的天然气输送网络和成品油管道网络，实现区域内油、气、电同网同价。统筹规划信息基础网络，统一信息交换标准和规范，共建共享公共信息数据库。统筹跨行政区的产业发展规划，构建错位发展、互补互促的区域产业发展格局，推进产业协同发展。协同构建区域环境监测预警体系，建立区域联防协作机制，实现区内空气和水污染联防联治。加强社会公共事务管理协作，推进区域教育、卫生、医疗、社会保障、就业等基本公共服务均等化。到 2012 年，基本实现基础设施一体化，初步实现区域经济一体化。到 2020 年，实现区域经济一体化和基本公共服务均等化。

（五）带动环珠江三角洲地区加快发展

环珠江三角洲地区是指粤东、粤西、粤北及周边省、区的相邻地区。要充分发挥珠江三角洲地区的辐射、服务和带动功能，促进要素流动和产业转移，形成梯度发展、分工合理的多层次产业群和优势互补、互利共赢的产业协作体系。加强基础设施建设，完善港口运输系统，形成贯通珠江三角洲地区、连接周边地区的高速公路、铁路通道。推动珠江三角洲地区劳动密集型产业梯度转移。加快建设粤东、粤西地区石化、钢铁、船舶制造、能源生产基地，形成沿海重化产业带，培育粤北地区成为珠江三角洲地区先进制造业的配套基地。健全珠江三角洲地区对粤东、粤西、粤北地区的挂钩帮扶机制，创新帮扶方式，促进产业和劳动力“双转移”，重点扶持主导产业集聚发展的产业转移示范园区，形成产业集群，在有条件的产业转移园区设立封闭管理的海关特殊监管区域或保税监管场所。加快粤东、粤西、粤北地区农村人口向城镇转移，扩大区域中心城市规模，在粤东、粤西、粤北地区培育新的经济增长极。

八、加强资源节约和环境保护

实行最严格的耕地保护制度和节约用地制度，提高资源节约集约利用水平，切实加强环境保护和生态建设，增强区域可持续发展能力，率先建立资源节约型和环境友好型社会。

（一）节约集约利用土地

严格执行土地利用总体规划和年度计划，切实落实耕地和基本农田保护目标。统筹建设占用和补充耕地规模，积极整理开发部分低效园地山坡地补充耕地，加大土地整理复垦力度，严格实行耕地占补平衡。积极探索耕地保护严、建设占地少、用地效率高的科学发展道路，创新土地管理方式，建设国家节约集约用地试点示范区。支持加大闲置土地处置力度，盘活存量建设用地。有效保护河口和海岸湿地，合理有序将围填海造地和滩涂资源用于非农建设，减少对现有耕地的占用。加强土地需求调控，实行更严格的区域土地供应政策、土地使用标准和市场准入标准，实行差别化供地政策，积极推进工业园区按照产业集聚、布局合理、用地集约的原则进行提升改造，推进交通基础设施、城乡建设用地集约化。探索用地审批制度改革，简化程序，强化监督。探索建立土地收益调节机制，利用经济手段提高土地利用集约化水平。

（二）大力发展循环经济

坚持开发节约并重、节约优先，按照减量化、再利用、资源化的原则，大力推进节能节水节材，加强资源综合利用，全面推行清洁生产，形成低投入、低消耗、低排放和高效率的经济发展方式。落实节能减排目标责任制，严格实施新建项目节能评估和审查制度。抓好重点用能单位节能管理，加快工业、建筑、交通等领域的节能降耗技术改造，到2020年单位地区生产总值能耗下降到0.57吨标准煤。鼓励发展符合国家政策的资源综合利用项目，推动垃圾发电、余热利用发电等工程建设。加强用电需求侧管理，建立节电管理长效机制。实行用水总量控制和定额管理，到2020年，工业用水重复率达到80%。建设城镇再生水利用系统。制定清洁生产推行规划，指导和督促企业推行清洁生产。制定循环经济推进规划，积极探索有利于资源节约和循环经济发展的地方性价格、财政政策，建成一批符合循环经济发展要求的工业园区，形成资源高效利用、循环利用的产业链。鼓励生产和使用节能节水节材产品、可再生产品和节能环保汽车，形成健康文明、节约资源的生产和消费模式。

（三）加大污染防治力度

坚持预防为主、综合治理的方针，提高环境管理水平，创新环境管理机制，切实解决危害人民群众身体健康和影响经济社会发展的突出问题。采取严格有力措施，降低污染物排放总量。科学规划产业布局，避免产业转移中的污染扩散。引导工业企业进园区，废水集中处理。加快规划和建设城镇污水处理设施和配套管网，强化对已建成设施的运营监管。加快规划和建设城镇垃圾处理设施，完善垃圾收运体系。加强省界水质监督监测和入河排污口监督管理。加强水环境管理，着力加强粤港澳合作，共同改善珠江三角洲整体水质，减少整体水污染量，提升污水处理水平。加强饮用水源地建设和保护，确保饮用水安全。陆海统筹，控制近岸海域污染。建立健全大气复合型污染监测和防治体系，着力解决大气灰霾问题。积极治理农业面源污染，重点控制禽畜、水产养殖污染。加强固体废物处理处置，有效控制并加强治理持久性有机污染物、重金属等对土壤的污染，改善耕地质量，确保农业生产安全。制定更严格的区域环境标准，统筹环保基础设施建设，鼓励环境管理体制机制创新和先行先试，充分利用价格、财政、金融等经济手段，率先建立政府、企业、公民各负其责、高效运行的环境管理机制。到2012年，城镇污水处理率达到80%左右，城镇生活垃圾无害化处理率达到85%左右，工业废水排放达标率达到90%；到2020年，城镇污水处理率达到90%以上，城镇生活垃圾无害化处理率达到100%，工业废水排放完全达标。

（四）加强生态环境保护

优化区域生态安全格局，构筑以珠江水系、沿海重要绿化带和北部连绵山体为主要框架的区域生态安全体系。保护重要与敏感生态功能区，加强自然保护区和湿地保护工程建设，修复河口和近岸海域生态系统，加强沿海防护林、红树林工程和沿江防护林工程建设，加强森林经营，提高森林质量和功能，维持生态系统结构的完整性。加强珠江流域水源涵养林建设和保护，综合治理水土流失。推进城市景观林、城区公共绿地、环城绿带建设，促进城乡绿化一体化，加快建成沿公路和铁路的绿化带，维护农田保护区、农田林网等绿色开敞空间，形成网络化的区域生态廊道。实施生态保护分级控制，探索建立流域、区域统筹的生态补偿机制。到2020年，城市人均公园绿地面积达到15平方米，建成生态公益林90万公顷，建成自然保护区82个。

九、加快社会事业发展

以改善民生为重点，大力发展各项社会事业，切实做到全体人民学有所教、劳有所得、病有所医、老有所养、住有所居，打造全国高水平、高品质社会事业发展示范区，促进人的全面发展，实现人民幸福安康、社会和谐进步。

（一）优先发展教育

优化基础教育结构。合理配置义务教育办学资源，逐步解决常住人口子女平等接受义务教育问题。从实际情况出发，由地方财政统筹考虑，逐步实现普及学前到高中阶段教育。以中等职业教育为重点，大力发展职业教育，率先实现农村中等职业教育免费。推进校企合作，建设集约化职业教育培训基地，面向更大区域配置职业技术教育资源，把珠江三角洲地区建设成为我国南方重要的职业技术教育基地。高等教育普及化水平进一步提高，显著提升高校科技创新与服务能力。

以新的思维和机制推动高等教育发展上水平。支持港澳名牌高校在珠江三角洲地区合作举办高等教育机构，放宽与境外机构合作办学权限，鼓励开展全方位、宽领域、多形式的智力引进和人才培养合作，优化人才培养结构。加大对国家重点建设大学支持力度，到2020年，重点引进3所~5所国外知名大学到广州、深圳、珠海等城市合作举办高等教育机构，建成1所~2所国内一流、国际先进的高水平大学。

争创国家教育综合改革示范区。制定中长期教育发展纲要，率先探索多种形式的办学模式和运作方式。改革应试教育模式，全面实施素质教育。积极开展教学改革和教师队伍建设改革试验，深化人才培养模式改革，探寻符合人类文明成果传承规律的教育方式。扩大高等教育办学自主权，推进高等学校治理模式改革。积极探索完善以政府投入为主，多渠道筹措教育经费的教育经费保障机制。

(二) 完善医疗卫生服务

提高公共卫生和医疗服务水平。加强疾病预防控制、妇幼保健、精神卫生、职业卫生等公共卫生机构建设。加强重大疾病防控、医疗救治和卫生监督体系建设，提高突发公共卫生事件应急处置能力。大力发展城乡基层医疗卫生服务体系，提高医疗卫生服务水平，切实解决人民群众看病就医问题。深入开展爱国卫生运动，普及国家卫生镇。到2012年，率先建立覆盖城乡居民的基本医疗卫生制度；到2020年，实现城乡居民人人享有优质的医疗卫生服务。

优化配置医疗卫生资源。统筹规划和使用大型医疗设备、检验仪器，启动门急诊病历“一本通”和医疗机构医学检验、医学影像检查结果互认，考虑实际服务人口等因素合理确定大型医疗设备配置数量。推动医疗卫生资源向农村基层、城市社区倾斜。统筹高层次医学人才和面向基层的实用卫生人才的培养与引进。充分发挥中医药在预防保健医疗服务中的独特优势，加快基层医疗卫生机构中医科、中药房的标准化、规范化建设，率先建立健全中医“治未病”预防保健服务网络。

推进医疗卫生机构管理体制和运行机制改革。开展公立医院改革试点，破除以药补医模式，完善公立医院经济补偿机制。积极促进非公医疗卫生机构发展，形成投资主体多元化、投资方式多样化的办医体制。探索政事分开、管办分开、医药分开、营利性和非营利性分开的实现形式，在医药卫生体制改革中发挥试验区作用。

（三）健全住房保障体系

大力推进保障性住房建设。落实廉租住房、经济适用住房建设用地划拨、税费减免等优惠政策，加大政府投入力度，增强廉租住房对低收入住房困难人口的保障作用。

完善住房货币分配和政策性租赁机制。建立住房货币补贴标准与住房市场价格、居民收入水平等相适应的动态调整机制。完善住房公积金制度，适当提高住房公积金在工资总额中的比例，发挥公积金在住房保障方面的作用，增强职工住房支付能力。推行政策性租赁住房制度，满足新就业职工、中低收入住房困难家庭和符合规定条件的暂住人员的基本住房需求。

（四）完善就业和社会保障体系

加快完善促进就业的政策体系和服务体系。落实促进就业的各类优惠政策，统筹城乡和省内外各类群体劳动者就业。强化农村劳动者职业技能培训，提高其转移就业能力，把珠江三角洲地区打造成为全国农村劳动者转移就业职业技能培训示范区。着力提升劳动者职业技能素质，建设全国一流的职业技能开发评价示范基地。完善创业扶持政策，健全创业服务体系，加强创业培训，构建全国性的创业带动就业孵化基地。全面实行劳动合同制度和集体合同制度，健全劳动保障监察体系和劳动争议调解仲裁机制，依法维护劳动者合法权益。强化安全生产监督管理，加强职业病防治。

完善覆盖城乡惠及全民的社会保障网。建立健全养老保险制度体系，扩大城镇基本养老保险范围，逐步做实基本养老保险个人账户，实现养老保险省级统筹。建立新型农村养老保险制度。尽快实现养老保险关系无障碍转移。到 2012 年，城镇户籍从业人员参保率达到 95%以上、外来务工人员参保率达到 80%以上，农村养老保险参保率达到 60%以上，其中，被征地农民参保率达到 90%以上。建立健全统筹城乡、保障基本医疗、满足多层次需要的医疗保障体系，实现全民医保。深化失业保险制度改革，扩大工伤保险和生育保险覆盖面。大力推动所有用人单位依法为农民工办理参加工伤保险，建设国家级工伤康复基地。逐步建立覆盖城乡退休人员的社会化管理服务体系。完善以最低生活保障为基础的社会救助体系，加强社会福利、优抚安置和救灾应急保障机制。建立健全社会保障待遇调整机制，逐步提高社会保障水平。到 2020 年，建成比较完善、保障有力的社会保障体系。

(五) 建设和谐文化

提升公民文明素质。创新社会主义核心价值教育模式，使社会主义核心价值体系融入国民教育和精神文明建设全过程。弘扬中华优秀传统文化和岭南特色文化，培育创业、创新、诚信精神，打造具有时代特征的新时期广东人精神，促进物质文明和精神文明共同发展。以增强诚信意识为重点，加强社会公德、职业道德、家庭美德和个人品德建设。建设学习型社会，形成热爱学习、崇尚知识的良好氛围。

建立覆盖城乡的公共文化服务体系。实施基础文化设施覆盖工程，构建完善的市、县（市、区）、乡镇（街道）、行政村（社区）四级公共文化设施网络，到 2012 年，基层文化建设各项主要指标达到全国领先水平，建成城市“十分钟文化圈”和农村“十里文化圈”，确保城乡群众能够免费享受各种公益性文化服务。创新公共文化服务方式，加快建立健全文化信息资源共享网络服务体系，推进公共文化流动服务工程建设，打造全国性的公共文化建设示范区。积极挖掘、抢救文化遗产资源，有效保护并传承具有历史和科学价值的文化遗产。到 2020 年，形成服务优质、覆盖全社会的公共文化服务体系。

推进文化创新。深化文化体制改革，积极推进国有经营性文化单位转企改制，建立和完善文化产业竞争机制，培育多元化、市场化的生产和消费空间，形成富有活力的文化产品生产和服务经营机制。实施高端文化人才引进工程，激励优秀文化产品创作，打造优秀文化艺术品牌，不断推进先进文化发展，形成积极向上、特色鲜明、结构优化、科技含量高的文化产业体系，更好地满足人民群众多层次、多方面、多样化的精神文化需求。力争到 2020 年，文化产业增加值占地区生产总值的 8%。

十、再创体制机制新优势

继续发挥珠江三角洲地区特别是经济特区的“试验田”和示范区作用，以行政管理体制改革为突破口，深化经济体制和社会管理体制改革，健全民主法制，在重要领域和关键环节先行先试，率先建立完善的社会主义市场经济体制，为科学发展提供强大动力。

（一）创新行政管理体制

根据建立中国特色社会主义行政管理体制的总体要求，按照经济调节、市场监管、社会管理和公共服务的基本定位，遵循精简、统一、效能的改革方向，着力转变职能、理顺关系、优化结构，充分发挥市场在资源配置中的基础性作用，努力建设服务政府、责任政府、法治政府和廉洁政府。全面推进政企、政资、政事、政府与市场中介组织分开。凡是能够由市场机制调节的事，坚决放给市场；凡是应由企业自主决策的事，一律交还企业；凡是能够由社会组织解决的事，积极移交社会组织管理；凡是应由政府承担的职责，要切实履行好。政府要把精力集中到落实国家宏观调控的政策措施、改善发展环境、推动经济发展、促进就业和社会保障、加强市场监管、规范市场秩序、加快社会事业发展、切实保护生态环境等方面上来。增强处置突发公共事件和社会治安综合治理的能力。按照财力与事权相匹配的原则，科学配置地方各级政府的财力，增强市（地）、县（市）政府提供公共服务的能力。进一步理顺和明确垂直管理部门与地方政府权责关系。制定各项配套措施，完善各级政府主要职责的考核、审计和问责制度。

进一步优化政府组织体系和运行机制。支持深圳市等地按照决策权、执行权、监督权既相互制约又相互协调的要求，在政府机构设置中率先探索实行职能有机统一的大部门体制，条件成熟时在珠江三角洲地区及全省推行。选择部分有条件的地方推行机构编制科学化、规范化、法制化管理试点，探索机构编制管理与财政预算、组织人事管理的配合制约机制，合理配置行政事业编制。适应经济社会发展需要，选择有条件的地方合理调整行政区划。试行省直管县体制，进一步扩大县级政府经济社会管理权限。积极推进乡镇机构改革。按照强镇扩权的原则，对具备一定人口规模和经济实力的中心镇赋予部分县级经济社会管理权限；对与县级政府驻地联系紧密的乡镇，在条件成熟时转为县级政府的派出机构；对规模较大和城镇化水平较高的特大型乡镇，整合设立地级市的市辖区。创新乡镇事业站所管理体制，构建新型农业社会化服务体系。

改进政府管理和服务方式。深化行政审批制度改革，继续清理和调整行政审批项目，进一步减少和规范行政审批。支持中山市开展创新审批方式改革试点。改进企业登记方式，试行告知承诺制。推进行政事业性收费改革，减少收费项目，率先在珠江三角洲地区实行审批管理“零收费”制度。建立和完善跨部门统一互联的电子政务平台，积极推行网上办公和政务处理。完善行政监督制度，加快推进省、市、县和镇级电子监察系统的四级联网。推进政务公开，完善政府信息发布制度，充分发挥政务信息对经济社会活动和人民群众生产生活服务的引导作用。强化行政规划和行政指导，扩大委托购买服务和合约式管理，推行现代行政管理方式，降低管理成本，提高工作效率。实现政府管理方式向规范有序、公开透明、便民高效的根本转变。

按照责任权利相统一的要求，构建专业管理相对集中、综合管理重心下移的城市管理体制。整合行政执法资源，建立综合行政执法体系，减少行政执法层次，避免政出多门。建立政府内部相关领域信息共享和联动工作机制。健全行政执法争议协调机制，完善行政执法责任制、评议考核制和责任追究制。深化城市公用事业改革，建立多元化的投资机制和规范高效的运营机制，逐步放开公用事业的建设和运营市场。创新公用事业监管模式，构建政府、公众和社会三方共同参与、有机结合的监管评价体系。

（二）深化经济体制改革

深化农村经济体制改革。稳定和完善农村基本经营制度，现有土地承包关系要保持稳定并长久不变，制定实施相关配套政策。培育农民新型合作组织，大力发展农民专业合作组织，发展多元化的农业社会化服务体系。积极推进集体林权制度改革，确立农民经营主体地位。积极培育和发展农村土地承包经营权流转市场，支持有条件的地方发展多种形式的规模经营。全力推进农村土地确权登记发证工作，做好农村各类土地登记资料的收集、整理、共享和汇交管理，提供农村土地登记结果查询服务。继续深化征地制度改革，逐步缩小征地范围，完善征地补偿机制，依法征收农村集体土地，按照同地同价原则及时足额给农村集体组织和农民合理补偿，解决好被征地农民的就业、住房、社会保障问题。加快推动农村集体建设用地使用权流转，逐步实现集体建设用地与国有土地同地同价，建立城乡统一的土地市场。创新宅基地管理制度，严格宅基地管理，依法保障农户宅基地用益物权。开展城镇建设用地增加与农村建设用地减少挂钩试点，优化土地利用结构和布局。健全农业投入保障机制。建立政府引导、多方投入的村级公益事业建设新机制，制定村级公益事业建设“一事一议”财政奖补办法。重构农村信用基础，开辟农村金融服务新路子。支持惠州、佛山、中山等市开展统筹城乡发展综合改革试点。

财政和投资体制改革。按照基本公共服务均等化和主体功能区建设的要求，完善公共财政体系。探索建立财政预算编制、预算执行和监督审查既相互制衡又相互协调的财政管理体制。健全财力与事权相匹配的体制，理顺各级财政收入分配关系。调整财政支出结构，重点向有利于促进基本公共服务均等化的领域倾斜。增加体现主体功能区的因素，健全转移支付办法。改革财政资金分配办法，建立和完善通过制度健全、公开透明方式取得财政资金的机制。完善投资项目管理，扩大地方投资项目审批核准权限。完善政府投资管理制度，规范政府投资行为，开展政府投资项目公示试点。

金融改革与创新。允许在金融改革与创新方面先行先试，建立金融改革创新综合试验区。支持符合条件的企业发行企业债券。培育股权投资机构。建立创业投资引导基金，发展创业投资。创新中小企业融资模式，积极建立中小企业信用担保基金和区域性再担保机构，发展小额贷款公司和中小企业投资公司。稳步推进金融业综合经营试点。稳妥开展和创新人民币外汇衍生产品交易，便利各类经济主体汇率风险管理。研究开放短期出口信用保险市场，扩大出口信用保险的覆盖面，支持外向型企业做大做强。在国家外汇管理改革的框架下，深化境外投资外汇管理改革，选择有条件的企业开展国际贸易人民币结算试点。健全内部控制和风险防范机制，加强金融监管，防范和化解金融风险。

企业体制改革。借鉴先进国家国有企业治理经验，创新国有资产运营和监管模式。完善国有资本有进有退、合理流动的机制，加快国有经济布局和结构调整，积极推进国有企业公司制股份制改革，大力发展混合所有制经济，促进国有企业整体改制上市，进一步增强国有经济活力、控制力和影响力。积极推动国有资产向关键领域、支柱产业和先导产业集中。建立现代企业制度，完善法人治理结构。改革和完善国有企业经营管理人才选拔任用制度，建立职业经理人市场。建立健全国有企业风险管理体系。探索发展多种形式的新型集体经济。运用资本转让、股权结构调整、企业整合和其他有效形式，推进集体企业改革。大力发展民营经济，放宽非公有制企业的投资领域和行业限制，合理引导进入金融服务、公用事业、基础设施建设等领域。鼓励非公有制企业自身改革，建立现代法人治理结构，做大做强。

完善市场环境。加快推进电、油、气、水、矿产等资源性产品及要素价格改革，建立反映市场供求状况、资源稀缺程度和环境损害成本的价格形成机制。改革土地供给制度，完善经营性用地土地使用权的招标、拍卖和挂牌制度，强化市场机制对配置土地资源的基础性作用。进一步打破行政性垄断和地区封锁，推进市场一体化。推进水务管理体制改革。完善行政执法、行业自律、舆论监督、群众参与相结合的市场监管体系。创新市场监管模式，健全行政执法与司法相衔接的监管机制。规范市场经济秩序，健全产品质量监管机制。加快社会信用体系建设，建立和完善以组织机构代码和身份证号码等为基础的实名制信用信息体系。建立健全企业信用警示、惩戒以及信用预警机制，营造诚实守信的社会环境。探索适度开放信用服务市场，清理、完善现有政策法规，规范市场经济秩序，建立稳定规范的政策和法制环境。

（三）推进社会管理体制改革

完善社会管理制度，创新社会管理方式。借鉴发达国家和地区的先进经验，不断完善公共治理结构。推进基层社会管理体制改革，理顺政府与城乡自治组织的关系。整合社会管理资源，增强基层自治功能。完善社区管理体制，构建社区公共资源共享机制和综合治理机制。创新治安管理与城市管理、市场管理、行业管理等有机结合的新模式。率先全面完成事业单位分类改革。采取政府直接提供、政府委托社会组织提供和政府购买等方式，形成多元化的公共服务供给模式。鼓励社会组织和企业参与提供公共服务，提高公共服务的能力和效率。积极培育志愿服务队伍。简化社会组织注册登记办法。支持珠海等市开展社会管理综合改革试点。

调节收入分配。调整国民收入分配结构，逐步提高居民收入所占比重，提高劳动报酬在初次分配中的比重。建立最低工资标准与经济发展及物价增长相适应的联动机制。建立健全工资集体协商、最低工资、工资支付保障、工资指导线和企业薪酬调查等制度，着力提高低收入劳动者的工资水平，逐步提高企事业离退休人员收入水平，增加城乡居民尤其是农村居民的财产性和转移性收入，建立和完善确保农民收入持续增长的长效机制。加大对收入分配的调节力度，逐步缩小社会不同阶层收入差距。

推进户籍管理制度改革。实行城乡居民户口统一登记管理制度。改革和调整户口迁移政策，逐步将外来人口纳入本地社会管理。推动流动人口服务和管理体制创新，放宽中小城市落户条件，使在城镇稳定就业和居住的农民有序转变为城镇居民。适应产业转型升级要求，完善中级以上技能流动就业人员户口准入政策。探索和完善流动人口积分制管理办法，引导流动人口融入所在城市。全面推行居住证及“一证通”制度，加强流动人口管理与服务。完善境外在粤人员登记管理制度。

（四）推进民主法制建设

着力构建法治政府。坚持依法行政，规范执法行为，严格按照法定权限和法定程序办事，维护法律权威。树立有权必有责、用权受监督、侵权须赔偿、违法受追究的法制观念，强化公务员法制和责任意识，全面落实行政执法责任制。加快推进政务公开，提高执法效能，强化执法监督，探索建立科学、严谨的法治评价体系。推进司法公开，保证司法公正，加强司法救助和法律援助。探索改进立法方式，建立法规规章多元起草机制，探索从制度上完善立法起草、咨询论证程序的有效途径。建立健全立法听证会等扩大公民有序政治参与的制度和机制。

建立立法后评估和法规规章定期清理制度。

推进决策科学化、民主化。完善重大决策的规则和程序。健全重大事项集体决策、专家咨询、公众参与和决策评估等制度。建立决策反馈纠偏机制和责任追究制度。完善人大代表、政协委员监督与参政、议政制度和联系选民制度。健全重大决策征求民主党派和无党派人士意见的规则与程序，使之制度化、规范化。扩大公民有序的政治参与，引导公民依法行使权力和履行义务。加强新闻舆论监督，充分发挥互联网的监督作用。加强科学决策程序的研究和制定，保障公民的知情权、表达权、参与权和监督权等合法权益。健全和发展基层民主制度，保证城乡居民享有更多更切实的民主权利。

（五）充分发挥经济特区的改革开放先行作用

经济特区是全国改革开放的一面旗帜。在新的历史时期，经济特区要继续发扬敢为人先、大胆探索、改革创新的精神，勇当深化改革开放、再创体制机制新优势的先锋，在推进珠江三角洲地区和全国的改革开放中发挥窗口、试验、示范和带动作用，在解放思想、改革开放、落实科学发展观和构建社会主义和谐社会等方面走在前列。经济特区特别是深圳综合配套改革试验区，要制定综合配套改革总体方案，有序推进改革，允许在攻克改革难题上先行先试，率先在一些重点领域和关键环节取得新突破。

十一、构建开放合作新格局

进一步发挥“窗口”作用，以粤港澳合作、泛珠江三角洲区域合作、中国—东盟合作为重要平台，大力推进对内对外开放，全面加强与世界主要经济体的经贸关系，积极主动参与国际分工，率先建立全方位、多层次、宽领域、高水平的开放型经济新格局。

（一）提升开放型经济水平

创新对外贸易发展方式。发挥在全国的龙头带动和示范作用，优化进出口结构，坚持以质取胜，加快推进对外贸易从货物贸易为主向货物贸易与服务贸易并重转变。积极推动外贸经营模式的转变，运用全球资源，延伸产业的国际链条，发展高端贸易。鼓励加工贸易延伸产业链，扶持一批有规模、有优势的加工贸易企业从贴牌生产、委托设计向自主品牌转型，增强设计研发能力和品牌营销能力，增加内销业务，支持建设全国加工贸易转型升级示范区。科学规划、合理设立海关特殊监管区和保税业务监管网点，支持珠江三角洲地区保税加工业和保税物流业可持续健康发展，在制定全国海关特殊监管区域规划中，统筹考虑设立白云空港综合保税区问题。大力发展金融、软件、文化等服务贸易，建立一批国际服务外包基地。率先实行符合国际惯例的质量、安全、环境、技术、劳工等标准，加快“电子口岸”建设，实现海关查验、检验等方面的规范化、国际化、便利化。服务贸易占进出口总额的比重 2012 年达 20%，到 2020 年达 40%以上。

提高利用外资水平。积极吸引世界 500 强企业和全球行业龙头企业投资，严格限制低水平、高污染、高能耗的外资项目进入。引导外资投向高新技术产业、现代服务业以及研发、营运中心等，推动能源、交通、环保、物流、旅游等领域国际合作。积极开展金融、教育、医疗、文化等领域中外合资、合作试点。积极引导和鼓励海外优秀人才前来创业、投资。实现利用外资从资金为主提升到以先进技术、管理经验和高素质人才为主，从制造业为主向制造业与服务业并重的转变。

加快实施“走出去”战略。鼓励有条件的企业在国外建立生产基地、营销中心、研发机构和经贸合作区，开展境外资源合作开发、国际劳务合作、国际工程承包；购并国外掌握关键技术的中小企业、研发机构和营销网络。完善支持企业“走出去”的总体协调机制，在资金筹措、外汇审核、人员进出、货物通关、检验检疫、项目管理等方面建立便捷高效的境内支撑体系，在领事保护、风险防范、信息沟通、政府协调等方面建立境外服务体系。到2020年，形成10个年销售收入超200亿美元的本土跨国公司。

努力构建规范化、国际化的营商环境。合理利用国际惯例与规则，积极参与国际规则、标准的制定，主动建立与其相适应的体制机制。强化合约精神、法治观念和商业信用意识，建立完善的法制、透明稳定的商业制度和规范的商业纠纷解决机制，培育熟悉国际规则的金融、法律、会计等方面专业人才队伍。在企业设立、经营许可、人才招聘、产权登记和跨境交易等方面提供便利、高效的服务，保护投资者权益，与港澳共建全球营商环境最佳的地区之一。

积极防范国际经济风险。建立对国际经济风险的预警机制和防范机制，主动应对和防范国际经济风险。健全跨境资金流动监控和预警机制。积极防范由国际金融创新与合作、跨国产业并购、国际产业技术标准调整、国际贸易争端、汇率变动、国际能源资源价格波动等带来的风险。

（二）推进与港澳更紧密合作

推进重大基础设施对接。本着互惠互补的原则，加强与港澳的协调合作，充分发挥彼此的优势，支持与港澳在城市规划、轨道交通网络、信息网络、能源基础网络、城市供水等方面进行对接。加快建设广深港客运专线，尽快开工建设港珠澳大桥、深圳东部过境高速公路和与香港西部通道相衔接的高速公路等基础设施，积极推进莲塘/香园围口岸规划与建设，积极推进深港空港合作等项目。支持港口、码头、机场等基础设施建设、运营和管理等方面的合作。支持共同规划实施环珠江口地区的“湾区”重点行动计划。积极开展与港澳海关合作，深化口岸通关业务改革，探索监管结果互认共享机制，加强在打击走私、知识产权保护方面的合作。支持广东省与港澳地区人员往来便利化，优化“144小时便利免签证”。

加强产业合作。全力支持在珠江三角洲地区的港澳加工贸易企业延伸产业链条，向现代服务业和先进制造业发展，实现转型升级。同时支持劳动密集企业顺利过渡，并协助港资企业拓展内地市场，以增加应对外部环境急剧变化的能力。深化落实内地与港澳更紧密经贸关系安排（CEPA）力度，做好对港澳的先行先试工作。支持粤港澳合作发展服务业，巩固香港作为国际金融、贸易、航运、物流、高增值服务中心和澳门作为世界旅游休闲中心的地位。坚持上下游错位发展，加强与港澳金融业的合作。支持港澳地区银行人民币业务稳健发展，开展对港澳地区贸易项下使用人民币计价、结算试点。鼓励共同发展国际物流产业、会展产业、文化产业和旅游业。加大开展银行、证券、保险、评估、会计、法律、教育、医疗等领域从业资格互认工作力度，为服务业的发展创造条件。支持珠江三角洲地区企业到香港上市融资。支持科技创新合作，建立港深、港穗、珠澳创新合作机制。规划建设广州南沙新区、深圳前后海地区、深港边界区、珠海横琴新区、珠澳跨境合作区等合作区域，作为加强与港澳服务业、高新技术产业等方面合作的载体。鼓励粤港澳三地优势互补，联手参与国际竞争。

共建优质生活圈。鼓励在教育、医疗、社会保障、文化、应急管理、知识产权保护等方面开展合作，为港澳人员到内地工作和生活提供便利。推动专业技能人才培训的合作。完善粤港澳三地传染病疫情信息通报与联防联控、突发公共卫生事件应急合作机制和食品、农产品卫生事件互通协查机制。支持建立劳动关系协调合作机制，共同建立绿色大珠江三角洲地区优质生活圈。鼓励建立污染联防联治机制，开展治理环境污染，共建跨境生态保护区、保护水库集水区。支持粤港共同研究合作发展清洁能源及可再生能源，实施清洁生产等方面的合作，建设具有经济效益的区域能源供应销售网络。确保输港澳农副产品和供水的优质安全。支持粤港澳合作推行清洁能源政策，逐步实现统一采用优于全国其他地区的汽车燃料、船舶燃油与排放标准，力争改善珠江三角洲地区空气质量。支持发展珠江三角洲区域的循环经济产业，鼓励粤港澳开展物料回收、循环再用、转废为能的合作，研究废物管理合作模式。

创新合作方式。加强与港澳协调沟通，推动经济和社会发展的合作。支持粤港澳三地在中央有关部门指导下，扩大就合作事宜进行自主协商的范围。鼓励在协商一致的前提下，与港澳共同编制区域合作规划。完善粤港、粤澳行政首长联席会议机制，增强联席会议推动合作的实际效用。坚持市场为主、政府引导的原则，进一步发挥企业和社会组织的作用，鼓励学术界、工商界建立多形式的交流合作机制。

（三）提升对台经贸合作水平

依托珠江三角洲地区现有台资企业，进一步扩大对台经贸合作，拓展合作领域。支持建立多种交流机制，加大协会、商会等民间交流力度，鼓励开展经贸洽谈、合作论坛和商务考察。加强与台湾在经贸、高新技术、先进制造、现代农业、旅游、科技创新、教育、医疗、社保、文化等领域合作。加强海峡西岸农业合作，推进珠海金湾台湾农民创业园和佛山海峡西岸农业合作实验区建设。积极为台商创造良好的营商和生活环境，鼓励开办台商子弟学校和建立相关的医疗、工伤保险机制。鼓励粤东地区利用地缘、人文相通的优势，发展对台贸易，提升对台经贸合作水平。

（四）深化泛珠江三角洲区域合作

将泛珠江三角洲区域合作纳入全国区域协调发展总体战略，继续深化合作，促进东中西部地区优势互补、良性互动、协调发展。加强指导协调，不断完善合作机制和合作规划，创新合作模式，探索设立合作项目专责小组等方式，确保合作取得实效。促进资金、技术、人才、信息、资源等要素的便捷流动，推进产业区域合作。加快省际通道建设，构筑以珠江三角洲地区为核心向周边地区辐射的综合交通网络。继续实施以“西电东送”为重点的能源合作，完善输电网络建设。推进生态环境建设、加强保护水源和污染防治的合作。开展科技、人才、知识产权保护、旅游等方面的合作，建设区域技术、人力资源、无障碍旅游区等合作平台。加快信息基础设施建设，推动电子商务合作。主动消除行政壁垒，建立企业信用信息共享机制、联合执法机制、维权联动机制和检测结果互认制度，支持加快形成公平开放、规范统一的大市场。

（五）加强与东盟等国际经济区域的合作

开展与国际经济区域和新兴市场多层次、多方式、多领域的合作，构建多元化的国际经贸合作格局。在中国-东盟自由贸易区框架协议下，支持与东盟国家有关机构建立对话协调机制和友好省州、城市关系，鼓励开展民间对话交流，举行经贸洽谈会，扩大文化交流。支持与新加坡等东盟先进国家加强经济、技术、园区管理、人才培训等多方面的合作。鼓励资金技术优势企业到东盟国家开展资源开发、产品营销、基础设施建设、农产品种植加工和水产品养殖加工等方面的合作，鼓励优势产业向东盟国家发展，扩大对东盟的进出口贸易。鼓励与东盟开展旅游合作，建立旅游便利签证合作机制。扩大与欧盟、北美自由贸易区在经济、技术、人才、贸易等方面的合作，大力开拓印度、俄罗斯、巴西和中东地区等新兴市场，加强与澳大利亚、新西兰以及南美、非洲各国的经贸合作，开创多元化的国际经贸合作局面。充分利用中国（广州）进出口商品交易会、中国（广州）中小企业博览会、中国（深圳）国际高新技术成果交易会、广东国际咨询会、友好省州及城市等合作平台，推动更高层次的对外开放与交流。

十二、规划实施的保障机制

要充分认识推进珠江三角洲地区改革发展的重大意义，切实加强对规划实施的组织领导，完善规划实施机制，保障规划顺利实施。

（一）加强组织领导

广东省和国务院有关部门要切实加强对规划纲要实施的组织领导，制定实施方案，明确工作分工，完善工作机制，落实工作责任。要在国家有关部门的指导下，编制有关重点领域的专项规划。要按照本规划纲要确定的功能定位和发展重点，抓紧推进相关项目的组织实施。要从解决当前最紧迫、最突出、最重大的问题入手，实化措施，为规划纲要的顺利实施奠定基础。在规划纲要的实施过程中，要注意研究新情况，解决新问题，总结新经验，重大问题要及时向国务院报告。

（二）加强统筹协调

国务院有关部门要结合各自职能，加强对规划纲要实施的指导。要依据本规划纲要的要求，制定本部门支持珠江三角洲地区改革发展的具体政策措施，在有关规划编制、政策实施、项目安排、体制创新等方面给予积极支持，并做好组织协调工作。要加强部门之间的沟通和协调，指导和帮助地方解决规划纲要实施过程中遇到的问题。

（三）加强监督检查

国家发展改革委要会同有关部门加强对本纲要实施情况的跟踪分析，做好各项工作和政策措施落实的督促检查工作。会同广东省人民政府定期组织开展规划实施情况的评估，并将实施情况向国务院报告。完善社会监督机制，鼓励公众积极参与规划的实施和监督。

推进新时期、新阶段珠江三角洲地区的改革发展，使命光荣，任务艰巨，责任重大。要以实施规划纲要为契机，动员广大人民群众，振奋精神，解放思想，开拓进取，奋力拼搏，推动珠江三角洲地区在全国改革开放和社会主义现代化建设新的伟大历史征程中，开创新局面，建立新业绩，铸造新辉煌。

附录二：

长江中游城市群发展规划

前　言

长江中游城市群是以武汉城市圈、环长株潭城市群、环鄱阳湖城市群为主体形成的特大型城市群，规划范围包括：湖北省武汉市、黄石市、鄂州市、黄冈市、孝感市、咸宁市、仙桃市、潜江市、天门市、襄阳市、宜昌市、荆州市、荆门市，湖南省长沙市、株洲市、湘潭市、岳阳市、益阳市、常德市、衡阳市、娄底市，江西省南昌市、九江市、景德镇市、鹰潭市、新余市、宜春市、萍乡市、上饶市及抚州市、吉安市的部分县（区），国土面积约31.7万平方公里，2014年实现地区生产总值6万亿元，年末总人口1.21亿人，分别约占全国的3.3%、8.8%、8.8%。长江中游城市群承东启西、连南接北，是长江经济带的重要组成部分，也是实施促进中部地区崛起战略、全方位深化改革开放和推进新型城镇化的重点区域，在我国区域发展格局中占有重要地位。

为大力促进中部地区崛起、加快将长江流域打造成中国经济新支撑带，根据《国务院关于大力实施促进中部地区崛起战略的若干意见》（国发［2012］43号）关于“鼓励和支持武汉城市圈、长株潭城市群和环鄱阳湖城市群开展战略合作，促进长江中游城市群一体化发展”的精神和《国务院关于依托黄金水道推动长江经济带发展的指导意见》（国发［2014］39号）、《国家新型城镇化规划（2014~2020年）》有关要求，编制本规划，用于指导和推进今后一个时期长江中游城市群合作联动与一体化发展。规划期为2015~2020年，远期展望到2030年。

第一章　发展背景

第一节　合作发展基础

历史渊源深厚。长江中游城市群山水相连、人文相亲，自古以来就有着特殊的文化渊源，经贸往来非常密切，具有发展成为跨区域特大型城市群的深厚基础。

交通条件优越。该城市群临江达海，经济腹地广阔，拥有一批现代化港口群、区域枢纽机场以及铁路、公路交通干线，基本形成了密集的立体化交通网络，综合交通枢纽建设取得积极进展，在全国综合交通网络中具有重要的战略地位。

经济实力较强。该城市群人口众多、资源丰富，农业特别是粮食生产优势明显，工业门类较为齐全，形成了以装备制造、汽车及交通运输设备制造、航空、冶金、石油化工、家电等为主导的现代产业体系，战略性新兴产业和服务业发展迅速。

城镇化基础良好。以武汉、长沙、南昌为中心的武汉城市圈、环长株潭城市群、环鄱阳湖城市群发展迅速，形成了一批各具特色的中小城市和小城镇，生态环境容量较大，城乡区域发展趋于协调，2014年常住人口城镇化率超过55%。

合作交流密切。目前区域内跨省交流合作平台已达30多个，自2012年初签订长江中游城市群战略合作框架协议以来，基础设施、产业、市场、社会事业等重点领域合作迅速展开，各省会城市先后签署了《武汉共识》《长沙宣言》等协议，咸

(宁)岳(阳)九(江)小三角、九江与黄冈跨江跨区合作开发、新(余)宜(春)萍(乡)与长株潭合作等重点地区一体化发展积极推进。

第二节 机遇与挑战

随着国家深入实施区域发展总体战略和新型城镇化战略,全面深化改革开放,大力推进生态文明建设,积极谋划区域发展新棋局、推动经济增长空间从沿海向沿江内陆拓展,依托长江黄金水道推动长江经济带发展,为长江中游城市群全面提高城镇化质量、推动城乡区域协调发展、加快转变经济发展方式提供了强大动力与有力保障,也为长江中游城市群提升开发开放水平、增强整体实力和竞争力创造了良好条件,长江中游城市群的比较优势和内需潜力将得以充分发挥,在全国发展中的地位和作用进一步凸显。同时也要看到,长江中游城市群一体化发展机制还有待完善,中心城市辐射带动能力不强,产业结构和空间布局不尽合理,环境污染问题较为突出,城乡区域发展不够平衡,人与自然和谐发展任重道远。

第三节 重要意义

在经济全球化和区域经济一体化加速发展、我国发展进入新常态、改革进入攻坚期和深水区的大背景下,推进长江中游城市群发展,有利于跨区域整合优化资源要素,探索城市群合作发展的新路径和新模式,培育形成全国重要的经济增长极,引领和带动中部地区加快崛起;有利于深化长江流域经济合作和开放开发,形成良性互动、合作共赢的发展格局,协同打造中国经济新支撑带;有利于共同保护长江水资源水环境,促进人水和谐、绿色发展,引领全国资源节约型和环境友好型(以下简称“两型”）社会建设；有利于推进城乡区域协调发展与社会和谐进步，使城乡居民共享现代化建设成果。

第二章　总体思路

第一节　指导思想

以邓小平理论、“三个代表”重要思想、科学发展观为指导，深入贯彻党的十八大和十八届二中、三中、四中全会精神，全面落实党中央、国务院关于依托黄金水道推动长江经济带发展的决策部署，加快实施新型城镇化战略、促进中部地区崛起战略和创新驱动发展战略，以全面深化改革为动力，推动完善开放合作、互利共赢、共建共享的一体化发展机制，走新型城镇化道路，着力推进城乡、产业、基础设施、生态文明、公共服务“五个协同发展”，积极探索科学发展、和谐发展、转型发展、合作发展新路径和新模式，努力将长江中游城市群建设成为长江经济带重要支撑、全国经济新增长极和具有一定国际影响的城市群。

第二节　基本原则

顺应规律，因势利导。遵循城镇化和城市群发展客观规律，统筹考虑资源和环境承载能力，坚持市场在资源配置中起决定性作用，促进资源要素高效流动和优化配置，更好地发挥政府引导和协调作用，打破行政壁垒，优化城镇空间格局，促进城市群健康有序发展。

优势互补，开放合作。发挥各地资源要素禀赋比较优势，促进特色化、差异化发展，积极探索重大项目、平台共建和利益共享机制，深化向东、向西开放，开展全方位、多层次、宽领域合作，打造内陆开放高地。

生态优先，永续发展。进一步强化不同区域的主体功能，建立国土空间开发保护制度，控制开发强度，加强开发管控，把生态文明理念全面融入城镇化进程，着力推进绿色发展、循环发展、低碳发展，走“两型”发展道路，形成可持续发展模式。

创新驱动，转型升级。面向城市和区域转型发展需要，实施创新驱动发展战略，增强自主创新能力，打通从科技强到经济强、城市强、区域强的通道，探索城市创新驱动发展新模式，实现经济结构转型升级和经济发展提质增效。统筹推进，重点突破。

加强顶层设计，强化规划引领，全面推进城乡建设、基础设施、产业发展、生态文明和公共服务等对接合作，以重点领域和重点区域为突破口，不断深化改革，支持先行先试，探索具有中国特色、中部特点的新型城镇化道路。

第三节　战略定位

中国经济新增长极。加快转变经济发展方式，实施创新驱动发展战略，发展壮大先进制造业，提升现代服务业发展水平，积极培育战略性新兴产业，大力发展现代农业，把长江中游城市群建设成为具有全球影响的现代产业基地和全国重要创新基地，提升城市群综合实力和竞争力，打造长江经济带发展重要支撑，带动中西部地区加快发展，构建中国经济新的增长极。

中西部新型城镇化先行区。不断完善城市群融合发展的体制机制，推动城市群集约集聚发展，调整城镇行政区设置，优化城市空间形态和空间布局，提高城镇综合承载能力，促进城镇发展与产业支撑、转移就业和人口集聚相统一，建设与山脉水系相融合的宜居宜业城市，打造农业转移人口就近城镇化典范，促进城乡融合互动，推动建立城市群一体化发展模式。

内陆开放合作示范区。以长江黄金水道和重要交通通道为纽带，依托中心城市和产业基地，畅通内外联系，加强与长三角、珠三角、成渝等地区合作互动，构建统一开放的市场体系和高水平的对外开放平台，深化全球合作和国际交流，打造内陆地区全方位、多层次开放合作的先行示范区。

“两型”社会建设引领区。加快资源节约型与环境友好型社会建设，推动形成绿色低碳的生产生活方式和城市建设管理模式，建立跨区域生态建设和环境保护的联动机制，扩大绿色生态空间，打造具有重要影响力的生态型城市群，为全国“两型”社会和生态文明建设积累新经验、提供典型示范。

第四节 发展目标

到2020年，长江中游城市群整体经济实力明显增强，转变经济发展方式取得实质性进展；交通、能源、信息等基础设施全面对接联网，布局合理、特色鲜明、分工合作的产业发展格局初步形成；城镇体系更加完善，中心城市辐射带动能力明显增强，城乡统筹发展和城乡一体化发展格局基本形成；市场一体化建设取得重大进展，开放型经济向更广领域和更高层次迈进；流域生态环境保护取得积极成效，生态环境质量位居全国前列；基本公共服务体系一体化水平稳步提升，社会就业更加充分，人民生活水平不断提高。

到2030年，稳步走上科学发展道路，现代市场体系和城乡发展一体化体制机制更加完善，开放开发水平进一步提升，城乡、区域发展格局更加优化，经济社会持续健康发展，城乡生活和谐宜人，发展成为我国经济增长与转型升级的重要引擎和具有一定国际竞争力的现代化城市群。

附录三：

环渤海地区合作发展纲要

目　录

前　言

环渤海地区位于我国华北、东北、西北三大区域结合部，包括北京市、天津市、河北省、辽宁省、山东省和山西省、内蒙古自治区，面积186万平方公里，2014年末常住人口3.14亿人，地区生产总值18.5万亿元，分别约占全国的19.4%、23%和27%。环渤海地区幅员广阔、连接海陆，区位条件优越、自然资源丰富、产业基础雄厚，是我国最具综合优势和发展潜力的经济增长极之一，在对外开放和现代化建设全局中具有重要战略地位。为优化提升京津冀协同发展辐射带动作用，全面促进环渤海地区协调发展、协同发展、共同发展，切实增强开发开放水平和综合竞争力，依据党中央、国务院关于推动京津冀协同发展和环渤海地区合作发展的一系列战略部署编制本规划，作为指导环渤海地区合作发展的行动纲领和编制相关专项规划的重要依据。规划期为2015~2025年，展望到2030年。

第一章　合作发展背景

第一节　基础条件

环渤海地区合作发展具备良好的基础条件。

资源禀赋互补性强。环渤海地区资源种类多、储量大、开采条件好、综合优势明显。沿海省市海洋、农业、科教、旅游等资源丰富，山西和内蒙古的能源、有色金属等资源禀赋优异，各地区间优势资源的差异性、互补性明显，为资源优化配置与产业联动发展奠定了坚实基础。

产业层次梯度明显。环渤海地区是我国重要的农业、重化工业、加工制造业、现代服务业基地，钢铁、石化、船舶制造等产业在全国保持优势地位，电子信息、金融商务、文化创意、现代旅游等新兴产业发展迅猛，各地区间的产业层次具有一定梯度，分工体系初步建立，为产业协作提供了内在动力。

合作开放优势突出。首都北京政治地位突出，文化底蕴深厚，科技创新领先，人才资源密集，国际交往密切。天津、河北、山东、辽宁等地港口群密集，在沿海开放大局中地位突出。内蒙古重点口岸众多，在沿边开放大局中地位独特。区域内汇聚了深化沿海、沿边、内陆开放的多种要素，具备共同构建开放型经济体系的良好条件。

第二节　机遇挑战

重大机遇。区域综合实力和竞争力不断提升，合作广度深度日益拓展，为环渤海地区合作发展奠定了坚实基础。党中央、国务院关于把环渤海地区打造成为我国经济增长和转型升级新引擎的战略部署，为环渤海地区加快发展明确了努力方向。京津冀协同发展战略深入推进，并力争在交通一体化、生态环境保护、产业升级转移等重点领域率先取得突破，为环渤海地区合作发展进而实现协同发展提供了先行示范。党中央、国务院作出全面建成小康社会和全面深化改革的总体部署，提出了主动适应和引领经济发展新常态、实现中国经济提质增效升级的战略目标，为环渤海地区创新发展、转型发展提供了良好契机。经济全球化和区域一体化深入推进，国际国内产业分工深刻调整，丝绸之路经济带和 21 世纪海上丝绸之路（以下简称“一带一路”）国家战略全面实施，为环渤海地区开放发展提供了良好环境。

面临挑战。市场分割、地区封锁、无序竞争和重复建设现象依然突出，区域间合作意愿不强、统筹力度不够等问题亟待解决；“大城市病”突出，大中小城市发展不协调，城市体系和空间布局亟待优化；综合交通运输体系网络化程度不高，局部区域交通瓶颈明显，对内对外交通运输系统亟待完善；资源约束日益显现，环境承载能力接近上限，水资源严重短缺，空气质量、海洋环境质量、饮水安全等亟待改善；各地区发展水平不一，传统产业相对饱和，产业结构调整和经济转型升级压力较大，区域整体实力和综合竞争力亟待增强；区域城乡发展不平衡，基本公共服务均等化水平差距大，统一开放市场尚未形成，协调发展体制机制亟待建立。

第三节　重大意义

加快环渤海地区合作发展，是推动落实“一带一路”、京津冀协同发展重大国家战略和深入实施区域发展总体战略的重要举措，有利于打破行政分割，在更大范围内优化配置资源要素，统筹解决京津冀和环渤海地区发展面临的突出矛盾与共性问题，积极探索区域合作新机制；有利于充分发挥七省（区、市）各自比较优势，提升区域整体实力和综合竞争力，带动东北、西北、华北地区加快转型发展，呼应长三角、珠三角等地区开发开放，培育形成我国经济增长和转型升级新引擎；有利于促进重点领域合作取得率先突破，优化经济发展空间格局，推动区域城乡协调发展，为全国区域合作探索新路径；有利于发挥区位优势，大力实施“一带一路”战略，深化对内对外开放，在更高层次上参与国际分工，加快培育我国参与国际经济合作竞争新优势。

第二章 总体要求

第一节 指导思想

全面贯彻落实党的十八大和十八届二中、三中、四中全会精神，按照党中央、国务院决策部署，牢牢把握实施“一带一路”、京津冀协同发展等国家战略的历史机遇，主动适应经济发展新常态，以提高经济发展质量和效益、促进区域协调发展为主要目标，立足主体功能定位和自身优势，着力调整优化经济结构，着力扩大对内对外开放，着力创新合作体制机制，以基础设施互联互通、生态环境联防联治、产业发展协同协作、市场要素对接对流、社会保障共建共享为重点，努力把环渤海地区建设成为我国经济增长和转型升级新引擎、区域协调发展体制创新和生态文明建设示范区、面向亚太地区全方位开放合作门户。

第二节 基本原则

核心带动，互利共赢。以北京为核心，进一步强化京津双城联动，立足京津冀、山东半岛、辽中南等城市群的现实基础和比较优势，加强创新驱动，促进特色发展、错位发展和互动发展，引领多领域、多层次、多形式对接交流，努力实现区域整体效益最大化，切实提升发展质量和竞争力，积极打造带动合作发展重要引擎。

生态优先，民生为本。按照推进生态文明建设的总体要求，立足不同地区资源环境特点和主体功能，分类完善开发政策，控制开发强度，规范开发秩序，切实加强生态建设和环境保护，大力发展循环经济。坚持以人为本，重点提升民生质量，着力缩小地区间基本公共服务水平差距。

统筹谋划，重点突破。立足现实基础，着眼长远需要，加强顶层设计和规划引导，合理安排深化合作的方向、步骤和节奏，明确时间表、路线图和责任书，在基础设施互通、生态环保共建、产业升级转移、区域市场统一、社保制度对接等重点领域取得实质性进展，不断提升合作层次和水平。

深化改革，体制创新。充分发挥市场配置资源的决定性作用和政府的宏观引导作用，加快完善统一开放、竞争有序的市场体系，全面打造沿海、沿边、内陆协同开放新格局。不断开拓合作思路，创新合作理念，健全合作机制，完善合作体制，努力开创合作发展新局面。

第三节　发展目标

到 2020 年，京津冀协同发展、互利共赢新局面初步形成，七省（区、市）合作发展取得积极进展，基础设施互联互通、生态环境联防联治、产业发展协同协作、市场要素对接对流、社会保障共建共享等重点领域合作取得实质突破，合作机制基本形成并有效运转。经济发展和转型升级取得进展，整体发展水平和综合竞争力进一步增强，扶贫开发取得积极成效，区域城乡收入差距进一步缩小，总体实现基本公共服务均等化。生态环境质量有效改善，主要污染物排放总量减少，单位地区生产总值能耗持续下降，区域可持续发展能力进一步增强。

到 2025 年，环渤海地区合作发展体制机制更加完善，基础设施、城乡建设、生态环保、产业发展、公共服务、对外开放一体化水平迈上新台阶，统一开放大市场基本形成，合作广度深度明显拓展。基本实现基本公共服务均等化，环渤海地区成为拉动我国经济增长和转型升级的重要引擎。

到 2030 年，京津冀区域一体化格局基本形成。环渤海地区协同发展取得明显成效，区域合作发展体制机制顺畅运行，基本公共服务均等化水平进一步提升，区域城乡收入差距显著缩小，成为我国具有重要影响力的经济合作区。

第三章　空间布局

立足发展基础、区位条件和交通优势，以主要城市群为依托，以重要交通轴带为支撑，坚持以点带轴、以轴促面，推进形成内优外拓、协调互动的合作发展新格局。

第一节　沿海合作区

北京、天津、河北、辽宁、山东是环渤海地区的核心区域和对外开放战略前沿，也是辐射带动整个区域合作发展的重要引擎。要充分发挥各地区比较优势，优化经济发展空间格局，加快产业结构转型升级，推动京津冀协同发展，促进辽中南、山东半岛地区优化开发，建设全国科技创新与技术研发基地、现代服务业基地和先进制造业基地，打造具有国际竞争力的经济增长极。

京津冀协同发展区。京津冀是环渤海地区合作发展的中心区。围绕实施京津冀协同发展重大国家战略，以优化提升首都核心功能、解决北京“大城市病”为目标，突出北京全国政治中心、文化中心、国际交往中心、科技创新中心的功能定位，有序疏解北京非首都功能，努力建设国际一流的和谐宜居之都。进一步强化京津联动，加快实现同城化发展，突出天津全国先进制造研发基地、北方国际航运核心区、金融创新运营示范区、改革开放先行区的功能定位，共同发挥高端引领和辐射带动作用。河北围绕建设全国现代商贸物流重要基地、产业转型升级试验区、新型城镇化与城乡统筹示范区、京津冀生态环境支撑区的功能定位，积极承接京津产业转移和对接京津新兴产业发展，加快经济转型升级、绿色崛起。

辽中南地区。以沈阳、大连为中心，以鞍山、抚顺、本溪、营口、锦州、铁岭、丹东、辽阳、盘锦等城市为支撑，增强沈阳经济区整体竞争力，加速沈抚同城化进程，加快辽宁沿海经济带发展，支持大连建设东北亚国际航运中心和国际物流中心，推进大连金普新区建设，共同打造全国先进装备制造业和新型原材料基地。进一步加强与京津冀地区和哈长城市群联系，将辽中南地区建设成为我国东北对外开放重要门户、陆海交通枢纽，不断提升对环渤海东北部地区的辐射带动能力。

山东半岛地区。以济南、青岛为中心，以烟台、潍坊、淄博、威海、德州、东营等城市为支撑，统筹建设山东半岛蓝色经济区和黄河三角洲高效生态经济区，加快青岛西海岸新区发展。发挥德州等城市的区位优势，积极参与京津冀协同发展。加强与中原经济区、江苏沿海地区联系，推动对日、韩等国开放合作。将山东半岛地区建设成为我国北方重要开放门户，全国重要先进制造业、高新技术产业基地和海洋经济示范区，不断提升对环渤海东南部地区的辐射带动能力。

第二节　内陆协作区

山西、内蒙古是保障环渤海地区持续发展的战略空间和强力支撑，也是环渤海地区与中西部、东北地区联动发展的重要平台和联系纽带。要大力推进重大生态工程和国家能源基地建设，积极打造资源能源保障基地和生态安全屏障。深入实施沿边开放战略，不断强化与沿海合作区的经济社会联系，主动承接京津产业转移，加快构建多元化现代产业体系。积极优化城镇体系和空间布局，着力建设太原城市群、呼包鄂榆地区等重点开发区域。

太原城市群。加快城市空间优化和功能提升，进一步促进太原-榆次同城化，密切与阳泉、晋中、忻州、吕梁等城市联动发展。加快提升传统产业，建设原材料、能源化工、装备制造、清洁能源生产基地和国家资源型经济转型综合配套改革试验区，提升对外开放水平，突出地方文化特色，引领带动环渤海西南部地区转型升级。

呼包鄂榆地区。以呼和浩特为中心，包头、鄂尔多斯和榆林为支撑，加大资源开发力度，不断延伸产业链和提高产品精深加工水平，积极培育战略性新兴产业，构筑多元化产业体系，将该地区建设成为国家级特色产业基地、西部特色现代城市群、西部统筹城乡发展示范区、循环经济和生态修复示范区、全国节水型社会建设示范区，带动提升环渤海西北部地区的整体实力。

第三节　重要轴带

依托综合交通运输通道，加强地区间要素流动与产业合作，积极融入“一带一路”等重大国家战略，发挥重要轴带对促进环渤海地区合作发展的支撑引导作用。

京沈-京石发展轴。区域内京哈、京广、京沪交通干线段的沿线地区，是支撑环渤海地区合作发展最主要的南北纵向联络轴和主骨架。充分发挥交通和产业基础优势，促进产业合作与布局优化，培育一批先进制造业、战略性新兴产业和现代服务业产业集群，有序适度地疏解特大城市非核心功能，提升沿线城镇综合服务功能，拓展对周边区域辐射带动作用。

京津呼（和浩特）新（疆）发展轴。京津、京包、包兰和在建的临（河）哈（密）交通干线的沿线地区，是环渤海地区与西部地区重要横向联络轴。依托天津港、唐山港等港口，发挥北京、天津辐射带动作用，加强与内蒙古产业联动，提升内蒙古能源外送能力。

青（岛）济（南）石（家庄）太（原）发展轴。济青、石济、石太交通干线的沿线地区，是贯穿环渤海南部地区的重要横向联络轴和产业集聚带。以青岛港等为门户，以青岛、济南、石家庄、太原为中心，进一步完善交通基础设施，加强山西与沿海地区的交通衔接，密切晋冀鲁经济联系。

沿海开放带。以环渤海地区沿海城市为节点，共同打造面向亚太地区的对外开放重要门户、具有国际竞争力的临港产业带、21 世纪海上丝绸之路建设的排头兵和主力军。进一步加强沿海城市和港口间的联系，合力提升对外开放能力和水平。坚持错位发展，建设各具特色的先进制造业基地和海洋高技术产业基地，推动形成产业联动、生态宜居、人海和谐的城市连绵带和经济集聚区。

沿边开放带。以内蒙古沿边重要陆路口岸为节点，积极融入丝绸之路经济带建设，合力打造面向俄、蒙开放的重要窗口、战略前沿和经济走廊。加强口岸基础设施建设，提高互联互通水平，推进通关和运输便利化，研究跨境输电网建设，提升要素承载能力。打造中俄、中蒙跨境经济合作区，搭建开发开放新平台，充分利用国内资金技术和俄、蒙能源矿产资源，加强深度合作，构建多元化外向型产业体系。

第四章　加快跨区域重大基础设施建设

协同推进交通、能源、水利、信息等跨区域重大基础设施建设，推动形成布局合理、功能完善、衔接紧密、保障有力的现代化基础设施网络体系，增强对区域合作发展的支撑保障作用。

第一节 完善交通网络

铁路。加快推进新线建设和既有线路扩能改造，构建高效密集的轨道交通网。加强跨区域综合通道和城市群内部城际通道建设。推进与西北、东北、长三角、珠三角等区域高速铁路互联互通。大力提升干线铁路运输能力，推进支线铁路建设。完善重点港口集疏运体系，积极发展集装箱海铁联运。加快西煤东运、北煤南运通道建设。规划建设环渤海地区城际铁路。畅通连接俄蒙的口岸运输通道，推进蒙古乔巴山经内蒙古珠恩嘎达布其口岸至锦州、绥中、天津、唐山等港口的欧亚铁路通道建设，推进二连浩特口岸经锡林浩特、多伦至天津、唐山港口的铁路通道建设，推进锡林浩特至正蓝旗至张家口铁路建设。研究推进中韩铁路轮渡、渤海海峡跨海通道建设前期工作。

专栏 1 铁路建设项目

快速客运铁路。呼和浩特—张家口—北京、北京—沈阳、北京—霸州、青岛—济南—石家庄—太原、通辽—京沈、赤峰—京沈、大西客专大同—原平段、张 12 家口—大同、呼和浩特—包头—鄂尔多斯、天津—黄骅—滨州—东营—烟台快速铁路。

煤运通道。鄂尔多斯—曹妃甸、锡林郭勒—曹妃甸、张家口—唐山、黄骅—大家洼等煤运专线。

普通铁路。建设天津—保定、天津—承德、临河—哈密、准格尔—呼和浩特、和顺—邢台、邯郸—黄骅铁路，推进锡林浩特—乌兰浩特、呼和浩特—太原、锡林浩特—二连浩特、赤峰—锦州复线、多伦—丰宁扩能改造。

城际铁路。规划建设京津冀、山东半岛、辽中南、呼包鄂榆地区城际铁路。

公路。以省际公路为重点，加快推进国家高速公路“断头路”和普通国道“瓶颈路段”项目建设，构建便捷畅通的公路网。推进首都地区环线高速公路建设，加强与周边高速公路衔接。进一步完善环渤海国家高速公路网，实施京哈、京沪、大广、京港澳国家高速公路相关路段扩容改造。加强疏港公路建设，进一步强化港口与腹地联系。建设北京新机场连接周边地区快速通道。提高边境公路及口岸公路技术等级。

专栏2 国家高速公路建设项目

推进首都地区环线、黄骅—东营—莱州、铁岭—本溪、北京—秦皇岛、石家庄—天津、潍坊—日照、济南—东营、大沁他拉—白家湾子、泰安—东阿、京哈高速公路辽宁段改扩建工程等国家高速公路建设。

水运。统筹区域内港口规划与发展，构建辽宁沿海、津冀沿海、山东沿海三大现代化港口群，形成布局合理、功能完备、分工明确、竞争有序的运输格局。推进体制机制创新，鼓励港口企业通过合资、合作、联盟等方式，跨行政区域投资、建设、经营码头设施，实现优势互补、合作共赢。完善港口集疏运体系，支持内陆城市与港口合作共建内陆港，推进电子口岸互通互联。

专栏3 港口群分工合作

辽宁沿海港口群。大连港和营口港为主要港口，丹东港、锦州港、葫芦岛港和盘锦港为地区性重要港口，主要服务东北三省和蒙东地区。大连港重点发展集装箱干线运输和能源、原材料等大宗物资运输，积极发展液化天然气、商品、汽车和邮轮运输，拓展现代航运、贸易、物流服务。提升大连东北亚国际航运中心功能。营口、丹东、锦州等港口重点发展能源、原材料、粮食等大宗物资运输和集装箱支线运输，拓展临港工业、现代物流等综合服务功能。

津冀沿海港口群。天津港、秦皇岛港为主要港口，唐山港和黄骅港为地区性重要港口，主要服务京津冀、华北及西北地区。推进天津北方国际航运核心区建设，以集装箱干线运输为重点，积极发展液化天然气和邮轮、游艇运输等，大力发展航运、贸易、物流等现代服务，提升航运中心功能。秦皇岛港、唐山港、黄骅港以能源、原材料等大宗物资运输为主，大力拓展综合服务功能。研究建立津冀沿海航区海事统筹监管新模式。

山东沿海港口群。青岛港、烟台港和日照港为主要港口，威海港、潍坊港、东营港和滨州港为地区性重要港口，主要服务山东省及中西部部分地区。青岛港重点发展集装箱干线运输和能源、原材料等大宗物资运输，相应发展液化天然气、商品运输和邮轮运输；日照、烟台等港口重点发展能源、原材料等大宗物资运输和集装箱支线运输，拓展临港工业、现代物流等综合服务功能。

航空。适时改扩建既有机场，合理新建支线机场，加强各机场分工协作，合力打造区域机场群。完善首都机场服务功能，加快北京新机场建设，显著提升北京航空枢纽国际竞争力。强化沈阳、大连、天津、青岛机场的区域枢纽功能，发挥济南、石家庄、太原、呼和浩特等干线机场作用，支持二连浩特、长治、大同、运城等支线机场发展，推进秦皇岛、承德等机场建设，规划建设一批通用机场。

专栏4 机场新建及改扩建

新建北京新机场、青岛新机场，承德、邢台、五台山、临汾、朔州、扎兰屯、霍林郭勒、乌兰察布、营口、日照等机场；改扩建沈阳、丹东、天津、石家庄、邯郸、唐山、大同、长治、运城、海拉尔、乌兰浩特、通辽、赤峰、鄂尔多斯、济南、威海、东营机场；研究迁建呼和浩特、大连、包头、济宁、潍坊机场。

综合交通枢纽。加强干线铁路、城际铁路、干线公路、机场与城市轨道、市郊铁路、地面公交等设施有机衔接，规划建设开放式、立体化综合客运枢纽，实现“零距离换乘”。依托铁路货运站、港口和机场，规划建设一批具有多式联运功能的货运枢纽（物流园区）。重点推进北京、天津、石家庄、秦皇岛、唐山、沈阳、大连、济南、青岛、太原、大同、呼和浩特等全国性综合交通枢纽（城市）客货运站及集疏运体系建设。

第二节 强化能源保障

深化能源领域合作。加强电力、煤炭、石油、天然气、风电、太阳能发电等能源产销合作，推动煤炭生产企业与主要用煤企业建立长期战略合作。强化内蒙古、山西清洁能源输出基地地位，在满足最严格环保要求和保障水资源供应的前提下，适度发展煤制油、煤制气、煤制烯烃等现代煤化工，有序建设示范项目，完善小煤矿有序退出机制，探索煤炭清洁高效开发利用方式，推动河北张家口建设可再生能源示范区，内蒙古赤峰建设京津冀清洁能源输出基地。通过资本重组等途径，推动区域内煤、电、路、港、航一体化经营。

统筹能源资源开发。加快冀东油田、华北油田、辽河油田以及渤海湾油气开发，推进华北、冀东、大港油田和近海油气勘探，加大山西省煤层气等非常规油气资源勘查开采力度。积极发展大型热电联产项目，保障区域供热需求。科学规划建设锡林郭勒、鄂尔多斯、呼伦贝尔、晋北、晋中、晋东等大型煤电基地，打造蒙东能源化工基地，稳步推进建设神东、蒙东、晋北、晋中、晋东等大型煤炭基地，研究建设山西现代煤化工基地。在山西、内蒙古等煤炭丰富地区建设大型坑口电厂及煤矸石综合利用电厂，在运煤通道枢纽地区建设高效路口电厂，在沿海临港地区合理布局大型高效燃煤电厂。统筹核电建设，在确保安全的前提下，研究推进沿海第四代核电项目规划选址和核能小型堆布局工作，推动建设辽宁红沿河核电二期项目，适时启动辽宁徐大堡核电项目建设，积极推进河北沧州海兴核电项目前期工作。支持建立风电基地和太阳能产业基地。因地制宜发展地热能、海洋能、生物质能等新能源，鼓励利用垃圾、秸秆发电。

完善能源输送网络。实施“西电东送”和“北电南送”工程，以蒙西—天津南特高压交流输电工程等为骨干，加快建设内蒙古、山西至沿海地区电力外送通道，深化京津冀电网一体化，支持“外电入鲁”。加快智能电网建设，推广电力光纤入户。加快电动汽车充电站和充电桩建设，完善智能充电服务网络。提高能源产品外送能力，建设蒙西通往华北等地区煤化工产品外输管道，重点建设赤峰—北京等煤制天然气管道。研究规划鄂尔多斯—唐山港、黄骅港煤基液体燃料输送管道。

增强能源储备能力。加快完善环渤海地区油气储备体系，规划建设曹妃甸原油战略储备库，研究在烟台、日照建设原油储备基地的可行性，新建一批成品油仓储设施。支持东营建设国际石油装备产业基地。规划建设华北油田大型天然气地下储气库，建设渤海西岸油气接卸站及调峰储备基地，规划建设一批大型液化天然气调峰站，提高区域燃气调峰能力。规划建设大型煤炭储配基地和物流园区，完善区域煤炭应急储备体系。

第三节　提高水利支撑

强化水源涵养和节水监管。全面推进水源地生态修复，制定完善生态补偿机制，对重要水源保护区实行强制性保护，把张家口、承德地区打造成京津冀水源涵养功能区。加强水文水资源监测，支持开展华北地区地面沉降和地下水超采综合治理，恢复地下水生态系统。全面落实最严格水资源管理制度，强化流域、省、市、县四级取水总量控制，加强水资源论证，完善各行业和居民生活用水定额指标体系，强化计量和考核管理，进一步提高水资源利用效率和效益，促进全社会用水结构更趋优化。完善灌排设施，大力发展节水灌溉，推行灌溉用水总量控制定额管理。

增强水资源保障水平。充分发挥南水北调东、中线一期工程效益，加强配套工程建设，优化受水区用水结构，继续开展东、中线后续工程前期工作。搞好区域骨干水源工程建设。加强引黄济青工程建设运营管理。在服从流域统一调度和水量分配的基础上，统筹推进重点引水工程建设，尽快开工建设引黄入冀补淀工程。滨海地级以上城市至少建设一个海水淡化示范社区，推动完善海水淡化和综合利用政策机制，促进海水淡化规模化、产业化。

加强防洪设施建设。推进黄河、海河、辽河等重要河口整治，开展滦河、子牙河、蓟运河等中小河流治理和病险水库除险加固。积极推进江河湖泊水系综合整治，在洪涝灾害易发、保护区人口密集、保护对象重要的河流河段，优先开展堤岸加固和清淤疏浚工程，强化河湖岸线空间管制。逐步实施蓄滞洪区建设工程。新建加固海堤，提高重点地区防洪防潮标准和防灾减灾能力。加强山洪地质灾害防治，完善灾害监测预报预警体系。加强城市内涝防治，建设自然积存、自然渗透、自然净化的“海绵”城市。

第四节 健全信息体系

按照统一规划、集约建设、资源共享、规范管理的原则，构建环渤海地区数字化、宽带化、智能化、综合化、一体化信息基础设施。统一标准，全域推进通信网、广播电视网和互联网高速互联与业务应用融合。统筹通信线路管线建设，加速信息管线综合改造，完善无线电管理设施。逐步推进城市群内智能卡互通共用。加快城市互联网骨干直联点建设，推动中俄、中蒙跨境信息通道扩容。加强公共信息服务共享，提高区域性公共信息服务水平，加快推进宽带网络和信息进村入户。依托北京、天津、青岛等电子商务示范城市，促进电子商务与生产、流通、消费等领域融合。

第五章 加强生态环境保护联防联治

创新体制机制，强化规划引导，持续推进生态环境保护和节能减排，重点开展生态屏障建设、大气污染防治、近岸海域环境综合整治等工作，共同创建天蓝水净、人与自然和谐相融的美好家园。

第一节 共筑生态屏障

加强生态保护与建设。划定生态保护红线，实施严格管护。继续实施“三北”防护林、沿海防护林、天然林、湿地保护和京津风沙源治理、退牧还草、退耕还林还草、太行山绿化等重点生态工程，优化燕山—太行山生态涵养区，建设吕梁山、阴山等生态涵养区，构建生态廊道，推动形成由山体、水系、湿地、农田林网、道路绿化共同组成的网络化、多层次生态保护格局。

推进重点地区生态综合治理。共同推进荒漠化、沙化、水土流失治理，重点开展浑善达克沙漠化防治区、科尔沁沙地防治区、毛乌素沙漠防治区、黄土高原丘陵沟壑水土流失防治区和太行山水土流失防治区等区域生态修复与治理工程。启动实施农牧交错区已垦草原治理工程。加强湿地保护与恢复，开展白洋淀、衡水湖、乌梁素海、潮白河、永定河等湿地生态环境治理和修复。

加快海洋与河流生态治理。研究实施海洋生态红线制度，在红线范围内禁止围填海等。认真执行围填海计划，加强围填海管理和监督，严格控制围填海规模。开展北戴河等地沙滩整治和海岸带生态修复，加强近岸海域环境综合整治。推进重点河流河口清淤清污，加强辽河、海河水生态修复。建设海岛保护利用示范基地、海洋湿地保护区和海岸生态廊道，在重要区域建设海洋特别保护区。保护和修复海洋渔业资源，严格执行海洋伏季休渔制度，完善捕捞业准入制度，开展近海捕捞限额试点，严格控制捕捞强度和养殖密度。

创新区域生态保护制度。鼓励地区间探索建立横向生态补偿制度，在流域生态保护区与受益区之间开展横向生态补偿试点。鼓励相关地区联合建立区域环境发展基金。在重要湿地开展湿地生态效益补偿试点，逐步提高国家级公益林森林生态效益补偿水平，完善草原生态保护补助奖励机制。

第二节　同治大气污染

贯彻落实大气污染防治行动计划，强化区域大气污染联防联控。强化京津冀及周边地区大气污染防治，完善细微颗粒（PM2.5）监测、防治、应急预警体系。统筹开展产业发展环境影响评价，提高环境准入门槛。加强煤炭消费总量控制，京津冀等区域除热电联产外，禁止审批新建燃煤发电项目，现有多台燃煤机组容量合计达到30万千瓦以上的，可按照煤炭等量替代原则建设大容量燃煤机组。加快淘汰火电、钢铁、有色、建材、化工等重污染行业落后产能。有效防治机动车污染，严禁区域内“黄标车”跨行政区域转移。加快推进区域内统一供应符合国家最高标准的车用汽、柴油。推进供热计量改革。加强城市扬尘污染综合整治，推进建筑工地绿色施工。

第三节　合力整治环境

加强规划统筹。以资源环境承载力为基础，合理划定环境功能区，加强生态空间引导和管控。制定城市间最小生态安全距离，建立生态缓冲区。地级以上城市试点编制并实施城市环境总体规划。

协同推进河湖及海域污染防治。严格环保审批制度，强化污染源监督管理，编制实施黄河、辽河、滦河、海河等流域水污染防治规划，到2020年辽河、海河等入海河流基本消除劣V类水体，化学需氧量（COD）削减幅度达到或高于“十三五”时期全国总体减排目标要求。切实落实《渤海环境保护总体规划（2008~2020年）》，加快实施近岸海域污染防治方案，推动京、津、冀、辽、鲁五省（市）联治渤海，重点整治渤海湾等河口海湾污染，加强渤海入海河流及排污口的环境治理，消减区域污染物排放总量，改善入渤海主要河流生态环境用水，增加入海水量，遏制渤海生态恶化趋势。严格落实区域主要污染物总量控制制度，建立陆域污染源控制和综合治理系统，健全渤海海洋环境立体监测网络，健全流域与区域相结合的环境管理体制和监测预警体系。推动海洋工程监管系统建设，增强海域污染监测预警和应急处理能力，提高船舶与港口污染防治水平。规范入海排污口设置。监控评估水源地、农产品种植区及水产品集中养殖区风险，实施环境激素类化学品淘汰、限制、替代等措施。

创新环境保护合作机制。充分发挥渤海环境保护省部际联席会议制度等作用，健全陆海统筹的生态系统保护修复机制，会商敏感区域环境问题解决方案，共同制定对跨界流域和区域实行限批、禁批与联合处置跨界污染的办法。建立海河流域、渤海湾近岸地区跨界污染控制补偿机制，开展区域排污权交易试点。制定企业环境行为信息评价标准，统一公布“绿色”和“黑色”企业名单，并纳入银行征信管理系统。

加强环境监管与应急联动。建设环保智慧城市，完善环境统计与监测机制，提高管理精细化水平。建立环渤海地区环境监测网络，共享监测数据、治理技术和管理经验。建立环保部门应急联动机制，完善环境承载力监测预警系统，加强跨界污染或突发事件联合处置。开展联合执法监督，打击行政区边界环境污染违法行为。加强省界断面、重要控制断面和入河排污口水质监测，强化水功能区水质达标管理。

深化环保税费制度改革。进一步完善差别电价政策，落实可再生能源发电项目上网电价和电价补贴政策。积极开展节能量、碳排放权、水权交易以及排污权有偿使用和交易试点。深化环境税费改革，合理确定污染物排放收费标准，推进污染责任保险试点。支持建设区域性碳交易中心。

第四节　促进资源节约

提高资源利用效率。联合制定能源、水、土地、岸线等资源利用规划。强化水资源开发利用控制、用水效率控制和水功能区限制纳污“三条红线”。实行最严格的耕地保护制度和节约用地制度，有计划地控制建设用地规模。引导产业向开发区集中，提高单位土地投资强度和经济效益。完善节能监督执法体系、技术标准和政策法规。支持东营、济宁、莱芜、阜新、盘锦、鞍山等资源型城市可持续发展，支持探索低碳城市发展路径。

大力发展循环经济。支持建设一批废弃物综合利用试点示范工程和循环经济示范区，构建跨区域资源回收利用产业链。推进城镇生活垃圾分类收集和无害化处理，加快建设一批固体废弃物集中处理设施和危险废物处理设施。推进工矿废弃地复垦利用试点，支持整合废弃工矿土地集中用于转产转型项目建设。大力发展污水处理再生利用，将再生水纳入区域水资源统一配置，推进水资源循环利用。

第六章　推进产业对接合作

把握有序疏解北京非首都功能契机，坚持市场主导和政府引导，大力推进产业一体化发展，加快产业转型升级，为环渤海地区合作发展注入不竭动力。

第一节　加强农业合作

稳定粮食播种面积，加强粮食生产重大工程建设，开展农机深松整地，稳步提高粮食生产能力。因地制宜发展油料、畜禽产品、水产品、果蔬、种苗及特色农产品生产及深加工，强化品牌建设，推进现代信息技术和智能装备在农业生产经营领域应用。支持冀东、冀中南、辽西北、鲁中、蒙东等地区依托现有基础，发展现代设施农牧业，建设环渤海地区重要的“菜篮子”和绿色畜牧产品生产基地。支持企业跨省建设生产、加工基地和流通网点。加快建设农业地理数据库，建立统一的农业信息交流平台。推动粮油购销合作和农产品产销合作，联合组织农产品展销推介活动，加强农业科技推广交流。开展农副产品基地环评、抽样检测等监管合作，建立区域农副产品产地准出、市场准入、检测结果互认和质量可追溯制度。

第二节　优化工业布局

转型发展传统产业。加快淘汰落后产能，推进煤炭、冶金、焦化、电力、建材等上下游关联产业兼并重组，促进资源型企业跨行业发展，培育形成新的产业链和产业集群。推动有条件的钢铁企业兼并重组，鼓励冀津钢铁企业绿色减量重组，支持青岛、济南、唐山、石家庄、邯郸等城市钢厂环保搬迁、就地改造或转型发展，加快城区老工业区搬迁改造。在减量调整的基础上，建设山东日照、河北曹妃甸、辽宁鲅鱼圈等精品钢材生产基地和承德钒钛产业基地。优化调整石化产业布局，鼓励大型石化企业开展战略合作，推进炼化一体化和产品高端化，建设大连长兴岛（西中岛）石化产业基地，在河北曹妃甸和天津南港建设世界一流石化产业基地。

大力发展先进制造业。做大做强汽车、船舶、数控机床、轨道交通、煤炭机械、重型成套设备等装备制造业，推进重大技术装备国产化。支持太原建设煤炭装备制造业基地，支持天津临港经济区、潍坊建设高端装备制造产业基地，在河北黄骅地区建设华北重要的合成材料和装备制造业基地。

集聚发展战略性新兴产业。充分利用环渤海地区的特色产业优势以及京津地区特殊的创新优势，重点打造北京市软件和信息服务、沈阳市智能装备制造、石家庄市高端生物医药、淄博市新型功能陶瓷材料等战略性新兴产业区域集聚发展试点。依托天（津）青（岛）烟（台）威（海）等海洋科技创新优势，加快发展海洋工程装备、海洋生物医药、海洋资源开发、海洋高技术服务业等海洋高技术产业，打造国家海洋高技术产业基地。支持天津建设区域专利运营中心，加快建设天津滨海国家自主创新示范区，支持河北建设环首都自主创新产业带，鼓励呼和浩特集聚发展云计算等信息产业。

第三节　提升服务业水平

加强金融合作。强化北京金融管理功能，支持天津探索金融服务创新，大力引进国际一流金融机构，积极培育金融新业态，提升金融服务效率和扩大金融服务范围。推动沈阳、大连、济南、青岛、石家庄、呼和浩特依法吸引国内外金融分支机构和地区总部入驻，引导地方金融机构坚持差异化市场定位，积极服务实体经济，支持符合条件的金融机构跨地区参股地方商业银行。引导金融机构对基础设施和重大产业项目开展银团贷款。引导保险资金参与基础设施和重大产业项目建设，推动区域内征信系统和产权市场一体化。加快新设民营银行步伐。支持优秀股权投资基金、创业投资基金跨省开展业务。

深化旅游合作。整合区域内旅游资源，加强旅游标准、管理和服务对接，合作开发旅游精品路线和营销网络，共同建设环渤海黄金旅游带和无障碍旅游示范区。积极推进智慧旅游建设，拓展旅游“一卡通”服务范围及功能。联合整治旅游市场秩序，加快建立突发事件应急处理机制。鼓励大型旅游企业和旅游管理公司实现跨省经营、连锁经营和品牌输出，引导旅游企业联合“走出去”。发挥天津、青岛邮轮母港优势，联合开发国际邮轮航线。加快打造入境旅游直接通道，加强国际旅游协作，积极培育旅游口岸城市。

推进商贸流通业合作。推进北京商贸流通服务的规范化、现代化、特色化和国际化，大力支持河北建设全国现代商贸和物流重要基地。依托天津港、大连港、青岛港的枢纽地位，加强与内陆物流园区对接。支持渤海商品交易所跨省区设立交收仓库和物流中心。支持商业连锁企业跨区域设立经营网点。建立区域内便捷的物流网络体系和综合物流信息平台，促进大型物流仓储设施和第三方物流联动。支持临沂市开展国际贸易综合改革试点，打造全国现代流通综合示范区。

壮大文化产业。着力提升首都文化中心功能，带动周边地区文化产品生产发展，大力发展服务外包，合力构筑具有国际竞争力的文化产业高地。探索建立“环渤海地区文化产业园区联盟”，搭建影视（动漫）题材资源、剧本创意等方面的信息共享平台。联合举办动漫、网络游戏、文艺演出、艺术品交易、竞技体育、民族风情等领域的重大赛事和展会，共同打造文化品牌。

加快发展高技术服务业。大力发展研发设计、知识产权、检验检测、科技成果转化、信息技术、数字内容、电子商务、生物技术等高技术服务，以及科技咨询、科技金融、科学普及等专业科技服务和综合科技服务，提升高技术服务业对环渤海科技创新和产业发展的支持能力。

第四节　推进产业转移

承接强化规划引导和制度创新，充分发挥市场机制作用，促进产业高效对接与紧密合作。有序推动北京非首都功能向外疏解转移，进一步发挥对周边地区的辐射带动作用。促进天津整合优势资源，在先进制造业集聚、国际航运核心区建设、金融创新运营示范等方面加快发展。引导河北、山东、辽宁、内蒙古、山西对接京津新兴产业，积极拓展合作领域和空间。创新合作体制机制，支持通过委托管理、投资合作等方式共建产业园区，探索创新产业跨区域转移的利益共享机制。

第五节　共建科技创新体系

推进科技基础设施建设，加快实施国家科技重大专项。促进科技创新资源成果和各类基础知识产权信息开放共享，鼓励科研院所、高等学校、企业共建研发机构，搭建公共技术平台，充分发挥企业主体作用，支持建立跨区域产业技术创新联盟，构建区域协同创新体系。依托各类产业基地，加快科技创新成果落地转化，培育形成新的高新技术产业集群。共同建立科技信息网络和交易网络，完善运行管理模式，打造区域性创新服务平台。吸引国内外企业到环渤海地区设立研发机构。大力引进海外高层次人才，探索科技人才合作培养模式，推动专家资源共享。以中关村国家自主创新示范区为引领，充分发挥北京科技创新中心优势，强化对周边区域的引领辐射作用，支持与有条件的地区共同建设科技成果转化基地。

第七章　构建开放型经济新格局

充分发挥沿海沿边优势，实施更加积极主动的开放战略，共同构建海陆统筹、东西互济的对外开放新格局，努力提升环渤海地区国际竞争力。

第一节　打造国际航运枢纽

提高天津、大连、青岛等主枢纽港的国际中转能力，提升营口、唐山、日照等港口配置能力，推进港口运营管理、航线开辟等方面合作，以控股和参股方式建立区域港口联盟。积极推进环渤海地区“大通关”建设试点，加强天津、青岛、大连等沿海口岸在区域通关试点等方面的合作，拓展内陆港布局，支持山西、内蒙古在开通“五定”（定点、定线、定车次、定时、定价）班列、提供进出口货物仓储、减少物流费用等方面进行探索。支持中西部省份在沿海港口建设专属港区、产业园区和临港物流园区，共同开展现代物流业务。

第二节　提高开放型经济水平

支持建设中国（天津）自由贸易试验区。根据统一部署，研究将天津滨海新区可复制、可推广的政策延伸至河北曹妃甸、黄骅等地区。加快推进海关特殊监管区域整合优化，完善海关特殊监管区域政策功能，支持符合条件地区按程序申请设立综合保税区，推进区域整体投资贸易便利化。支持京冀合作共建北京新机场临空经济区。支持符合条件的开发区升格为国家级开发区。加强重点边境口岸基础设施建设，提高满洲里、海拉尔航空口岸综合服务能力。加快建设满洲里边境经济合作区，规范发展边民互市贸易区（点）。加强特色出口基地和出口产品质量安全示范区建设，培育出口自主品牌，加快外贸公共服务平台和外贸转型示范基地建设。在北京开展服务业扩大开放综合试点，支持符合条件的城市创建中国服务外包示范城市。积极吸引跨国公司到环渤海地区设立地区总部、研发中心，引导外资投向战略性新兴产业、现代服务业和先进制造业等。鼓励外资通过参股、并购等形式，参与内资企业改组改造和兼并重组，促进外资股权投资和创业投资发展。积极利用国外优惠贷款、国际商业贷款，吸引外资参与市政公用设施的投资、建设与运营。积极推进中日韩经济合作，探索与韩国建立港口联盟。

加强基础设施、体制机制等方面合作对接，利用现有外经贸发展专项资金等政策，支持企业参与俄、蒙能源资源勘探开发。拓宽与欧美等发达国家和地区的合作领域。鼓励有实力企业“走出去”，提升国际竞争力。

第三节 加强区域合作交流

完善合作机制，深化区域内各地区互动合作。全面落实省际战略合作协议，加强各层次沟通磋商。有序推进京津冀三省（市）与环渤海其他省（区）在人才技术、能源供应、生态环境治理等方面交流合作。支持内蒙古、山西、河北毗邻地区（乌兰察布—大同—张家口）合作区以及晋陕豫黄河金三角、中原经济区建设，支持河北、内蒙古、辽宁九市一盟（河北承德市、张家口市、唐山市、秦皇岛市，内蒙古赤峰市、锡林郭勒盟和辽宁朝阳市、阜新市、葫芦岛市、锦州市）等区域进一步深化合作，加快推进重点领域互联互通和区域一体化，打造环渤海地区新的经济增长极，共同建设省际交界区域协调发展试验区。由七省（区、市）共同出资，联合建立环渤海地区合作发展基金，专项用于跨区域基础设施建设、区际利益补偿、生态环境整治等方面。支持区域内国家级经济技术开发区共建合作园区或合作联盟。

拓展合作空间，加强与长三角、珠三角等地区合作。积极吸引各类企业到环渤海地区建立区域总部、生产基地、研发中心和营销中心。创新合作方式，探索“飞地”模式和促进产业转移承接的特殊政策。发挥山东半岛连接环渤海与长三角地区的战略节点作用，支持鲁南与苏北打造东陇海重点开发区域。加强与港澳台地区的经贸合作，重点在高端服务业、文化创意产业、城市精细化管理等领域开展深层次合作。

第八章　完善统一市场体系

全面深化改革，加快消除地区间隐形壁垒，抓紧建立统一完善的市场经济体系，充分发挥市场配置资源的决定性作用，为全面推进环渤海地区合作发展奠定坚实制度基础。

第一节　消除市场壁垒

抓紧完善工作机制，协调解决统一市场建设中的突出问题。全面清理废除妨碍统一市场形成和公平竞争的各种地方性法规政策，下决心打破地方保护和各类隐形壁垒。实行统一市场监管，规范市场主体登记注册程序、准入标准和区域性税收优惠政策。加强区域社会信用体系和信用信息平台建设，实现共建共享和互联互通，推动建立统一的信用奖惩机制。

第二节　加大改革力度

深化土地、劳动力、资本等资源要素市场化改革，稳步发展现有产权、技术、环境、金融资产等创新型交易市场。规范发展煤炭、石油、天然气、钢铁、棉花等大宗商品交易平台，逐步建成重要商品价格形成中心，支持有条件地区加强海洋大宗商品交易市场建设。深化各类资本市场分工协作，推进金融改革创新，支持开展互联网金融创新试点。有序培育发展村镇银行，完善多层次、多元化中小企业贷款担保服务体系，加快保险改革试验区建设。推动建立统一抵押质押制度，降低跨行政区金融交易成本。

第三节　转变政府职能

加大简政放权力度，加快推进行政审批制度改革，公开行政审批项目清单和政府权力清单。改革市场监管方式，建立企业经营异常目录和黑名单制度，共同维护区域市场秩序。改进公共服务供给方式，形成政府主导、市场和社会充分参与的公共服务供给机制。统筹推进有利于形成统一大市场的各类改革，鼓励在重要领域和关键环节率先突破，支持在技术研发合作、人才交流培养和港口物流、贸易投资便利化等方面先行先试。

第九章　统筹城乡区域协调发展

积极优化城镇体系，统筹推进城乡发展，切实扶持贫困地区，重点加强公共服务资源共享和制度对接，将环渤海地区建设成为城乡统筹、发展协调、社会稳定、公平和谐的示范区。

第一节　优化城镇体系

实施新型城镇化战略，推进京津冀、辽中南、山东半岛、太原、呼包鄂榆等城市群一体化发展，不断提升综合竞争力和辐射带动作用。进一步优化北京、天津核心功能，加强与周边地区基础设施连通和公共服务共享，强化对环渤海地区合作发展的引领带动。加大沈阳、大连、济南、青岛、石家庄、太原、呼和浩特 32 等区域性中心城市开放力度，提升要素集聚、政策创新和高端服务能力，增强环渤海地区联动发展动力。完善营口、锦州、盘锦、丹东、唐山、秦皇岛、保定、沧州、邯郸、廊坊、烟台、潍坊、济宁、东营、德州、聊城、大同、临汾、长治、包头、赤峰、乌海等重要节点城市功能，进一步壮大经济实力和人口规模，强化社会管理、生产服务和交通运输功能，形成环渤海地区加快发展的有力支撑。鼓励资源环境承载力强、发展潜力大的中小城市优化发展环境，壮大特色产业，积极培育全国重点镇和一批商贸物流、资源加工、文化旅游等专业特色镇，夯实环渤海地区协调发展的重要基础。

第二节 促进城乡发展

进一步推进户籍制度改革，建立财政转移支付同农业转移人口市民化挂钩机制，逐步把符合条件的农业转移人口转为城镇居民。建立现代农村产权制度，加快推进农村集体建设用地使用权确权登记发证工作，深化农村土地制度改革和集体林权制度改革，建立新型农村集体经济组织的内部管理和外部监管机制。建立城乡规划协调机制，统筹优化县域镇村布局，促进城乡基础设施共建共享。加快农村饮水安全工程建设，推进城乡统筹区域供水。加强县乡道路改造和连通工程，加大农村公路建设和养护力度，加快建设覆盖城乡的公交客运网络，推进农村客运网络化和线路公交化。完善农村牧区电网，解决边远牧区、林区供电问题。加快推进农村人居环境整治，全面完成农村危房改造任务，保护传统村落和民居。因地制宜建设垃圾集中处理和生活污水处理设施，有条件地区要推进燃气向农村覆盖。

第三节 共享社会资源

加强教育合作。合理配置义务教育资源，优化学校布局，扩大优质教育资源覆盖范围，重点解决县域义务教育水平不均衡问题，加强先进教育理念与经验的传播。逐步普及高中阶段教育，推动普通高中多样化发展。建立健全与产业发展相适应的现代职业教育体系，深化产教融合、校企合作，推动职业教育机构合作办学，完善招生计划协商机制，加快建设天津国家职业教育改革创新示范区、潍坊国家职业教育创新发展试验区，在有条件的重点城市建设公共实训基地。支持组建高等学校联盟，鼓励开展师资培训、联合培养及学科共建等方面合作。推进建设继续教育、远程教育培训平台，促进优质教育资源共享与交流。

共享医疗卫生资源。加快建立地方病、重点传染病与突发公共卫生事件联防联控和信息共享机制。推进医疗卫生数据信息交换共享，完善门诊通用病历、双向转诊、临床用血应急调配等合作机制，开展疑难疾病联合攻关和重大疾病联合会诊，支持共建医学检验质量控制中心和医学影像质量控制中心，推进同等级医疗机构医学检查结果、职业健康检查结果、从业人员预防性健康检查证明和卫生培训合格证明互认。加强急救网络体系对接，逐步开展航空、海（水）上医疗救援能力建设，推进紧急医疗救援一体化。加快发展居民健康信息服务。鼓励北京、天津等地优质医疗资源以对口支援、定点帮扶和远程会诊等方式帮助提升其他五省区医疗水平。支持医疗卫生机构共享医疗卫生资源，共建一批高水准护理院和康复医院。积极打造北戴河健康服务产业集聚区。

深化文化体育交流。大力实施文化惠民工程，探索建立公共图书馆、地方文献共享网络平台，逐步实现公共文化场馆向全社会免费开放。支持建立跨区域文化联盟，统筹开展跨区域文化遗产的保护利用。支持联合承办全国性和国际性重大文化体育活动，全力办好 2022 年冬奥会。

加大就业和社会保障服务力度。实现公共就业服务信息共享，建立职业技能培训、转移就业协作机制。建立劳务会商机制，推进人力资源统一市场建设，鼓励合作开展农民工培训，促进人力资源服务业集聚发展。建立劳动保障监察执法区域协作机制，实现劳动合同、社会保险征缴、劳动争议信息共享和衔接处置。推进社会保障体系对接，探索建立社保互通模式，逐步实现区域内社保“一卡通”。推动社会保险顺畅衔接，提高区域内社会保险统筹层次。在实现环渤海地区医疗服务有效衔接的基础上，进一步完善基本医疗保险管理和异地就医服务政策措施，方便群众就医结算。引导居民就近就医，促进形成良好医疗秩序。加快失业保险政策对接，实现失业保险关系无障碍转移接续。研究探索工伤认定和劳动能力鉴定互认制度，建立相关信息共享机制。落实养老保险关系转移接续制度。支持跨地区共建养老基地。研究建立抚恤优待、老人优待异地互认机制和孤残儿童、流浪人员共同安置机制。

完善社会管理联防机制。健全完善城市间公安信息系统共享和警务协作机制，协力打击跨区域犯罪活动。建立流动人口统计信息共享机制，实现居住地和户籍地信息共享。建立流动人口违法生育行政执法区域协作机制。构建完善的食品药品安全防控网络，建立公共卫生、安全生产监管等协调联动机制和应急联席会议制度，加强应急能力建设，推进公共安全治理一体化。加强防洪、病虫害防治、消防、气象防灾减灾、地震预防、海洋减灾等领域合作。

第四节　扶持贫困地区

全面实施大兴安岭南麓山区、燕山—太行山、吕梁山区、沂蒙山区区域发展与扶贫攻坚规划，加大扶贫资金投入，优先安排基础设施、生态环境、民生工程项目建设，到2020年基本消除绝对贫困。继续推动北京对口帮扶内蒙古贫困地区工作，指导京津两市的县区与河北贫困县开展对口帮扶。加大省内帮扶力度，支持鲁南、辽西北等贫困地区发展。支持山东黄河滩区等居民外迁和安置，支持东营市黄河南展宽区建设改造。继续实施兴边富民行动，加大对内蒙古边境地区投入力度。继续实施教育扶贫工程，开展以职业教育实现就业脱贫试点，每年选送一批贫困山区学生接受免费中等职业教育。启动返贫救助计划，对因灾、因病返贫困难群众给予救助。完善扶贫贴息贷款政策，广泛动员社会力量参与扶贫开发。推进扶贫开发与农村最低生活保障制度及社会保险、救助、福利制度有效衔接。加大中央财政转移支付对贫困地区的支持力度。

第十章　保障措施

第一节　完善合作机制

建立由北京市牵头的环渤海地区合作发展协调机制，协商制定合作发展框架和重大战略，共同解决区域合作中的突出问题。完善省（区、市）间的双边合作机制，编制实施双边合作规划，推进落实已签订的合作协议。加强行业主管部门合作，推进建立重点领域合作机制。支持组建区域性行业协会和商会，引导社会组织在合作发展中发挥积极作用。

第二节　强化组织实施

环渤海地区各省（区、市）要切实加强对本规划实施的组织领导，明确工作分工，完善工作机制，落实工作责任，要依据本规划的总体部署，组织编制具体实施方案和重点领域专项规划，依法做好规划环评，抓紧推进相关项目实施，积极探索建立推动合作发展的绩效考核和奖惩激励措施，切实把各项目标任务落到实处。规划实施中涉及的重要政策和重大建设项目要按规定程序报批。

国务院有关部门要按照职能分工，在规划编制、政策实施、项目安排、体制创新等方面给予积极支持，指导和帮助解决规划实施中遇到的问题。发展改革委要加强综合协调和督促检查，会同有关部门和相关省（区、市）人民政府，研究制定有利于促进合作发展的政策措施，适时开展规划实施情况评估，总结推广好经验好做法，研究解决新情况新问题，重大事项及时向国务院报告。

附录四：

成渝城市群发展规划

成渝城市群是西部大开发的重要平台，是长江经济带的战略支撑，是国家推进新型城镇化的重要示范区。成渝城市群发展规划，依据《全国主体功能区规划》《国家新型城镇化规划（2014~2020 年）》和《国务院关于依托黄金水道推动长江经济带发展的指导意见》编制，是培育发展成渝城市群的指导性、约束性文件。成渝城市群具体范围包括重庆市的渝中、万州、黔江、涪陵、大渡口、江北、沙坪坝、九龙坡、南岸、北碚、綦江、大足、渝北、巴南、长寿、江津、合川、永川、南川、潼南、铜梁、荣昌、璧山、梁平、丰都、垫江、忠县等 27 个区（县）以及开县、云阳的部分地区，四川省的成都、自贡、泸州、德阳、绵阳（除北川县、平武县）、遂宁、内江、乐山、南充、眉山、宜宾、广安、达州（除万源市）、雅安（除天全县、宝兴县）、资阳等 15 个市，总面积 18.5 万平方公里，2014 年常住人口 9094 万人，地区生产总值 3.76 万亿元，分别占全国的 1.92%、6.65%和 5.49%。规划期为 2016~2020 年，远期展望到 2030 年。

第一章　规划背景

培育发展成渝城市群，发挥其沟通西南西北、连接国内国外的独特优势，推动“一带一路”和长江经济带战略契合互动，有利于加快中西部地区发展、拓展全国经济增长新空间，有利于保障国土安全、优化国土布局。

第一节 发展基础

区位优势明显。成渝城市群处于全国“两横三纵”城市化战略格局沿长江通道横轴和包昆通道纵轴的交汇地带，是全国重要的城镇化区域，具有承东启西、连接南北的区位优势。自然禀赋优良，综合承载力较强，交通体系比较健全。

经济发展水平较高。成渝城市群是西部经济基础最好、经济实力最强的区域之一，电子信息、装备制造和金融等产业实力较为雄厚，具有较强的国际国内影响力。人力资源丰富，创新创业环境较好，统筹城乡综合配套等改革经验丰富，开放型经济体系正在形成，未来发展空间和潜力巨大。

城镇体系日趋健全。重庆、成都核心引领作用不断增强，一批中小城市特色化发展趋势明显，县城（区）和建制镇分布密集，每万平方公里拥有城镇 113 个，远高于西部的 12 个/万平方公里和全国的 23 个/万平方公里，各级各类城镇间联系日益密切。

经济社会人文联系密切。成渝城市群各城市间山水相连、人缘相亲、文化一脉，经贸往来密切，区域交通、农业、商贸、教育、科技、劳务等领域合作不断加强，毗邻区域合作不断深化，川渝合作进程逐步加快，一体化发展的趋势日益明显。

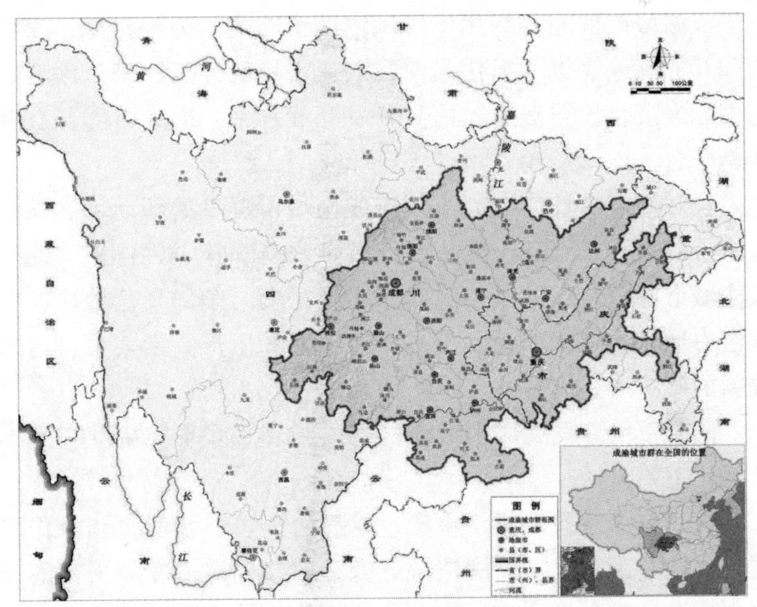

图 1 成渝城市群范围示意图

第二节 机遇和挑战

培育发展成渝城市群，既具有西部大开发战略深入实施的强力支撑，也具有“一带一路”、长江经济带战略实施带来的新机遇。新型城镇化战略有利于拓展成渝城市群发展新空间。国家新型城镇化战略加快实施，以城市群为主体形态推进新型城镇化已成为优化城镇化布局的战略选择，加快培育发展中西部地区城市群已成为促进发展空间从东向西、由南向北拓展的重大战略举措，这将促使重大基础设施和公共资源加快向中西部城镇化地区倾斜，为成渝城市群加快形成提供有力支撑。

“一带一路”战略有利于扩大成渝城市群开放新优势。“一带一路”战略实施使西部地区成为新时期对外开放的前沿，有利于成渝城市群充分利用国际国内两个市场、两种资源，深化内陆开放高地建设，强化与广阔欧亚市场的经贸往来，深度参与国际经济合作与竞争，提高开发开放水平，形成西部开发开放新平台。

长江经济带战略有利于培育成渝城市群发展新动力。长江经济带战略实施有利于发挥长江黄金水道支撑引领作用，提高成渝城市群对外交通网络通畅水平，密切与东部发达地区、中部潜力地区的经济联系，促进先进产业和生产要素集聚，为形成新的经济增长极提供有利条件。

同时，培育发展成渝城市群也面临着很多现实挑战和突出矛盾，主要包括：

核心城市背向发展。重庆、成都两个核心城市协调合作机制仍需健全，空间发展战略缺乏充分对接，高端发展平台的谋划和建设竞争大于合作，产业分工协作不够充分，经济尚未形成紧密的有机联系，基础设施建设不尽协调。

次级城市发育不足。地级城市发展相对缓慢，人口经济集聚能力不强，部分区位条件好、资源环境承载能力强的城市发展潜力亟待挖掘。区域内城区人口百万以上大城市数量不多，对核心城市职能分担不够，对中小城市和小城镇带动辐射不足。

基础设施互联互通程度不高。对外运输通道有待完善。重庆、成都与其他城市间的快速轨道交通仍在建设中，城际高速网络尚未形成。沿江港口建设缺乏统筹，三峡枢纽通过能力不足，以重庆、成都等为起点的中欧班列运输有待优化。信息基础设施网络和能源水资源保障水平有待提高。资源环境约束日趋加剧。部分地区开发强度过大，城市建设用地扩展与耕地保护矛盾加剧，水土能矿资源利用效率较低。部分城市大气污染严重，部分支流水环境恶化，整体环境质量不容乐观。生态系统退化趋势尚未得到根本遏制，自然灾害易发频发。

协同发展机制不健全。地方保护和市场分割现象严重，行政壁垒未完全破除，要素流动不畅，区域内统一市场和信用体系建设滞后，城市群一体化发展成本共担和利益共享机制尚未破题。

第二章　总体要求

在成渝国家重点开发区域培育发展城市群，要遵循城市群发展规律，充分发挥地区比较优势，补齐短板、消除瓶颈，强化协同、优化格局，探索走出一条中西部地区城市群建设的新路子。

第一节　指导思想

全面贯彻党的十八大和十八届三中、四中、五中全会以及中央城镇化工作会议、中央城市工作会议精神，按照“五位一体”总体布局和“四个全面”战略布局，牢固树立和贯彻落实创新、协调、绿色、开放、共享的新发展理念，着力加强供给侧结构性改革，加快培育新的发展动能，以建设具有国际竞争力的国家级城市群为目标，全面融入“一带一路”和长江经济带建设，打造新的经济增长极；以强化核心城市辐射带动作用和培育发展中小城市为着力点，加快推进新型城镇化，优化城镇体系，促进大中小城市和小城镇协调发展；以强化创新驱动、保护生态环境和夯实产业基础为重点，增强人口经济集聚能力；以统筹城乡综合配套改革试验区建设为抓手，推进城乡发展一体化，辐射带动农业现代化和新农村建设；以一体化体制机制建设和双向开放平台建设为切入点，推动形成城市间资源优势互补、功能合理分工、基础设施互联互通、生态环境共建共享的格局，充分发挥对长江经济带的战略支撑作用，拓展发展新空间。

第二节　基本原则

统筹规划，合理布局。以培育发展城市群为导向，优化整合区域资源，统筹经济社会发展、人口空间分布、生态环境保护、基础设施建设和对内对外开放。根据资源环境承载能力、现有基础和发展潜力，科学确定城市群边界、最小生态安全距离和空间结构，形成推动全国国土空间均衡开发、引领区域经济发展的重要增长极。

分工协作，以大带小。从提升区域整体竞争力出发，明确城市功能定位，推进协同发展，实现优势互补、错位发展。发挥重庆、成都核心城市辐射作用，培育壮大区域中心城市，带动中小城市和小城镇发展，形成结构合理、功能完备的城镇体系。坚持推进城乡发展一体化，积极发展小城镇和现代农业，走新型城镇化和农业现代化互促共进的道路。

生态文明，绿色发展。将绿色城镇化理念全面融入城市群建设，尊重自然格局，依托现有山水脉络等优化城市空间布局形态，节约集约利用土地、水、能源等资源，构建绿色化的生产生活方式和城市建设运营模式，推进生态共保环境共治，共守长江上游生态安全，推动绿色永续发展。

改革引领，创新驱动。强化制度创新，消除行政壁垒，建立有利于要素自由流动的统一市场体系，建立健全城市群一体化发展和对内对外开放的新机制。强化创新引领发展，整合创新资源，构建区域协同创新体系，形成成渝城市群创新共同体。

市场主导，政府引导。遵循城市群演进的客观规律，充分发挥市场在城市群形成发展中的决定性作用，更好发挥政府在空间开发管制、基础设施支撑引领、一体化体制机制建设等方面的作用，因势利导、顺势而为，使城市群建设成为市场主导、自然发展的过程，成为政府引导、科学发展的过程。

第三节　主要目标

到 2020 年，基本建成经济充满活力、生活品质优良、生态环境优美的国家级城市群。

功能完备、布局合理的城镇体系建立健全。具有世界影响力的国际文化交往、旅游消费等功能初步培育形成，具有国家级重要意义的优势产业集聚等功能更加强化，具有区域带动作用的现代化生产性服务功能得到提升。重庆、成都核心城市的区域辐射带动力持续增强，一批区域性中心城市快速崛起，实力较强的城镇密集区初步形成，区域开放通道上的节点城市发育壮大，功能完备、布局合理、大中小城市和小城镇协调发展的城镇体系基本形成，城镇综合承载力得到有效增强。

保障有力的支撑体系和生态格局全面建立。新型工业化进程加快，产业集聚带动能力显著增强。国际化内陆开放高地全面建成，开放型区域创新体系和创新型经济形态基本形成。有效衔接大中小城市和小城镇的多层次快速交通运输网络基本形成，通信、能源、水利设施保障能力明显提升。生态安全格局和环境分区管治制度基本形成，资源利用更加高效，集约紧凑式开发模式成为主导，整体形成生产空间集约高效、生活空间宜居适度、生态空间山清水秀的可持续发展格局。

区域协同发展的体制机制更加完善。阻碍生产要素自由流动的行政壁垒和体制机制障碍基本消除，区域市场一体化步伐加快，区域交通互联互通、公共服务设施共建共享、生态环境联防联控联治、创新资源高效配置和开放共享的机制不断建立，城市群成本共担和利益共享机制不断创新，川渝合作、各类城际合作取得实质性进展，重点跨界地区一体化步伐加快，多元化主体参与、多种治理模式并存的城市群治理机制建设取得突破。

到 2030 年，重庆、成都等国家中心城市的辐射带动作用明显增强，城市群一体化发展全面实现，同城化水平显著提升，创新型现代产业支撑体系更加健全，人口经济集聚度进一步提升，国际竞争力进一步增强，实现由国家级城市群向世界级城市群的历史性跨越。

第三章　定位与布局

明确功能定位、优化空间格局是城市群建设的核心任务。根据资源环境承载能力，优化提升核心地区，培育发展潜力地区，促进要素聚集，形成集约高效、疏密有致的空间开发格局，建设引领西部开发开放的国家级城市群。

第一节　引领西部开发开放的国家级城市群

立足西南、辐射西北、面向欧亚，高水平建设现代产业体系，高品质建设人居环境，高层次扩大对内对外开放，培育引领西部开发开放的国家级城市群，强化对“一带一路”建设、长江经济带发展、西部大开发等国家战略的支撑作用。

围绕上述总体定位，加快在以下发展定位上实现突破：

全国重要的现代产业基地。加快推进新型工业化进程，培育壮大新动能，加快发展新经济，实施“互联网+”行动计划，创新承接产业转移，发展壮大先进制造业和现代服务业，打造全国重要的先进制造业和战略性新兴产业基地，建设世界级文化旅游目的地、全国重要的商贸物流中心、长江上游地区金融中心等现代服务业高地，建成产业链完善、规模效应明显、核心竞争力突出、支撑作用强大的现代产业基地。

西部创新驱动先导区。充分发挥重庆、成都国家创新型城市和绵阳国家科技城等创新资源优势，聚焦重点领域和关键技术，促进创新资源综合集成，加快区域创新平台建设，推进全面创新改革试验，健全技术创新市场导向机制，激发企业、大学和科研机构创新活力，强化科研成果转化，推动军民融合发展，建设成为西部创新驱动先导区。

内陆开放型经济战略高地。充分发挥长江上游开放高地优势，依托长江黄金水道强化对内合作，依托西南西北通道强化对外开放。完善开放体系，健全开放平台，创新内陆开放模式，建成西南地区国际交往中心、国家向西开放战略支点，打造推动长江经济带与丝绸之路经济带联动发展的战略性枢纽。

统筹城乡发展示范区。深化重庆、成都全国统筹城乡综合配套改革试验区建设，重点突破农业转移人口市民化、农村产权流转交易、新型农业经营体系构建、城乡要素自由流动、城乡统筹规划、农村基层治理创新等方面的体制机制障碍，总结推广行之有效的经验做法，全域推进城乡统筹发展，形成以工促农、以城带乡、工农互惠、城乡一体的新型工农、城乡关系。

美丽中国的先行区。推进生态文明建设，优化国土开发空间，构建生态安全格局，打造长江上游生态屏障。依托江河湖泊丰富多样的生态要素，发挥历史文化遗存和风景资源丰富、山水聚落独特的优势，建设显山露水、透绿见蓝的区域开敞空间，建设有历史记忆、文化脉络、地域风貌、民族特点的美丽城市，形成城在绿中、道在林中、房在园中、人在景中的山水城市群。

第二节 构建“一轴两带、双核三区”的空间格局

发挥重庆和成都双核带动功能，重点建设成渝发展主轴、

沿长江和成德绵乐城市带，促进川南、南遂广、达万城镇密集区加快发展，提高空间利用效率，构建“一轴两带、双核三区”空间发展格局。

打造成渝发展主轴。依托成渝北线、中线和南线综合运输通道，积极推进重庆两江新区和四川天府新区建设，加快推动核心城市功能沿轴带疏解，辐射带动资阳、遂宁、内江、永川、大足、荣昌、潼南、铜梁、璧山等沿线城市加快发展，打造支撑成渝城市群发展的“脊梁”。加快城际轨道交通、高速公路和沿线交通枢纽建设，构筑发达的基础设施复合廊道。加强沿线城市产业分工协作，引导先进制造业和现代服务业集群发展。支持沿线中心城市拓展发展空间，提高人口经济集聚能力。

培育沿江城市带。依托长江黄金水道及沿江高速公路、铁路，充分发挥重庆的辐射带动作用，促进泸州、宜宾、江津、长寿、涪陵、丰都、忠县、万州等节点城市发展，培育形成沿江生态型城市带。发挥沿江区位和港口优势，有序推进岸线开发和港口建设，增强泸州、宜宾、涪陵、长寿、万州等产业园区支撑作用，建设临港产业、特色产业和现代物流基地。规范开发秩序，严守生态红线，建设沿江绿色生态廊道，强化沿江生态保护和修复，统筹流域环境综合治理。

优化成德绵乐城市带。依托成绵乐城际客运专线、宝成—成昆铁路和成绵、成乐、成雅高速公路等构成的综合运输通道，发挥成都辐射带动作用，强化绵阳、德阳、乐山、眉山等城市的节点支撑作用，带动沿线城镇协同发展，提升人口综合承载能力，建成具有国际竞争力的城镇集聚带。依托沿线产业基础，发挥天府新区、成都自主创新示范区和绵阳国家科技城的平台优势，围绕电子信息、装备制造、航空航天、科技服务、商贸物流等产业，打造创新驱动的特色产业集聚带。

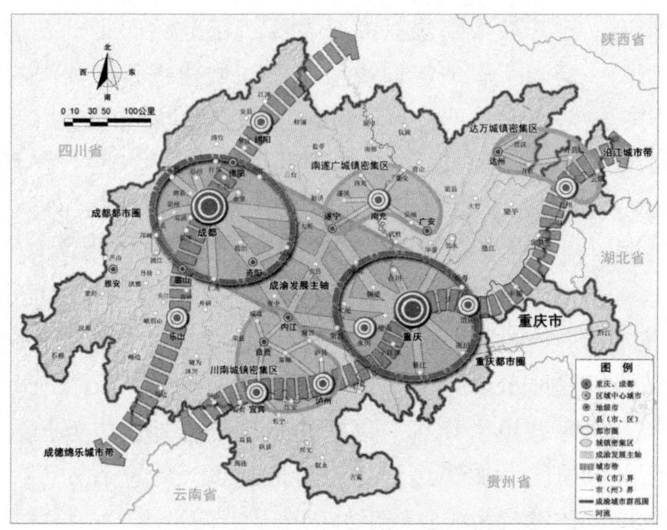

图 2　成渝城市群空间格局示意图

提升重庆核心功能。围绕建成国家中心城市，强化重庆大都市区西部开发开放战略支撑和长江经济带西部中心枢纽载体功能，充分发挥长江上游地区经济中心、金融中心、商贸物流中心、科技创新中心、航运中心的作用，加快两江新区建设，全面增强集聚力、辐射力和竞争力。加强城市规划建设管理，强化城市规划约束性作用，根据山地特色合理控制建筑物高度，提升现代化国际大都市形象。以主城区为核心，以城市发展新区为腹地、联动沿江城市带和四川毗邻城市发展，构筑具有国际影响力的现代化大都市区。

提升成都核心功能。以建设国家中心城市为目标，增强成都西部地区重要的经济中心、科技中心、文创中心、对外交往中心和综合交通枢纽功能，加快天府新区和国家自主创新示范区建设，完善对外开放平台，提升参与国际合作竞争层次。强化城市规划建设管理，发挥自然因素在城市风貌特色塑造中的基础作用，提升城市形象。充分发挥成都的核心带动功能，加快与德阳、资阳、眉山等周边城市的同城化进程，共同打造带动四川、辐射西南、具有国际影响力的现代化都市圈。

培育川南城镇密集区。包括自贡、内江、泸州、宜宾的市区和部分县（市），促进自贡—内江联合发展、泸州—宜宾沿江协调发展，建设成为成渝城市群南向开放、辐射滇黔的重要门户。

培育南遂广城镇密集区。包括南充、遂宁、广安的市区和部分县（市），加强与重庆协作配套发展，建设成为成渝城市群跨区域协同发展示范区。

培育达万城镇密集区。包括达州市部分地区、万州、开县和云阳部分地区，加快达万综合通道建设，促进万开云一体化融合发展，建设成为成渝城市群向东开放的走廊。

第三节　优化城市规模结构

以强化重庆、成都辐射带动作用为基础，以培育区域中心城市为重点，以建设中小城市和重点小城镇为支撑，优化城市规模结构。做强区域中心城市。结合自身特点和发展条件，提升区域服务能力，分担核心城市功能，强化区域辐射带动作用，加快产业和人口集聚，优化行政区划设置，适当扩大城市规模，与邻近区县一体化发展。把万州打造为渝东北区域中心、长江经济带重要节点城市；把黔江打造为渝东南区域中心、武陵山区重要经济中心；把绵阳、乐山打造为成都平原区域中心城市、宝成—成昆发展轴带向北和向南辐射的空间节点；把南充打造为川东北区域中心城市，带动川东北城乡均衡发展；把泸州、宜宾打造为川南的区域中心城市，带动川南丘陵地区和长江经济带沿线城镇发展。

专栏 1　区域中心城市功能定位和规模
万州。沿江城市带的区域中心城市。2020 年中心城区城市人口 150 万人，城市建设用地 130 平方公里。 黔江。渝东南区域中心城市。2020 年中心城区城市人口 45 万人，城市建设用地 49.5 平方公里绵阳。成德绵乐城市带上的区域中心城市。2020 年中心城区城市人口 150 万人，城市建设用地 150 平方公里。 南充。南遂广城镇密集区的区域中心城市。2020 年中心城区城市人口 150 万人，城市建设用地 150 平方公里乐山。成德绵乐城市带上的区域中心城市。2020 年中心城区城市人口 100 万人，城市建设用地 100 平方公里。 泸州。沿江城市带的区域中心城市。2020 年中心城区城市人口 200 万人，城市建设用地 200 平方公里。 宜宾。沿江城市带的区域中心城市。2020 年中心城区城市人口 140 万人，城市建设用地 140 平方公里。

建设重要节点城市。把建设重要节点城市作为优化城镇体系的抓手，提升专业化服务功能，培育壮大特色优势产业。强化江津、德阳等在重庆、成都都市圈中的协作配套功能，发挥遂宁、大足等区位优势明显城市对成渝主轴的支撑作用，完善自贡、达州等城市在城镇密集区发展中的支点作用。

专栏 2　重要节点城市功能定位
涪陵。重庆重要的先进制造业基地，区域综合交通枢纽，宜居宜业的山水园林之城。 长寿。重庆重要的制造业基地、区域物流中心、寿文化旅游目的地。 江津。重庆重要的先进制造业基地，四化同步发展示范区，川渝、渝黔合作共赢先行区。 合川。重庆重要的制造业基地，知名旅游目的地。 永川。重庆重要的制造业基地，西部职业教育城，区域商贸物流中心。 南川。全国资源型城市转型先行区，休闲度假旅游目的地。 綦江。重庆南部重要的能源材料基地，渝黔合作开放门户，生态休闲旅游示范区。 大足。重庆城市发展新区的工业重镇、旅游重镇和重要交通枢纽。

续表

专栏 2　重要节点城市功能定位
璧山。重庆重要高新技术和现代制造业基地，全面融入主城区的城市新区。 铜梁。重庆重要现代制造业基地，生态宜居城市，重要的产业转移承接示范区。 潼南。成渝合作重点示范区，生态文化旅游目的地，成渝北线增长极。 荣昌。重庆西部门户，川渝合作共赢先行区。 梁平。重庆东北部重要农产品基地和食品加工基地。 丰都。特色休闲旅游目的地。 垫江。重庆东部重要陆上交通枢纽和商贸中心。 忠县。重庆重要的农产品加工基地，长江三峡国际黄金旅游带重要节点。 开县。重庆市劳务经济和承接产业转移示范基地。 云阳。生态经济示范县。 达州。西部天然气能源化工基地，川渝鄂陕结合部交通枢纽，生态宜居城市。 内江。重要综合交通枢纽和现代产业基地，滨水宜居城市。 自贡。国家级历史文化名城，特色文化旅游城市，现代工业城市。 德阳。全国重要的重大装备制造基地，以及新材料、精细化工基地。 眉山。以东坡文化为特色的历史文化名城，现代生态田园城市。 遂宁。重要综合交通枢纽和现代产业基地，现代生态花园城市。 资阳。重要先进制造业基地，丘区生态宜居江城。 广安。川东北地区交通枢纽，川渝合作示范的山水园林城市。 雅安。进藏物资集散地，川西特色产业基地、交通枢纽，国际生态旅游城市。

培育发展一批小城市。以县城和发展潜力较大的特大镇为重点，加快基础设施建设，提升城市服务功能，推动具备行政区划调整条件的县有序改市，探索赋予镇区人口 10 万以上的特大镇部分县级管理权限。鼓励引导产业项目向资源环境承载力强、发展潜力大的县城布局，夯实县城产业基础。加强市政基础设施和公共服务设施建设，推动公共资源配置适当向县城倾斜。鼓励适度增加集约用地程度高、吸纳人口多的县城建设用地供给，有效满足农民就近城镇化的住房需求。

有重点地发展小城镇。位于重庆、成都都市圈范围内的重点镇，要加强与周边城市的统筹规划、功能配套，有效分担城市功能。具有特色资源、区位优势的小城镇，要通过规划引导、市场运作，培育成为文化旅游、商贸物流、资源加工、交通枢纽等专业特色镇。其他一般小城镇，要完善基础设施和公共服务，发展成为服务农村、带动周边的综合性小城镇。

第四节　促进川渝毗邻地区合作发展

在川渝毗邻地区率先打破行政壁垒，创新体制机制，打通“断头路”构建跨界快速交通通道，合作共建产业园区，加快推进医疗、教育、社保等公共服务对接，促进基础条件好、发展潜力大、经济联系比较紧密的省际交界地区融合发展。深入推进广安川渝合作示范区建设，支持潼南、铜梁、合江等建设川渝合作示范区。

专栏 3　推进川渝毗邻区域合作发展
1. 推进广安、合川、北碚合作 立足区位优势和合作基础，发挥两江新区的辐射带动作用，重点推进省界市场建设、路网联通、跨界流域治理和扶贫开发，支持川渝合作示范区全面推进基础设施、产业布局、商贸市场、文化旅游和生态环保一体化发展。 2. 推进江津、永川、泸州合作 发挥紧临重庆主城区的区位优势，共同承接重庆主城区产业转移，共建基础设施和产业园区，加强电子政务、电子商务合作，推进信息资源共享，推进公共服务和社会管理合作。 3. 推进铜梁、潼南、资阳合作 以打通“断头路”为重点，加快规划衔接和基础设施一体化建设。发挥产业合作基础，共同打造承接产业转移集中区。消除行政壁垒，建立共同市场。积极探索跨省跨区合作新模式，拓展发展空间，促进城乡统筹和跨区域融合发展。 4. 推进荣昌、内江、泸州合作 共建川渝合作高新技术产业园，积极承接产业转移，重点布局装备

续表

专栏 3　推进川渝毗邻区域合作发展
制造、生物医药、新材料、电子信息等产业。共同构建绿色生态产业体系和立体交通网络，加强水域生态修复，解决突出民生问题。

第四章　促进产业分工与协作

发挥市场决定性作用，立足各地比较优势，促进产业分工协作，引导产业集群发展，积极发展新经济，建设共享平台，壮大现代产业体系，夯实城市群产业基础。

第一节　培育优势产业集群

壮大装备制造产业集群。整合装备制造业优势资源，推进联合研发和配套协作，提高装备设计、制造和集成能力，共同建设具有世界影响力和体现国家水平的装备制造产业集群。充分发挥长江黄金水道的大重件运输通道优势，推动汽车、重型机械、船舶配套设备等向沿江地区集中。利用重庆主城、成绵乐沿线装备制造产业基础，优化提升航空航天、能源设备、节能环保设备、内燃机及通机、仪器仪表、轨道交通等产业。发挥成渝综合通道优势，在成内渝、成南渝沿线重点发展数控机床、汽摩整车、机器人、成套电气、机床工具、现代农业机械等产业。

培育战略性新兴产业集群。依托重庆、成都的科研资源优势和高新技术产业基础，充分发挥两江新区、天府新区高端要素集聚平台作用，瞄准全球和国家科技创新趋势，联合打造一批创新型园区和战略性新兴产业基地，重点突破创新链的关键技术、产业链的关键环节，加快形成电子核心部件、新材料、物联网、机器人及智能装备、高端交通装备、新能源汽车及智能汽车、生物医药等战略性新兴产业集群。

提升能矿资源加工产业集群。按照一体化、集约化、基地化、多联产要求，加强地区协作配套，联合推进资源类产品的科技攻关和产业化生产，深度转化特色优势资源，促进资源加工产业就地集群化发展。促进油气资源精细化利用，支持页岩气规模化开发利用，提升天然气化工产业技术水平和产品层次，大力发展化工新材料产业。积极发展循环经济，共同推进资源综合利用示范基地建设。

发展现代服务业集群。重点推进现代物流、现代金融、商贸服务、高技术服务业和科技服务业发展，建设现代服务业基地。强化重庆、成都国家级物流枢纽功能，打造万州、涪陵、江津、永川、遂宁、泸州、自贡、内江、南充等商贸物流基地，建设电子、化工、汽车、冷链、粮食等专业物流园区。提升重庆、成都金融服务功能，支持成渝共建西部金融中心。以成都、重庆高技术服务产业基地为中心，打造具备特色的高技术服务产业集群。

积极发展科技服务业，推动科技成果转化，促进创新型产业发展。扶持农林产品加工产业集群。以优质安全、生态绿色、营养健康为方向，以标准化、规模化、品牌化为重点，建设优质农产品生产基地，推进原料保障、农林产品加工、产品营销一体化发展，联合打造白酒、果蔬、茶叶等特色农林产品加工产业集群。

发展文化产业集群。深入挖掘巴蜀文化、三峡文化、抗战文化等特色资源，改造提升传统文化产业，推进文化与旅游、科技、生态等深度融合，培育新型文化业态，延伸文化产业链条，发展壮大文化旅游、出版发行、音乐影视、演艺娱乐、动漫游戏、创意设计等产业。

共同打造国际旅游目的地。以成都、重庆国际旅游都市为引领，彰显巴蜀文化特色，整合大足石刻、长江三峡、都江堰—青城山、乐山大佛—峨眉山、大熊猫栖息地等自然与文化遗产资源，共同打造精品旅游线路，构建国际精品旅游区，建设充满文化魅力的国际休闲消费中心。

专栏4　特色优势产业布局重点

装备制造业产业集群

以重庆主城区、成都及德阳、绵阳、南充、眉山、资阳、自贡、泸州、宜宾、广安、合川、永川、江津、涪陵、云阳等为重点发展成套装备，以内江、遂宁、乐山、达州、雅安、万州、铜梁、垫江、潼南、荣昌、忠县等为支点推进配套协作，壮大能源装备、航空航天、数控机床、轨道交通设备、船舶设备、工程机械、环保成套设备、汽摩整车、仪器仪表、机器人等产业集群。

战略性新兴产业集群

以两江新区和天府新区为引领，以重庆主城区、成都、绵阳、乐山、自贡、泸州、德阳、广安、遂宁、宜宾、内江、璧山、涪陵、大足、沙坪坝、北碚、渝北、江北、九龙坡、南岸、巴南、永川、江津、万盛、合川、南川、綦江、长寿、万州等为重要支撑，加快培育节能环保、新一代信息技术、生物产业、新能源、新能源汽车、高端装备制造和新材料产业。

特色资源加工业基地

南充石油天然气精细化工基地、遂宁精细化工基地、自贡盐化工基地、内江钒钛新材料基地、乐山盐磷化工和冶金建材基地、达州清洁能源基地；綦江—万盛—南川轻质合金及玻璃新材料加工基地、万州特色盐化工基地、长寿精品钢铁加工基地。

农林产品加工业基地

成德绵乐雅中药产业集群、广安特色农产品加工基地、泸州—宜宾—遵义白酒金三角加工基地、南充丝绸纺织集群、遂宁纺织产业集群、达州苎麻产业基地、成都鞋业集群、乐山皮革纺织产业集群、成都眉山家具产业集群、成都遂宁食品产业集群，川南竹浆造纸产业集群；江津粮油加工基地、涪陵—万州榨菜加工基地、忠县—长寿沿江柑橘加工基地、合川城郊农副食品加工基地、潼南农副产品加工基地、荣昌食品加工基地、丰都优质牛深加工基地、渝北—巴南乳制品基地、万州—开县—云阳县食品加工基地。

旅游商务休闲产业集群

以成都、重庆为核心引领，以绵阳、乐山、宜宾、泸州、万州、永川、大足、南川、丰都等城市为发展支撑，构建商业消费、商务办公、

续表

专栏 4　特色优势产业布局重点
健身休闲、康体养生相结合的旅游商务休闲产业体系，培育发展生产性服务外包产业、金融商务等现代服务业。

第二节　有序承接产业转移

构建承接产业转移平台。依托长江黄金水道和渝新欧、蓉欧国际大通道，支持交通区位条件好的工业园区承接产业转移，建设沿海加工贸易转移的重点承接地。创新工业园区管理模式，建立以“一站式服务”为核心的政府公共服务平台，缩减审批流程。加快工业园区基础设施建设，完善产业配套服务体系，优化投资环境。深入推进重庆沿江承接产业转移示范区和四川广安承接产业转移示范区建设。

创新承接产业转移方式。按照集群化、链条化、循环化的模式，依托现有特色优势产业，引进协作配套产业，打造新的产业集群。建立产业转移跨区域合作机制，鼓励以连锁经营、委托管理、投资合作等多种形式与东部沿海地区合作共建产业园区，实现优势互补、互利共赢。

强化承接产业转移管理。着眼于共同建设长江上游生态屏障，根据各地区主体功能定位，按照耕地总量控制、能耗强度控制、主要污染物排放总量控制、禁止开发空间控制的原则，加强对产业发展的规划管理，强化产业转移项目环境影响评价和节能评估审查，严格禁止承接高耗能、高污染项目。

第三节　整合发展产业园区

整合优化园区资源。按照集中布局、集约发展、产城融合的原则，统筹不同区域、不同类型、不同层次园区建设，打破行政区划限制，推动园区联动、资源共享、优势互补、协调发展。根据园区类别，因地制宜制定单位面积产值标准。

推进园区合作共建。支持川渝间和各城市间合作共建产业园区，优化资源配置，壮大园区经济。鼓励与东部沿海地区、海外战略投资者共建产业园区。鼓励通过联合出资、项目合作、资源互补、技术支持等多种方式参与合作产业园区。探索建立相匹配的利益共享和持续发展的长效机制。

支持重点园区发展。控制园区数量、提升园区质量，做大做强国家级和省级经济开发区、高新技术产业开发区、综合保税区、出口加工区等重点园区，建设一批产值千亿百亿级园区。

专栏5　千亿百亿级园区
千亿级园区 成都高新技术产业开发区、成都经开区、四川双流经开区、德阳经开区、绵阳高新技术产业开发区、四川内江高新技术产业园，四川简阳经开区，四川新津工业园区，四川彭州工业园区，自贡高新技术产业开发区，绵阳经开区，遂宁经开区，南充经开区，广安经开区，四川达州经开区，四川资阳经开区，四川广汉经开区。重庆西永综合保税区，重庆两路寸滩保税港区，重庆经开区，重庆高新区，重庆北部新区，重庆万州经开区、重庆长寿经开区，重庆涪陵经开区，重庆江津经开区，重庆九龙园区、重庆空港园区、重庆港城园区、重庆巴南工业园区、重庆永川高新区、重庆璧山高新区、重庆合川工业园区、重庆铜梁工业园区。 **百亿级园区** 成都台商投资工业园区，成都新都工业园区，泸州高新技术产业开发区，四川绵竹经开区，四川什邡经开区，内江经开区，乐山高新技术产业开发区，宜宾临港经济技术开发区，四川彭山经开区，四川简阳经开区，成都·阿坝工业园区，四川江油、安县、蓬安工业园区等。重庆万盛经开区、双桥经开区，重庆黔江正阳、西彭、建桥、沙坪坝、巴南、同兴、荣昌、大足、潼南、梁平、丰都、垫江、开县、云阳工业园区。

建设军民融合公共服务平台。以促进信息互通、资源共享、成果转化为重点，加快构建军民融合服务平台体系。建设军民

融合决策咨询平台、科技金融服务平台、信息服务与对接平台、信息资源共享交换平台、技术转移转化平台。推动建设一批军民融合创新孵化中心、众创空间。

第四节 提高创新创业能力

打造创新创业发展平台。依托国家创新型城市、创新型省份建设，大力推进大众创业万众创新，以天府新区、两江新区和一批国家级高新技术开发区为载体，打造成渝创新驱动核心区。建设四川国家全面创新改革试验区，加快成都国家自主创新示范区和绵阳国家科技城建设，推动重庆经济技术开发区、成都经济技术开发区等国家级园区提升自主创新能力。鼓励高校、科研院所和地方共建科技创新平台、高新技术产业基地和现代农业科技示范园。鼓励发展创新工场等新型创业孵化器，建设低成本、便利化、全要素、开放式众创空间。

完善创新创业服务体系。围绕产业升级和产业发展共性需求，整合公共服务资源，依托“互联网+”行动计划，构建资源共享、服务协同、功能完善的创新创业服务体系，大力发展创业辅导、信息咨询、技术支持、融资担保、成果交易、检验检测认证等公共服务。创新公共服务模式，探索建立政府引导、中介服务、社会参与三位一体整体联动的服务模式，联合打造一批创新创业服务品牌。

共享创新创业资源。打破地区行政分割，共建以企业为主体、以市场需求为导向的产学研创新联盟。支持川渝汽车、电子、轨道交通、新材料等产业协同创新，突破产业技术瓶颈。联合建设共性关键技术创新平台，探索科技基础设施、大型科研仪器和专利信息共享机制。加强军地科技资源开放共享和军民两用技术相互转化，支持军地企业联合开展军民两用技术研发及产业化。

引导农民工返乡创业。降低返乡创业门槛，强化金融、财税等政策支持，加强基层就业服务平台和实训基地建设，调动农民工返乡创业积极性。因地制宜建设一批返乡创业园，深入开展农民工返乡创业试点，建设中西部农民工返乡创业示范区。

第五章　推动基础设施互联互通

统筹推进交通、能源、水利、信息等基础设施建设，构建布局合理、设施配套、功能完善、安全高效的现代基础设施体系，提升基础设施互联互通和现代化服务水平。

第一节　构建综合交通运输网络

依托综合运输大通道，以长江上游航运中心和重庆、成都两大综合交通枢纽建设为核心，以高速铁路、城际铁路和高速公路为骨干，构建安全、便捷、高效、绿色、经济的综合交通运输网络，支撑引领“一轴两带双核三圈”城市群空间格局的形成。

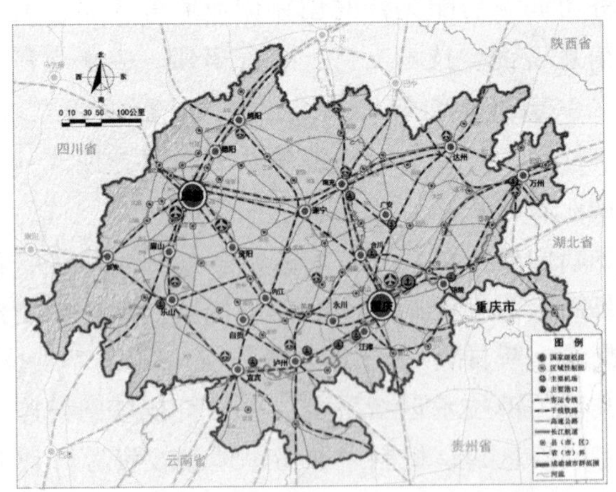

图3　成渝城市群综合交通网框架示意图

优先建设城际交通网络。建设以高速铁路、城际铁路、高速公路为骨干的城际交通网络，打造核心城市间、核心城市与周边城市间、相邻城市间力争 1 小时通达的交通圈。共同加快建设兰渝铁路、成渝高速铁路。鼓励利用干线铁路富余能力开行城际列车。启动渝昆铁路前期工作，规划重庆至达州、达州至开县至万州等城际铁路。加快成安渝高速、重庆至广安至巴中高速公路建设，实施国省干线公路升级改造，联合打通“断头路”“瓶颈路”，减少安全隐患路段。

畅通长江上游航道。强化重庆港主城港区功能，有序推进泸州、宜宾、涪陵、万州和乐山、南充、江津、合川重点港（港区）建设。加快长江干线及岷江、嘉陵江、乌江高等级航道建设，形成“一主三辅”的水路运输格局。改善长江宜宾至重庆段航道条件，实施岷江、嘉陵江航电枢纽项目，整治乌江航道。

完善机场布局和功能。强化成都和重庆航空枢纽功能，新建成都新机场和乐山机场，扩建重庆江北国际机场和万州机场，迁建泸州、宜宾、达州机场，建设一批通用航空机场。优化航线网络，适度提高航班密度，培育和拓展国际运输航线。

加强综合交通枢纽建设。按照“零距离换乘、无缝化衔接”要求，强化水运、铁路、公路、航空、管道等运输方式有机衔接，重点发展重庆、成都全国性综合交通枢纽，积极建设泸州、南充、万州、涪陵等区域性综合交通枢纽，提高综合交通运输体系运行效率。提高综合客运枢纽一体化水平，完善货运枢纽集疏运功能，推进城市物流园区、物流中心和配送中心建设。

构建便捷畅通的对外交通通道。加快推进“一江两翼”国际通道建设，依托长江黄金水道和沿江铁路，完善向东出海的川渝汉沪通道；依托兰渝、宝成、西康至襄渝、兰新等铁路，打造内陆地区连接丝绸之路经济带的通道；依托成昆铁路和渝昆铁路，构建向南开放的川渝滇至东南亚陆上通道。加快成贵、成西、郑万、兰渝、成昆扩能等铁路建设，研究建设重庆至西安铁路，完善连接毗邻黔中、滇中、长江中游、关中至天水、兰州至西宁等区域的五大国内通道。

提升交通运输服务水平。优化运输组织，创新服务方式，推进城际客运服务公交化运营，鼓励同城化服务。推动不同运输方式间的客票一体联乘和不同城市间的一卡互通。鼓励发展货运班线、城际速递、共同配送等多样化、专业化服务方式。培育多式联运经营主体，大力推动多式联运发展，着力提高集装箱和大宗货物铁水联运比重。

专栏6　交通基础设施重点工程

铁路

建设成都至西宁、成渝、西成、渝万、成贵、渝昆、郑万高速铁路和成兰、成蒲、黔张常、成雅、兰渝、渝昆、渝黔铁路，重庆铁路枢纽东环线、隆黄铁路叙永至毕节段等铁路，实施成渝、成昆、达万等铁路扩能改造工程。

规划建设成都至新机场至自贡、重庆至黔江、遂宁至达州、绵遂内宜、自贡至泸州、达州至重庆、达州至万州、重庆至合川、重庆至江津、重庆至璧山至铜梁、合川至铜梁至大足至永川等城际铁路、市域（郊）铁路开展成都至格尔木铁路等前期研究工作。

公路

建设 G4217 汶川至马尔康、G5515 黔江至石柱、G69 开县至城口、G8513 绵阳至九寨沟、G4216 仁寿至攀枝花、G0511 德阳至都江堰、G4218 雅安至康定、G8515 荣昌至泸州等国家高速公路。

实施 G5 泸沽至黄联关、G0512 成都至乐山、G42 成都至南充等国家高速公路扩容改造工程。

续表

专栏 6　交通基础设施重点工程
水路 宜宾至重庆段航道重点浅滩、九龙坡至朝天门航道、三峡库区及库尾航道建设工程，乌江、嘉陵江、岷江、渠江、金沙江、涪江等支流航道建设，建设岷江犍为航电枢纽，研究论证岷江、龙溪口、东风岩、嘉陵江利泽等航电枢纽建设。
铁路枢纽 重点建设重庆北站、重庆站、重庆西站、重庆东站、沙坪坝铁路综合交通枢纽、成都东站、成都站、成都南站、成都西站。
港口枢纽 改扩建重庆主城港区及泸州、宜宾、万州、涪陵、江津、丰都、忠县、永川、合川等港区，以及乐山、南充、广安、达州等港区。
机场枢纽 建设成都新机场，改扩建重庆江北机场、万州机场、黔江武陵山机场，新建乐山、阆中、巴中、甘孜机场，迁建泸州、宜宾、达州机场。

第二节　构建高速共享信息网络

统筹规划建设信息基础设施，充分利用基础设施廊道资源，积极落实“宽带中国”战略，提高网络覆盖程度、共享水平和运营效率，建成高速连通、服务便捷的城市群信息网络。

加强干线通信网络建设。发挥成都和重庆 2 个国家级互联网骨干直联点作用，提高网间流量疏导能力和互通效率，适时扩容国际通信直达数据通道。增加省市干线光缆路由，强化重庆和成都城际骨干网建设，优化升级骨干传输网，增加互联网省际出口带宽。以成都和重庆为核心集约统筹布局数据中心，建设推广公共云计算服务平台，推进老旧小数据中心的关停和绿色化改造，积极探索城市群内数据中心的规模化集聚和共享。

创建“宽带中国”示范城市，推动成都、重庆、绵阳等城市三网融合试点取得实质性突破，加快无线局域网络在城市公共区域和交通线路的热点覆盖。鼓励基础电信企业共建共享骨干网络，开展城市群无线频谱资源共享试点。

搭建城市群信息服务平台。推动电子政务平台跨部门跨城市的横向对接和数据共享，建设城市群政务信息协同平台。加强政府与基础电信企业及互联网企业合作力度，充分整合政府和社会数据，提升城市间协同运用大数据水平。积极推进城市群内地理信息数据全域覆盖，建设统一的地理信息公共服务平台，实现数据交换共享。协同推进成都、重庆、绵阳等智慧城市建设，统一建设标准，开放数据接口，建设一体化公共应用平台，构建智慧城市群。

提升信息安全保障水平。加强智慧城市网络安全管理，完善通信网络和重要信息系统的安全风险评估评测机制。健全城际协同应急通信预案体系和预警机制，提升信息基础设施的可靠性和抗毁性。完善成都和重庆国家重要数据灾备中心功能，建设联合异地灾备数据基地。

专栏7　信息基础设施重点工程

“宽带中国”工程

实施成都和重庆国家级互联网骨干直联点管理能力提升工程。完善通信基础设施信息管理系统。

数据枢纽工程

加强成都天府新区和重庆两江新区网络接入能力建设，扩容省际互联网出口带宽，全面建设重庆两江国际云计算中心和成都云计算中心，打造世界级数据枢纽。

第三节　完善能源保障体系

优化能源供应格局，加强能源基础设施建设，提高能源利用效率，建设清洁低碳、安全高效的现代能源体系。

增强能源供给能力。统筹川渝两地电源规划建设，建立川渝“水火互济”电力平衡机制，优先考虑就近消纳四川水电，促进资源优化配置。因地制宜开发风电和光伏发电，充分利用生物质资源，大力发展生物液体燃料和生物质能发电，适度建设分布式可再生能源发电项目。做好核电厂相关的前期研究和厂址保护工作。加快天然气、页岩气资源勘探开发，引导加大对天然气、页岩气资源的高效利用。提高贵州、陕西、甘肃、内蒙古煤炭调入规模，积极争取疆煤疆电入川渝。

推进能源基础设施一体化建设。完善天然气主干管网布局，促进城际天然气管网互联互通。完善油气储运体系，健全油气储备应急机制，提高油气应急处置能力。研究论证建设三峡枢纽货运分流的油气管道。加快建设川渝电力骨干网架，推进川渝、鄂渝输电通道建设，提高川渝电网和华中、西北电网电力电量交换能力。加快主要城市和负荷中心电网建设，率先在成都、重庆大都市区开展智能电网建设，解决城市群内网架薄弱地区供电可靠性差等问题。

提高能源利用效率。强化工业领域节能，力争主要工业领域单位产品能耗达到并超过世界先进水平。实施燃煤电厂节能改造工程。推动绿色建筑行动，推动建筑能效提升，提高建筑节能设计标准，推进既有建筑节能改造，推广被动式超低能耗建筑。积极推广可再生能源建筑应用。大力推动建筑产业现代化、发展现代木结构、钢结构等新型建筑结构体系，推广应用绿色建材。推进交通运输节能，加快提升车用燃油品质，积极发展纯电动汽车和插电式混合动力汽车，发展多种形式的公共交通特色服务。

专栏8　能源保障重点工程

能源基础设施

天然气管网。建设高石梯—磨溪地区、自贡—隆昌—荣昌—永川—江津、三邑—天府新区天然气管道工程，加快江津—纳溪、万州—云阳输气管道和涪陵—王场页岩气输气管道建设，开展宣汉—巫溪、富顺—永川、长宁—威远等大型页岩气田配套管网前期工作。

输油管道和加油设施。规划建设昆明—重庆—成都原油管道；加快建设隆昌—简阳、江津—荣昌等成品油管道；适时启动兰成渝成品油管道复线、荆门—巴东成品油管道前期论证工作。

输变电工程。完善四川水电外送通道。建设四川第4条特高压直流电网工程；加快川渝电力骨干网架建设。

电网500千伏主网架。新建和改扩建渝北明月山、涪陵五马、铜梁、陈家桥二期、金山、重庆主城区、巴南扩建、忠县500千伏输变电工程。

能源基地

天然气、页岩气。推进川东北（包括普光、罗家寨、元坝等高含硫大型、特大型气田）、川中（安岳气田龙王庙组气藏勘探开发项目）、川西（川西海相勘探开发项目）天然气基地建设；加快涪陵和川南页岩气基地建设。

水电。加快川江河段综合开发论证，推进重庆蟠龙等抽蓄电站建设进度。

核电。做好涪陵、南充、广安等核电项目的厂址保护和论证。

第四节　强化水资源安全保障

构建水资源保障体系，提高城乡供水保障能力，全面实施最严格的水资源管理制度，落实用水总量、用水效率和水功能区限制纳污红线。

提升水资源保障能力。以解决工程性缺水和饮水安全问题为重点，共同推进跨区域重大蓄水、提水、调水工程建设，构建分区互联互通水资源配置格局。加快建设观景口水库、綦江藻渡水库、御临河、李家岩水库等供水工程，建设向家坝灌区工程。研究开展渝西水资源配置工程、引大济岷、长征渠跨省市引水、龙溪河综合治理与水资源配置工程前期工作。加大应急备用水源工程建设，实施管网互连互通工程，建立江河水和水库水互济的供水保障体系。

落实最严格水资源管理制度。严格规划和重大项目水资源论证，确保与水环境承载能力相适应，严格取用水总量控制，加强建设项目取水管理，强化流域水资源统一调度，统筹配置生产、生活和生态用水；加强用水效率管理，强化工业、农业等领域节水改造和技术推广，全面推进节水型社会建设；加强水功能区限制纳污红线管理，严格控制入河湖排污总量，加强水生态环境保护。

构建水利协作平台。完善上下游协调机制，形成共同保护和开发利用水资源的管理机制。推动区域重大水利项目统一规划实施。加快区域水资源信息统一平台建设，实现区域内水资源监控能力项目联网，促进水利基础信息共享，推进水资源调度配置、水量水质监管、水土保持监管一体化、水文测报自动化和决策管理一体化。

第五节　健全防灾减灾体系

加强防灾减灾能力建设，完善应急管理体系，提高应对各种灾害和突发事件的能力。

提升综合减灾能力。开展区域灾害风险调查和减灾能力评价，加强区域灾害风险评估。加强防灾减灾宣传教育和技能普及，增强全民防灾减灾意识。加强城乡社区基础综合减灾能力建设，加大创建全国综合减灾示范社区力度。

健全防洪减灾体系。统筹沿江城市防洪设施建设，加强防洪水库建设，推进岷江、沱江、嘉陵江、乌江、渠江等流域综合治理，加强震损水利工程的修复，提高成渝地区综合防洪能力。依托和配合流域和区域治理，完善区域排水系统和城市外排系统，提高城市防洪排涝能力。推进长江上游干支流水库群联合调度，完善雨情、汛情、旱情监测预报和发布共享机制，提高防洪减灾监测预警和应急能力。开展山洪灾害防治，在山洪灾害重点区域建立非工程措施和工程措施相结合的山洪灾害综合防御体系。

健全抗震防灾体系。全面落实成渝地区城镇抗震设防标准，加强建设工程抗震设防管理，加强地震监测预警能力建设。完善城市抗震避难场所，加强救援救助能力建设。完善震灾应急预案和应急保障体系，确保城镇生命线工程安全。

健全气象防灾减灾体系。加强成渝地区灾害性天气和极端气候事件预报预警和实时监测分析。强化气象灾害风险管理、完善气象灾害预警信息发布体系。积极应对气候变化，提高气候安全保障能力。

健全地质灾害防治体系。以三峡库区周边和盆周山区、盆地丘陵区的城镇为重点，采取工程治理、搬迁避让、监测预警等措施，有效防治滑坡、崩塌及危岩、泥石流、地面塌陷、地裂缝等地质灾害。做好人口集中地区和重要交通干线、桥梁、码头等危害严重、影响面广的重大地质灾害防治工作，建立地质灾害防治与地质环境保护体系。

健全突发环境事件防控体系。开展突发环境事件风险评估，排查治理环境安全隐患，完善灾害信息共享和预警平台建设，建立突发环境事件应急预案体系，健全环境应急管理体制机制，加强环境应急能力建设，积极防范并妥善应对突发环境事件。

第六章　推进生态共建环境共治

培育发展成渝城市群，必须严格保护水土资源，严格控制城市边界无序扩张，严格控制污染物排放，贯彻落实主体功能区制度，切实加强生态保护和环境治理，确保区域生态安全。

第一节　共守生态安全格局

共筑成渝城市群生态屏障。坚持区域生态建设一体化，推动群内群外生态建设联动，加快推进与城市群生态安全关系密切的周边重点生态功能区建设，筑牢城市群生态安全屏障。强化省级统筹，推动毗邻地区与川西、川北、渝东南等共建川滇森林及生物多样性生态功能区、大小凉山水土保持和生物多样性生态功能区、武陵山区生物多样性与水土保持生态功能区、秦巴生物多样性生态功能区、三峡库区水源涵养与水土保持生态功能区。

共建生态廊道。构建以长江、岷江、大渡河、沱江、涪江、嘉陵江、渠江、乌江、赤水河为主体的城市群生态廊道，维护流域水生态空间。加强流域水生态系统保护与修复，开展湖滨带、重点湖库及小流域水土流失综合治理，因地制宜实施坡改梯并配套坡面水系工程，发展特色林果业，推进库区及上游生态清洁小流域建设。严格河湖滨岸保护和管理，保护滨岸生态空间。恢复河流上下游纵向和河道—滨岸横向的自然水文节律动态，拓展河湖横向滩地宽度。提升农田、农村集水区河段滨岸植被面源污染截留功能，提高城市河段植被的固岸护坡和景观等功能。统筹考虑自然保护区、风景名胜区、湿地、鱼类产卵场等敏感区域的生态需水要求，加强水利水电工程的联合调度。满足自然保护区、风景名胜区、湿地、水产种质资源保护区和水生生物“三场一通道”等敏感区域的蓄水需求。保障河流、湖泊生态环境需水，优先保障长江干流生态基流。依托龙门山、龙泉山、华蓥山及盆地南北部边缘和川中等自然丘陵、山体，构建城市群生态隔离带。

共保城市间生态空间。加强生态空间管制，严守生态保护红线、城市开发界线。在重点生态功能区、生态环境敏感区和脆弱区等区域划定生态保护红线，科学划定森林、林地、草地、湿地、河流、湖库等领域生态红线，实行空间开发“准入清单”管理，确保生态功能不降低、面积不减少、性质不改变。加快划定城市周边永久基本农田，强化城郊农业生态功能，优化城市空间格局，严控城市无序扩张。保护和建设城市之间生态隔离带，确保足够的绿色开敞空间。渝东北生态涵养发展区要坚持点上开发、面上保护，突出生态涵养和生态屏障功能，集中开发建设万（州）—开（县）—云（阳）一体化发展区。渝东南生态保护发展区要突出生态保护和生态修复功能，增强黔江的区域辐射带动作用，推动石柱等地实现集约式开发、绿色化发展。

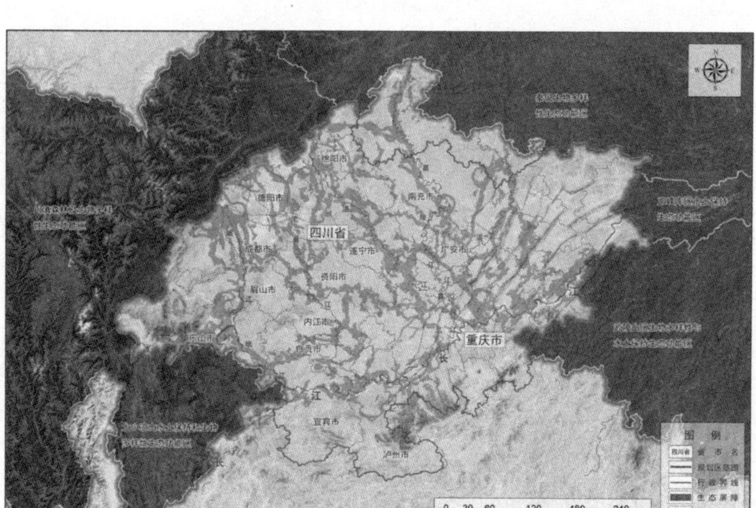

图 4　成渝城市群生态屏障示意图

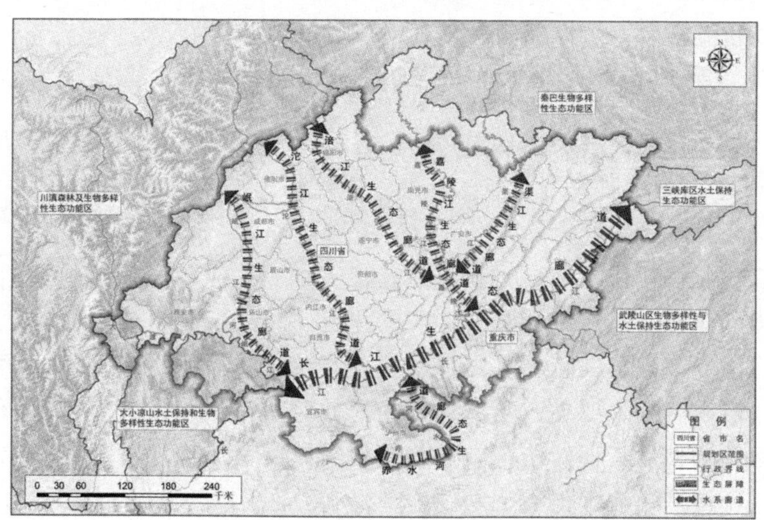

图 5　成渝城市群水系生态廊道示意图

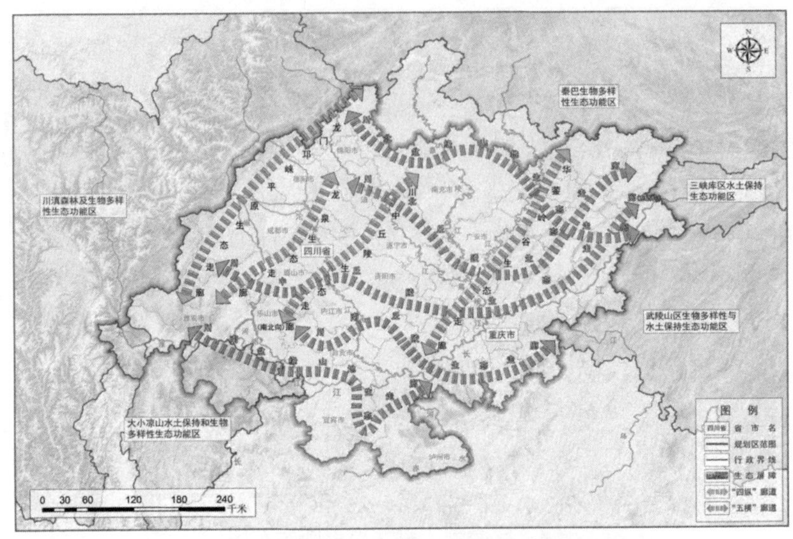

图 6　成渝城市群陆域生态廊道示意图

第二节　实施环境共治

深化跨区域水污染联防联治。加快落实《水污染防治行动计划》，实施流域分区管治战略，在江河源头、饮用水水源保护区及其上游，严禁发展高风险、高污染产业，严格控制高能耗、高排放行业低水平扩张和重复建设，加大化工等行业关停整治力度。建立跨境断面区域联防联控和流域生态保护补偿机制。强化环境执法，坚决打击违法排污行为，重点解决局部河段污染严重问题。加强三峡库区水生态水环境综合治理，实施消落区综合整治工程。结合新农村建设，统筹实施次级河流沿线农村环境综合治理工程，加强农业面源污染治理，发展生态循环农业。推进长江干流、岷江、沱江、渠江、乌江、嘉陵江等水污染防治，加快实施内河航道能源清洁化工程，大力推进实施“气化长江”工程，加强沿线城市污水管网建设，做好生活污水收集处理，推进污水处理设施提标改造。加强造纸、有色金属、农副产品加工等重点行业清洁化改造。加强水土流失动态监测和生产建设活动人为水土流失监管。

联手打好大气污染防治攻坚战。强化城市群大气污染联防联控，加大工业源、移动源、生活源、农业源综合治理力度，加强二氧化硫、氮氧化物、颗粒物、挥发性有机物等多污染物协同控制，确保到 2030 年城市空气质量全面达标。控制煤炭消费增长幅度，全面推进煤炭清洁高效利用。严格执行统一的大气污染物特别排放限值，加快推进煤电机组超低排放改造，具备条件的煤电机组 2020 年底前完成超低排放改造。加快钢铁、水泥、平板玻璃等重点行业及燃煤锅炉脱硫、脱硝、除尘改造，确保达标排放，推进石化、涂装、包装印刷、涂料生产等重点行业挥发性有机物污染治理。推行绿色交通，加大黄标车和老旧车辆淘汰力度，推进港口船舶、非道路移动机械大气污染防治。推进钢铁、水泥等重点行业清洁生产技术改造，强化农业源控制。

加强固废危废污染联防联治。严格防范搬迁关停工业企业改造过程中二次污染和次生突发环境事件，搬迁关停工业企业应当开展场地环境调查和风险评估，未进行场地调查及风险评估的，未明确治理修复责任主体的，禁止土地流转。加快建设一批固废资源回收基地和危废处置节点，构建区域性资源回收、加工和利用网络。强化城市间固体废弃物联合处理处置，优化生活垃圾填埋场、焚烧厂等环境基础设施布局。落实污水处理厂污泥和垃圾渗滤液配套处理设施建设。在成都、重庆等重点城市优先建立完善的医疗废物和危险废物产生源数据库和独立的收集运输体系，鼓励跨区域合作共建危废处理设施，确保区域内医疗废物和危险废物安全处置率达到 100%。

专栏9　生态保护与环境治理工程
生态保护与修复 水系廊道保护与建设工程、陆域廊道建设工程，湿地保护与修复、三峡水库消落带湿地生态修复工程，水生生物资源养护和水域生态环境保护工程。 **水环境保护与治理** 以嘉陵江、岷江、沱江、渠江、乌江和金沙江等流域为重点，实施城镇和乡镇生活污水处理及配套设施建设，实施区域水环境综合治理、农村环境连片整治以及重点湖库生态环境保护工程。 **大气环境保护与治理** 加强工业烟粉尘治理，对钢铁、电力、水泥等重点行业实施脱硫脱硝改造；推广高效锅炉，淘汰落后燃煤锅炉，实施燃煤锅炉节能环保提升改造；加速淘汰落后产能和“黄标车”；加强农作物秸秆及其他农林废弃物资源综合利用。 **固废危废处理工程** 固废资源回收处理工程，成都、重庆等重点城市医疗废物和危险废物产生源数据库建设工程，危废收集运输体系建设工程。

第三节　建设绿色城市

推进城市建设绿色化。严格城市“三区四线”规划管理，合理安排生态用地，合理控制建筑物高度，适度扩大城市生态空间，让人们看得到风景、记得住乡愁。统筹规划地下地上空间开发，推进城市地下综合管廊建设。推广低冲击开发模式，加快建设海绵城市、森林城市和绿色生态城区。发展绿色能源，推广绿色建筑，构建绿色交通体系。

推进产业园区循环化和生态化。支持形成循环链接的产业体系。以国家级和省级产业园区为重点，推进循环化改造和生态化升级，实现土地集约利用、废弃物交换利用、能量梯级利用、废水循环利用和污染物集中处理。深入推进广安、达州、长寿等园区循环化改造试点和生态工业示范园区建设。

倡导生活方式低碳化。培育生态文化，引导绿色消费，鼓励低碳出行，倡导简约适度、绿色低碳、文明节约的生活方式。推行“个人低碳计划”，开展“低碳家庭”行动，推进低碳社区建设。

第四节　加强环境影响评价

密切跟踪规划实施对区域生态系统和环境、人民健康产生的影响，重点对资源占用、生态影响、污染排放等方面可能产生的不良影响进行监测评估。对纳入规划的重大基础设施建设项目依法履行环评审批程序，严格土地、环保准入，合理开展项目选址或线路走向设计。建立统一、高效的环境监测体系和跨行政区环境污染与生态破坏联合防治协调机制，实行最严格的环境保护制度。发展先进适用的节能减排技术，实行更加严格的排放标准，严格控制规划实施区域内重点污染物排放总量。把环境影响问题作为规划中期评估的重要内容，视中期评估结果对规划相关内容作相应完善。

第七章　深化对内对外开放合作

扩大成渝城市群向东向西、对内对外开放，不断拓展内陆开放高地的高度、广度、深度，在开放中增强发展新动能、增添改革新动力，形成全方位开放新格局和国际合作竞争新优势。

第一节　共建开放通道和平台

构建便捷畅通的国际开放通道。依托长江黄金水道，加快建成长江上游航运中心，加快完善沿江铁路和高速公路，构建向东出海大通道。扩大以成都、重庆等为起点的中欧班列品牌影响力，提高运行效率和运营效率，将其培育发展成为内陆地区连接丝绸之路经济带的西向国际贸易大通道。以渝昆铁路、成昆铁路复线、川藏铁路、渝黔铁路建设为基础，形成经云南至中南半岛、经西藏至南亚次大陆、经广东出海的南向国际贸易大通道。

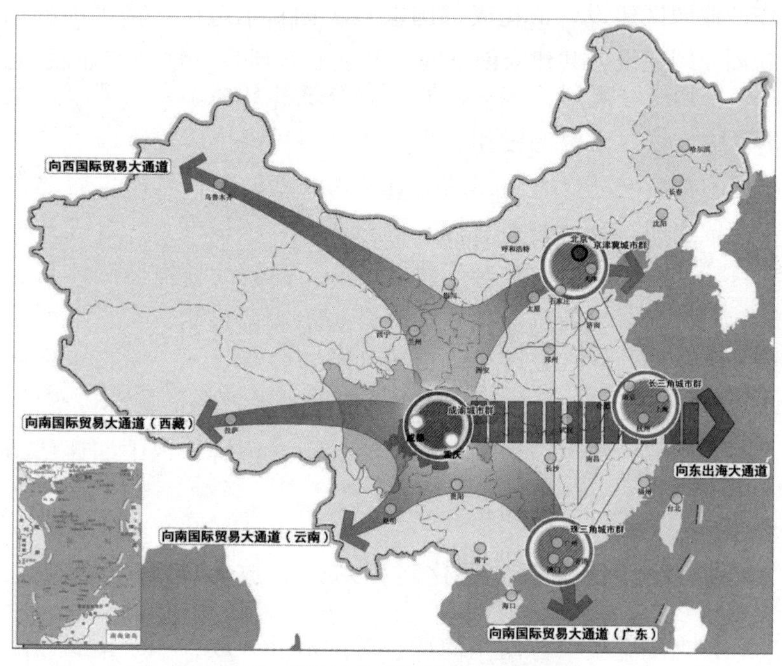

图 7　成渝城市群开放通道示意图

优化对外开放平台。以两江新区、天府新区为对外开放大平台，整合新区政策资源，高起点打造内陆对外开放门户。积极营造国际化、市场化、法制化营商环境，按照国家有关部署，加快复制推广自由贸易试验区的改革试点经验。以主要港口、民航机场、铁路枢纽为基础，以水运、铁路、航空国家一类开放口岸为支撑，以保税港区、综合保税区、出口加工区等为载体，联动各级各类开发区（园区），构建对外开放平台体系。构建内陆口岸经济体系，完善海关、检验检疫等口岸机构布局。优先在符合条件的沿江港口、对外开放通道上的交通枢纽，设立海关特殊监管区域和开放口岸。务实推进并适时扩大国别合作产业园区建设。依托成都国家自主创新示范区，推进中韩创新创业园建设，共建众创空间，开展联合研发，推动产业联动，建设亚太一流的创新创业中心和创新创业成果产业化基地；加快中德创新产业合作平台建设，以先进制造业和现代服务业为重点，聚焦多领域创新产业合作，打造“中德创新合作升级版”。高标准实施中新（重庆）战略性互联互通示范项目，大力推进金融服务、航空、交通物流、信息通信技术等重点领域合作，构建以重庆为营运中心、有机连通成都和西安等城市、辐射内陆、连通欧亚的国际贸易辐射圈。

第二节　加强国内区域合作

加强与长江中游和长三角城市群的合作。依托长江黄金水道为主的综合立体交通走廊，加强与中下游港口协作，优化沿江经济产业布局，扩大沿江物流、人流、信息流和资金流流动，有效承接产业转移和人口回流。

加强与丝绸之路经济带和关中—天水地区的合作。发挥西南西北科教、旅游资源优势，结合能源资源互补性强的特点，加强在科技创新、旅游组织、资源能源互通等方面的合作。构建成渝与西安、兰州之间的多向通道，增强辐射带动能力，更好衔接欧亚大陆桥，对接丝绸之路经济带。

加强与黔中、滇中和北部湾城市群的合作。构建与昆明、贵阳、南宁之间的多向通道，打通南向能源资源进口通道，对接 21 世纪海上丝绸之路经济带，建设面向南亚、东南亚的重要对外开放基地。主动创造合作条件，积极参与泛珠三角合作。

加强对周边欠发达地区的辐射带动。加强与秦巴山区、武陵山区、乌蒙山区、四川藏区等集中连片特困地区在产业、基础设施、生态环境保护等方面的合作，积极吸纳贫困地区劳动力转移就业，积极带动贫困地区特色产业发展，促进贫困地区同步实现小康。

第三节 参与“一带一路”务实合作

积极主动融入“一带一路”战略，构建丝绸之路经济带重要战略支点、21 世纪海上丝绸之路产业腹地。加强与欧盟国家在高新技术、高端装备、研发设计、新能源、新材料等领域的合作。推动建立与中东欧国家在物流运输、文化旅游、食品农产品进出口等方面的合作新机制，积极探索开展跨境贸易本币结算等金融合作。深化与俄罗斯伏尔加河沿岸联邦区经贸合作机制，鼓励优势企业转移部分产能，支持企业在俄建立海外仓。扩大与东盟区域和大湄公河次区域合作交流。鼓励企业参与孟中印缅经济走廊、中巴经济走廊、南宁—新加坡经济走廊建设。鼓励发展面向沿线国家的电子商务，探索在“一带一路”沿线交通枢纽和节点共建一批经贸合作园区。

第八章 建立健全城市群协同发展机制

围绕生产要素自由流动、基础设施互联互通、公共服务设施共建共享、生态环境联防联控联治等关键环节，探索建立城市群管理协同模式，实现城市群一体化发展。

第一节 建立要素市场一体化管理机制

推进资本市场一体化。依托重庆两江新区和保税港区，建设离岸金融结算中心。完善金融要素交易市场体系，吸引资产、商品、权益等要素交易。加快推进金融基础设施一体化建设，建立一体化信息网络和服务平台。完善区域金融服务网络，实现存取款等金融服务同城化。适当扩大成渝地方政府一般债券和专项债券发行规模。

促进劳动力自由流动。加快户籍制度改革，促进城市群内劳动力自由流动。推行居住证制度，成都、重庆实行积分制有序推进外来人口落户，其他城市全面放开落户限制。加快探索成渝特点的新型城镇化道路，鼓励一批农民带着集体资产股份成为新型市民。建立统一规范灵活的人力资源市场，联合推进集政策咨询、职业指导、职业介绍、创业服务等功能于一体的就业服务平台建设。加强城市群内人才制度衔接，健全人才柔性流动机制，联合共建人力资源开发基地。制定成渝城市群联合开展劳动保障监察、调解仲裁等劳动者权益保护的具体办法。

推动技术市场一体化。支持有关园区复制转化中关村国家自主创新示范区相关先行先试政策。建设成渝科技资源共享与服务平台，实现科技资源整合、信息开发共享互动、技术成果交易及科技金融服务无缝对接。鼓励成渝科研院所、高等学校联合大型企业集团，共建科研成果研发和转化基地。发展跨地区的知识产权交易中介服务，鼓励金融机构开展知识产权质押融资业务，鼓励联合培育技术联盟、孵化器等创新组织。清理和消除城市间因技术标准不统一形成的各种内部障碍。

探索推进土地制度一体化改革。支持成都市和重庆市以统筹城乡国家综合配套改革试验区为引领，加快成渝城市群一体化土地市场建设。坚持最严格的耕地保护制度和最严格的节约用地制度，强化土地利用总体规划实施管理，严格控制新增建设用地占用耕地。有序推进城市群内不动产统一登记。完善城乡建设用地增减挂钩制度。支持将农村土地三项制度改革试点经验率先在成渝城市群复制推广。研究完善城市群内低效和闲置土地退出机制。

共构市场秩序和信用体系。实行统一的市场准入制度和标准，推进建立公平开放透明的市场规则，支持成都、重庆先行试点负面清单管理制度，并逐步扩大至城市群内全部城市。清理和废除妨碍城市群市场统一和公平竞争的各种规定和做法，规范非税收入管理，严格财政支出型优惠政策。支持成渝城市群开展市场监管体制改革试点。加强质监、工商、安监、公安等联合执法。加快信用成渝建设，创建一批社会信用体系建设示范城市。依法建立健全企业和个人信用数据库以及信用信息征集、查询和应用制度。完善守信激励和失信惩戒机制，共建成渝城市群市场主体违法经营提示清单。

第二节 建立基本公共服务一体化发展机制

加快公共服务体系建设。按照率先全面建成小康社会要求，全面提升城市群整体基本公共服务体系建设和服务水平。拓展基本公共教育服务，全面普及学前教育和高中阶段教育，加大对高等职业院校和应用技术本科教育扶持力度，鼓励优质学校跨区建立分校或兼并托管薄弱学校。加快成都统筹城乡教育综合改革试验区、重庆现代职业教育体系国家制度建设试验区建设。共建公共就业服务体系，鼓励跨区购买就业培训。统筹区域养老服务机构布局，鼓励联建或跨市共建养老服务设施。统筹规划建设区域性医疗中心，鼓励发展一批品牌医联体或跨区办医。

构建现代公共文化服务体系。深入实施基本公共文化服务标准化、均等化工程，建设全面覆盖、互联互通的公共文化设施网络体系。鼓励社会力量参与公共文化服务。继续推进公共文化设施免费开放。加强巴蜀优秀传统文化传承与保护，实施“蜀道”“茶马古道”沿线重要文物保护和川渝石窟保护工程，加快藏羌彝文化产业走廊、长江三峡文化生态试验区等建设。加强历史文化名城、名镇、名村和历史文化街区保护，联合建设非物质文化遗产保护体系。

推动基本公共服务均等化。统筹公共资源布局，打破城市间界线，分层次、有重点推进基本公共服务均等化。在重庆都市圈、成都都市圈内，率先在义务教育、公共就业服务、社会保障、基本医疗、住房保障、公共文化服务等方面实现同城化。在川南、遂南广、达万三大城镇密集区，加快实现义务教育、公共就业、社会保障、基本医疗、公共文化服务等一体化。健全成渝城市群基本公共服务协调机制，率先在养老保险关系转移接续、基本医疗保险异地就医联网结算、进城务工人员随迁子女就学、文化体育等公共设施共享等方面实现突破，以点带面，加快推进基本公共服务一体化进程。

推动公共事务协同治理。推动社会治理由单个城市向城市群协同治理转变，构建城市群公共事务协同治理机制。加强城市群应急管理合作，共建食品安全、灾害防治和安全生产等保障体系。建立重大传染病疫情和突发公共卫生事件联防联控机制及灾害事件紧急医学救援合作联动机制。建立社会治安综合治理联动机制，有效打击跨省市犯罪活动。以大气污染联防联治、流域上下游协同治理、水资源保护及共建城市群生态空间为重点，统一成渝城市群生态环境保护规划、标准、监测和执法体系。

第三节　建立健全利益协调机制

探索建立城市群一体化发展基金。借鉴欧盟结构基金和凝聚基金运作经验，鼓励各城市根据实际需求研究设立“成渝城市群一体化发展基金”，促进川渝两省市联席会议议定的城市群建设事项落实。鼓励川渝两省市联合设立成渝城市群政府和社会资本合作（PPP）项目中心。

建立城市群生态保护补偿机制。研究建立成渝城市群与周边生态屏障地区的横向生态补偿机制，选择嘉陵江等上下游环境目标清晰、利益关系清楚、合作意愿强烈的流域、跨区县生态保护地区等开展区域性横向生态补偿试点。在城市群内鼓励采取共享公共资源等方式，建立生态受益地区对生态保护地区的横向补偿。

建立成本共担和利益共享机制。探索建立跨市基础设施、公共服务和生态环境建设项目成本分担机制。推动城市群内交通、水利等基础设施共建共享，实行公共交通智能“一卡通”、高速公路收费“一卡通”。取消城市群内移动电话漫游费，有关部门要会同电信企业抓紧研究落实。建设统一的科技资源开放共享平台，建立科技创新协同机制，推动科技创新政策一体化。探索建设项目税收分配办法，研究在企业注册地和投资地之间合理分配地方税。

第九章　规划实施

川渝两省市人民政府和国务院有关部门，要高度重视、开拓创新，深化细化配套政策措施，建立健全协同工作机制，扎实有序推动规划各项目标任务落到实处。

第一节　加强组织领导

川渝两省市人民政府要切实加强规划实施的组织领导，在川渝两省市联席会议制度的基础上，进一步健全协作机制，明确责任分工，制定实施方案，落实各项工作，形成工作合力。国务院有关部门要切实履行职能，研究制定支持成渝城市群发展的具体措施，在有关规划编制、体制创新、政策措施、项目安排等方面给予积极支持。国家发展改革委、住房城乡建设部要加强对规划实施情况的跟踪分析和督促检查，适时组织开展规划实施情况的评估。

第二节 推动重点工作

依据本规划的总体部署，川渝两省市共同研究制定三年行动计划和年度工作计划，协同推进重点任务落实。抓紧编制出台交通基础设施、生态环境保护等专项规划。建立交通、资源环境、信息、市场、公共服务、产业等专项合作机制，分领域策划和推进具体合作事项及项目。完善激励约束机制，督促各地区采取共同行动策略，保障合作的持续稳定开展。推进成渝城市群与英国北方城市群等的国际交流合作。

第三节 营造舆论环境

国家发展改革委、住房城乡建设部要会同有关部门和川渝两省市营造有利于成渝城市群发展的舆论环境，突出宣传推进成渝城市群一体化发展的重要意义和重大举措，准确解读规划和相关配套政策，总结推广成渝城市群合作发展过程中的好经验和好做法，增强公众对城市群一体化发展的认同感，引导各类市场主体积极参与城市群一体化建设，形成全社会关心、支持和主动参与成渝城市群发展的良好氛围。